KB269400

종교인은 돈을 어떻게 생각하는가

종교인은 돈을 어떻게 생각하는가

국립중앙도서관 출판예정도서목록(CIP)

종교인은 돈을 어떻게 생각하는가 = What do religious peop
le think about money? / 엮은이: 성공회대학교 신학연구원
; 지은이: 최현종, 이숙진, 신익상, 류제동, 김혜경, 김명희
, 권진관. -- 서울 : 동연, 2018
    p. ;   cm. -- ('돈'과 종교 ; 2)

권말부록: 설문지
수상: 2015년 대한민국 교육부와 한국연구재단의 지원을 받
아 수행된 연구임 (NRF-2015S1A5A2A03050036)
ISBN 978-89-6447-411-2 93200 : ₩15000

자본 주의[資本主義]
한국 종교[韓國宗敎]

215.84-KDC6
201.76-DDC23   CIP2018017782

'돈'과 종교 II

종교인은 돈을 어떻게 생각하는가

2018년 6월 11일 초판1쇄 인쇄
2018년 6월 15일 초판1쇄 발행

엮은이 | 성공회대학교 신학연구원
지은이 | 최현종 이숙진 신익상 류제동
        김혜경 김명희 권진관 함께 씀
펴낸이 | 김영호
펴낸곳 | 도서출판 동연
등 록 | 제1-1383호(1992년 6월 12일)
주 소 | 서울시 마포구 월드컵로 163-3
전 화 | (02) 335-2630
팩 스 | (02) 335-2640
이메일 | yh4321@gmail.com

ISBN 978-89-6447-411-2 93200

이 저서는 2015년 대한민국 교육부와 한국연구재단의 지원을 받아 수행된 연구임
(NRF-2015S1A5A2A03050036)

'돈'과 종교 II

종교인은 돈을 어떻게 생각하는가

최현종 이숙진 신익상 류제동 김혜경 김명희 권진관 함께 씀
성공회대학교 신학연구원 엮음

WHAT DO RELIGIOUS PEOPLE
THINK ABOUT MONEY?

동연

성공회대학교 신학연구원 연구팀은 2015년도 한국연구재단 일반
공동연구지원사업에 선정되어 3년간 연구과제 〈'돈'과 종교: 소비자본
주의 시대의 종교지형도 그리기〉(2015. 11. ‐ 2018. 10.)를 수행하고 있
다. 1차년도 연구결과는 『종교는 돈을 어떻게 가르치는가』(동연, 2016)
라는 제목으로 출판되었다. 이번에 출간되는 『종교인은 돈을 어떻게 생
각하는가』(동연, 2018)는 2차년도 연구결과물로서 천주교, 개신교, 불
교, 원불교에 관한 논문 7편이 수록되어 있다. 3차년도 연구는 현재 진
행 중이다.

1차년도 연구가 담론연구의 방법으로 개별종교에 침윤된 '돈'의 논
리 및 지배력에 대한 탐색이었다면, 2차년도에는 현장조사 및 참여관
찰의 방법을 통해 '돈'의 지배체제를 강화/균열시키는 종교인에 대한
연구와 종교적 실천에서 '돈'의 지배력이 어떻게 나타나는지 탐구했다.
특히 천주교, 개신교, 불교, 원불교 등 4대 종교를 중심으로 '돈'의 논리
가 관철되는 종교공간에서 종교인들의 복합적인 역할에 주목하였다.
각 종교인들의 '돈'에 대한 의식과 태도를 조사하고, 또 종교공동체(성

당, 교회, 사찰, 교당)가 제공하는 돈에 대한 가르침을 종교인들은 어떻게 수용하며 대응하는지 설문지 통계조사의 방법으로 연구를 수행하였다.

설문 표본들에 대한 통계분석은 성균관대학교 응용통계연구소 연구원에 의뢰하였으며, 각 설문항목에 대한 기초통계와 분석에 필요한 변수들 간의 상관관계 분석 및 다항 로지스틱 회귀분석을 시행하였다. 이렇게 얻은 설문분석결과를 기반으로 종교별 연구자들은 종교가 종교현장에서 '돈'을 어떻게 가르치는지, 종교인들은 실제로 '돈'에 대해 어떻게 생각하는지 탐색하였다.

한국의 4대 종교인 천주교(김혜경), 개신교(신익상, 이숙진), 불교(류제동), 원불교(김명희)를 중심으로 연구자들은 공동 설문지를 만들었다. 설문내용은 네 개의 종교가 공유하는 질문 외에 종교별로 필요한 질문을 추가해 설문지를 작성했다(종교별 설문내용은 책 뒤 부록 참조). 연구책임자 권진관은 네 종교의 연구결과를 아우르는 논문「신앙과 돈 – 신앙의 금전화에 대한 성찰」을 발표했다. 종교사회학자 최현종은 연구자들에게 사회학적 분석방법을 제시해 설문분석에 도움을 주었다. 종교별 연구자들의 연구내용은 다음과 같다.

최현종은 "한국 교회 재정구조 분석: 한국 교회는 시장체계를 뛰어넘을 수 있을까?"란 논문에서, 현재의 시점에서 개신교의 수입 및 지출구조가 어떠한 형편인지 살펴보고, 이러한 한국 교회의 재정구조가 갖는 문제들을 개략적으로 논의하였다. 그는 "한국 교회는 시장체계를 뛰어넘을 수 있을까?"란 질문에 대해서는 "쉽지 않을 것"이라는 회의적 결론을 내린다. 시장의 논리가 단기적으로는 교회조직의 유지 및 확대를 보장해줄지 모르지만, 이는 초월적 지평과 관련된 사회체계로서의 종교 기능과 충돌함으로써 장기적으로는 부정적인 영향을 미칠 수 있다는 것이다. 따라서 "한국 교회는 시장체계를 뛰어넘을 수 있을까?"란 질문은 단순한 당위적 질문이 아닌, 한국 교회의 미래와 관련된 현실적 질문이 되어야 한다고 강조한다.

개신교 신자들을 대상으로 한 신익상의 통계분석 연구는 "한국의 주류 개신교는 구조적 가난을 은폐하는 문화시스템 역할을 하는가?"에 대한 실증적 답을 찾는 것을 목표로 삼는다. 이 물음에 답을 시도함으로써 오늘날 한국 개신교가 '돈'을 매개로 하는 자본주의 경제체계 내에서 어떤 역할을 하고 있는가를 역동적으로 밝히고 있다. 그 결과, 개신교 신앙은 정치적 이념에 연동되어 있기는 하지만, 정치적 이념에 실질적인 영향을 주는 방식이 아니라 정치적 이념을 지지하는 방식으로만 연동되어 있다는 것, 개신교인들은 경제적 현실에 직면한 문제에 대해서는 자신이 소유한 '돈'의 규모에 따라 판단하려는 경향이 더 강하다는 것, 따라서 구조적 가난을 은폐하는 문화시스템의 역할을 하는 것은 단지 근본주의적 성향을 가진 주류 개신교의 문제가 아니라 개신교 전반의 문제라는 사실을 제시한다.

이숙진의 글은 세계금융위기 전후 시기의 한국 개신교와 돈의 친연성을 수용자에 초점을 두고 분석한다. 설문지 조사분석 방법과 심층인터뷰를 통해 신앙 및 교회활동과 돈의 관계, 돈에 대한 교회의 가르침과 이에 대한 교인들의 수용 정도, 가난의 원인과 해결방안에 대한 인식 등을 지렛대로 삼아 오늘날 한국 개신교인의 돈에 대한 인식과 태도 및 그 특성을 규명한다. 특히 이 글은 최근 한국 교회의 새로운 돈 담론의 진원지로 알려진 다양한 크리스천 재정 프로그램들에 대한 개신교인들의 수용 정도를 탐구함으로써 세계금융위기 이후의 자본주의에 기독교가 어떠한 방식으로 공명하고 있는지 잘 보여준다.

　김혜경은 "천주교 신자에게서 나타나는 부(富)의 정도와 사회교리 간 상관관계"에 대해 탐구한다. 그는 논문에서 '돈의 우상화' 현상이 팽배해져 가는 현대의 소비자본주의 시대에 물질문명의 편리함과 만능주의 사고방식은 교회공동체 안에서 존재의 양극화를 야기하고 신앙과 일상생활의 간극을 넓히고 있다고 지적한다. 김혜경은 부(富)의 정도와 정치관 및 사회문제의 참여도, 신앙생활의 정도와 사회교리의 실천, 그리고 교회의 가르침과 삶의 현장 간 상관관계를 설문조사를 통해 탐구한다. 그 결과, '돈/자본'의 많고 적음과 그에 따른 신앙관, 정치관, 사회문화관을 망라한 것으로서 지금까지 교회가 지속적으로 추진해온 사회교리의 확산과 프란치스코 교황의 사목방향에 대한 세계 언론의 보도 등이, 신자들의 삶의 현장에서 교회의 가르침으로 조금씩 뿌리를 내리고 있는 것으로 나타난다. 동시에 김혜경은 교회의 가르침과 신자 생활 간의 괴리 현상보다도, 신자들의 진보적이고 긍정적인 사회교리 실천의지에 대한 교회의 인식이 미치지 못하는 것에 대한 아쉬움을 표현하면서 사목적 배려에 대한 진지한 연구가 있어야 한다고 주장한다.

　류제동의 "우리나라에서 돈과 불교의 상호관계에 대한 설문조사 연구"는 우리나라 수도권 불자들에 대한 설문조사를 통하여 불교의 돈에 관한 전통적 교리가 오늘날 우리나라 불교의 생활현장에서 어떻게 작용하고 있는지를 탐구한다. 첨예한 소비자본주의 상황에서 불자들은 어떠한 경제관을 갖고 생활하는지, 즉 돈에 대하여 어떠한 생각을 갖고 생활하는지, 설문조사를 통해 분석한 결과, 불교 사찰 법회에서 돈에 대한 언급이 드물다는 점이 주목되었다. 이는 소비자본주의 사회에 대한 불교의 대응이 소극적이라는 것을 의미한다. 한편 신앙이 성숙할수록 보시에 대한 의식이 높아지고, 사찰재정을 봉사활동에 더 많이 할당하자는 욕구도 크다는 점을 확인한다. 류제동은 이러한 의식이 어떻게 현실화될 수 있는지에 대한 실천적 모색은 불자들의 몫이라고 주장한다. 그는 설문조사를 통해 불교의 돈에 관한 기초적 가르침으로서 무소유에 대한 불자들의 관점이 소비자본주의 시대에 어떻게 정립되어야 하는지 공동체의 시각을 통해 검토할 것을 요청한다.

김명희의 글 "원불교의 돈의 논리의 지형도 탐사"에서는 원불교의 돈의 논리가 물질만능주의와 무한경쟁사회에서 어떻게 작용하는지 4개 교당—이리교당, 서울강남교당, 서울안암교당, 서울원남교당—을 중심으로 탐색한다. 구체적으로 오늘날 돈을 매개로 형성된 한국사회의 경쟁구도 속에서 소태산 대종사의 경제관이 원불교 교당과 신자들의 삶에 어떠한 내·외적 변화를 가져왔는지 설문조사를 통해 탐구한다. 김명희는 설문조사분석을 통해 원불교의 '신앙'이 '돈'의 논리의 지형도를 바꾸어 놓을 수 있다는 점을 발견한다. 즉 신앙을 통해 목적으로서의 '돈'의 지형도가 수단으로서의 '돈'의 지형도로 변화한다는 것이다. 이것은 자리행(自利行)의 '돈'의 지형도에서 이타행(利他行)의 '돈'의 지형도로의 변화라고 할 수 있다.

권진관은 앞의 네 종교의 연구결과를 토대로 '신앙과 돈', 특히 '신앙의 금전화(Moneyfication)'에 대해 성찰한다. 그에 따르면, 한국의 종교인들의 신앙은 돈화, 즉 금전화되어 가는 과정을 밟고 있다. 한국의 주요 종교들의 신앙 가운데 금전화가 가장 많이 진행된 종교는 개신교이며, 개신교의 대형교회는 물론 중소형 교회에도 신앙의 돈화 혹은 금전화 현상이 심화되고 있다. 권진관은 개신교가 한국에서 종교 인구를 가장 많이 가진 큰 종교이기에, 개신교의 금전화 현상이 다른 종교에도 영향을 줄 소지가 크다고 우려한다. 실제로 불교나 천주교의 신앙과 삶의 일부에서 금전화 과정이 나타난다는 것이다. 반면에 원불교와 개신교는 돈에 대해서 상반된 입장을 취하고 있다고 밝힌다. 개신교는 맘몬(돈, 자본)에 대해 무조건적인 경계령을 발하면서도 실제로는 신앙이 금전화되어 가고 있는 모순에 빠져 있다는 것이다. 이에 반해, 원불교는 처음부터 돈의 중요성과 필요성을 인정하고 돈에 대해 적극적인 자세를 가짐으로써 오히려 신앙의 금전화를 극복하고 있다고 주장한다.

〈'돈'과 종교: 소비자본주의 시대의 종교지형도 그리기〉 1, 2차년도에는 각 개별 종교 안에서의 담론과 실천의 층위에서 나타나는 이어짐과 어긋남의 현상을 다루었다. 3차년도에는 한국 종교의 전체 맥락에서 개별 종교들 간의 상호연동성을 비교분석할 예정이다. 요컨대 1, 2차년도에 수행된 개별 종교에 침윤된 '돈'에 대한 연구, 조사, 분석을 토대로 3차년도에는 천주교, 개신교, 불교, 원불교 등 개별 종교들이 어떠한 영향을 주고받으며 어떠한 변화를 생성하는지 비교분석한다. 이를 통해 각 종교의 고유성과 함께 소비자본주의 시대의 한국 종교의 공통적 속성을 드러낼 수 있을 것으로 기대한다.

2차년도 연구수행을 위해 일곱 명의 연구원이 일 년간 콜로키움과 토론을 통해 양질의 연구를 모색했다. 천주교, 개신교, 불교, 원불교의 네 종교가 공유할 수 있는 설문지의 문항들을 함께 고민하며 선정하였고, 성당과 교회, 사찰과 교당을 방문해 설문조사를 하였다. 이후 성균관대 응용통계연구소 연구원들과 수차례 모임을 가지며 그들이 만들어 준 설문통계분석표를 해석하는 법도 배웠다. 이러한 노고 끝에 오늘의 책 『종교인은 돈을 어떻게 생각하는가』가 세상에 빛을 보게 되었다.

    일 년간 연구를 위해 수고한 연구자들과 이 연구가 가능하도록 헌신적으로 도움을 준 임재원 간사에게 감사를 드린다. 또한 좋은 연구결과물이 나올 수 있도록 설문조사 및 분석에 참여해준 성균관대학교 응용통계연구소 연구원들에게 고마운 마음을 전한다. 장소 및 다양한 자원을 제공한 성공회대학교 신학연구원과 한국연구재단에 진심으로 감사드린다. 바라기는 본 연구서를 출발점으로 소비자본주의 시대의 한국 사회를 위해 종교가 새로운 지형도를 그릴 수 있길 기대한다.

2018년 5월 16일
책임연구자 권진관

차 례

한국 교회 재정구조 분석
— 한국 교회는 시장체계를 뛰어넘을 수 있을까?

최 현 종
서울신학대학교/종교사회학

I. 들어가는 말

현대 사회에서 돈의 역할은 매우 중요하다. 돈에 초연해야 할 것처럼 생각되는 종교 기관에서도 이러한 사정은 마찬가지이다.[1] 필자는 이미 이전의 논문(최현종, 2013)에서 생활세계의 영역에 위치해야 할 종교가 어떻게 체계에 의해 식민화되고 왜곡되는가를 제시한 바 있다. 종교가 체계, 그중에서도 시장체계 내의 한 요소로 존재할 때, 그 매체인

---

[1] 심지어 미국에서는 *More Money, More Ministry* (Grand Rapids, William B. Eerdmans Publishing Company, 2000) eds. by Larry Eskridge and Mark A. Noll라는 책까지 나오기도 하였다.

돈의 흐름과 중요하게 관련을 맺을 수밖에 없지만, 그럼에도 종교기관의 돈의 흐름, 재정구조에 대한 구체적 분석은 많지 않은 형편이다. 개신교로 한정할 경우, 이러한 사정은 더욱 분명하여서, 노치준(1995)[2]과 황호찬/최현돌(1998)의 연구 외에는 주목할 만한 연구는 거의 없다.[3] 본 연구는 이러한 선행연구들을 이어 현재의 시점에서 개신교의 수입 및 지출구조가 어떠한 형편인지 살펴보고, 그 주요 항목별로 관련 변인과의 관계 속에서 어떻게 차이를 나타내고 있는지 확인하며, 이러한 한국 교회의 재정구조가 갖는 문제들을 개략적으로 생각해볼 것이다. 하지만 연구 방향을 재정담론보다는 재정현황 분석에 중점을 두었기에 문제점 및 그에 대한 논의는 부족할 수밖에 없음을 미리 밝혀둔다.

---

2 노치준의 분석은 1982년과 1992년 결산 자료를 근거로 하였다.

3 이 연구들에 대한 일종의 결론으로 노치준은 "희년, 한국 교회의 재정과 사회 봉사,"『한국 개신교사회학』(서울: 도서출판 한울, 1998), 177-200을, 황호찬은 "발전적 청지기 모델에서 본 한국교회 구조조정의 문제점과 개선안: 재무구조를 중심으로,"『교회와 신학』 33(1998), 76-88을 펴내기도 했다. 이외에 한국교회 재정에 관한 연구로는 김웅배의 "한국교회의 재정관리에 관한 연구," (동아대학교 석사학위논문, 2001), 김창수의 "한국 교회의 재정활용에 관한 실증적 연구," (단국대학교 석사학위논문, 1989), 차승만의 "한국교회의 재정관리에 관한 연구," (단국대학교 석사학위논문, 1989) 등 학위논문들이 있으나, 김창수의 논문을 제외하고는 특별히 중요한 자료를 제공해주지는 못하고 있다.

II. 연구 방법

    각 교회의 연말 보고서에 나타난 예결산 내용을 토대로 하였다.[4][5] 분석 대상 교회의 수는 180개이며,[6] 그 지역별, 교단별, 교회규모별 구성은 〈표 1-1〉과 같다. 교회의 규모는 출석인원을 기준으로 하였으나, 조사 과정에서 재적인원이 계상된 경우도 일부 있었다. 지역은 분석과정에서 다시 대도시와 농촌 및 중소도시로 구분하였는데, 대도시는 광역시 및 인구 100만 이상의 도시를 기준으로 하였다.[7] 분석된 교회의 대도시/농촌 및 중소도시의 분포는 109(60.6%) : 66(36.7%)였고, 미확인 교회가 5개(2.8%) 있었다.

---

4 서울신대와 감신대의 종교사회학 과목 수강생들이 이를 위해 수고해주었다. 이는 교단별 분포에서 감리교와 성결교가 상대적으로 높은 비율을 차지한 요인이기도 하다.

5 이는 노치준(1982; 1992)의 연구방법과 동일하다. 이에 반해 황호찬/최현돌(1998)은 교회 직분자들에게 설문하는 방법을 사용하였다.

6 수집된 보고서는 200개를 넘었으나, 분석에 필요한 정보를 담고 있지 못한 교회들은 일부 제외되었다. 노치준의 연구에서 분석된 교회는 각각 154개(1982), 246개(1992)이며, 황호찬/최현돌(1998)은 1994년과 1996년에 걸친 2회 조사(조사 교회 다름)를 합쳐서 224개 교회를 표본으로 하였다. 본 연구를 포함한 세 연구는 모두 무작위 표본은 아니어서 그 분석 결과의 일정한 한계를 지닌다고 할 수 있다.

7 2015년 인구총조사 기준 인구 100만 명 이상 도시는 7개 특별/광역시 이외에 수원과 창원이 포함된다. 여기에 고양(99만), 용인(97만), 성남(95만)의 3개 도시를 더하여 12개 도시를 대도시에 포함하였다.

<표 1-1> 분석교회 개요

교단	빈도	퍼센트	지역	빈도	퍼센트	규모	빈도	퍼센트
장로교	36	20.0	서울	52	28.9	소형 (-100명)	59	32.8
감리교	57	31.7	경기/인천	77	42.8			
성결교	61	33.9	충청	13	7.2	중소형 (101-300명)	42	23.3
침례교	4	2.2	호남	12	6.7			
순복음	3	1.7	영남	15	8.3	중대형 (301-999명)	44	24.4
독 립	6	3.3	강원	6	3.3	대형(1001-)	25	13.9
미확인	13	7.2	미확인	5	2.8	미확인	10	5.6
계	180	100.0	계	180	100.0	계	180	100.0

한편, 재정분석에 있어 교회별 회계 분류 방법이 상이해서 분석을 일관되게 하는 데 어려움이 많았다. 본 연구가 일반적으로 채택한 수입 및 지출 항목의 분류는 <표 1-2>와 같다.

<표 1-2> 재정 분석 항목 분류표

구분	항 목	세 부 항 목
수 입	십일조	십일조
	감사헌금	일반감사, 생일감사, 심방감사, 부흥회감사, 절기감사
	특별건축	건축, 비품, 차량, 특별목적, 임직
	기타헌금	주일, 구역, 교육기관, 구제, 장학, 선교, 일천번제, 꽃꽂이, 헌신예배, 기타
	기타수입	헌금 외 수입(차입금, 만기적금, 이자, 건물 및 대지 매각, 수양관/기도원/유치원/카페 수입 등), 외부 선교후원금
지 출	인건비	급여, 상여금, 각종 수당, 퇴직금 및 퇴직적립금,

	자녀교육비(교역자연수)*, 의료보험지원 등
유지운영비	건물유지 및 수리비(사택, 수양관 등 부속 건물 포함), 차량 구입 및 유지비, 비품비, 사무비, 각종 공과금, 식당 운영비, 건축 관련 이자 및 원금 상환/ 적립금
전도행사비	예배비, 전도비, 심방비, 교구관리비, 각종 행사비, 친교비, 부흥회 및 헌신예배 사례비
선교비	국내/해외 선교비, 선교운영비, 선교 단체 후원
장학구제비	장학금, 구제비, 경조비, 복지단체 후원
교육비	유아부, 어린이부, 청소년부, 청년부, 성인 및 새신자 교육, (교역자 연수)*
음악비	지휘자 및 반주자 사례비, 성가대 및 찬양단 유지비
상회관련비	총회 및 지방회비, 교단관련 연합회비 및 후원금
기타	예비비, 접대비, 잡비

〈표 1-2〉의 일반적인 분류에도 불구하고, 실제 분석에서는 여러 가지 변칙적 요인이 존재하였고, 이에 대하여는 다음과 같이 처리하였다: 먼저, 부속 기관(수양관, 대안 학교, 카페 등) 재정이 교회 재정에 포함된 경우에는 일반적으로 포함하여 분석하였으나, 교회 재정 규모에 비해 매우 큰 한 사례(유치원)는 제외하고 분석하였다. 개척교회의 경우에는, 외부 지원금이 기타 수입에 포함되어 항목의 비율이 상대적으로 증가하는 결과를 야기하기도 했다. 지출에서 운영유지비는 현재 비용뿐 아니라 대출금 상환(과거 지출 부분) 혹은 기금조성(미래 지출 준비 부분)을 포함하여 분석하였다. 교역자 연수비는 금액이 클 경우에는 교육비가 아닌 인건비로 포함하였다. 기타 지출은 항목 계상에 따라 상당 부분 차이가 났고, 포괄적으로 항목을 설정한 교회의 경우 그 금액이 상대적으로 늘어나기도 하였다.

III. 수입 구조 분석

〈표 1-3〉은 본 연구의 수입 부분 분석결과를 노치준 및 황호찬/최현돌의 분석과 비교하여 정리한 것이고, 〈표 1-4〉는 교단, 교회규모, 지역의 세 변수를 투입하여 회귀분석한 결과를 제시한 것이다. 회귀분석에서 교단은 장로교, 교회규모는 대형교회, 지역은 대도시를 기준으로 하였다. 본 장에서는 먼저 한국 교회의 수입 구조를 여기에 제시된 내용을 따라 살펴보고자 한다.

〈표 1-3〉 교회 재정 분석 수입 부분 비교

구 분		노치준 (1982)	노치준 (1992)	황호찬/최현돌 (1994/1996)	최현종 (2015)
1인당 헌금	헌금액 (천원)	135	509	618/855	1,649
	헌금/소득 (%)	9.4	8.2	7.6/8.1	5.4
수입 (%)	십일조	40.9	53.1	53.3	52.1
	감사	-	23.0	18.0	20.2
	기타	-	19.5	17.1	17.6
	특별건축	-	4.4	11.5	10.1
분석교회수		154	246	224	180

* 헌금/소득은 1인당 헌금액을 해당년도 1인당 GNI로 나누어 산출.
* 노치준의 분석에 있어 절기는 감사에 포함.
* 황호찬/최현돌의 분석에서의 절기는 감사에, 주일/선교는 기타에 포함.

<표 1-4> 수입 부분 재정 회귀분석 모델

구분	1인당 헌금	십일조비율	감사비율	특별비율	기타비율
(상수)	1383.125***	62.672***	11.784***	5.821	19.723***
교단					
감리교	-.074	-.261*	.294**	.134	-.044
성결교	.017	-.190	.231*	.078	-.021
기타	-.099	-.115	.115	.050	.004
교회규모					
소형교회	.356**	-.461***	.434***	.157	.089
중소형교회	.286*	-.108	.246**	.013	-.065
중대형교회	.258*	-.044	.134	.048	-.106
지 역					
농촌/중소도시	-.296***	.086	.034	-.020	-.119
R^2adj.	.058	.169	.150	-.019	-.009

* ⟨ p=.05, ** ⟨ p=.01, *** ⟨ p=.001.
* 교단은 장로교, 교회규모는 대형교회, 지역은 대도시 기준.

1. 1인당 헌금

<표 1-3>에 따르면 한국 개신교회의 성도 1인당 헌금액은 13.5만원(1982), 50.9만원(1992), 61.8만원(1994)/85.5만원(1996), 164.9만원(2015)으로 계속해서 늘어나는 추세를 보인다.[8] 하지만 이를 해당

---

8 한목협(2013)의 2012년 설문조사에 의하면 월평균 헌금액은 22.2만원이었다(101). 이를 연간으로 계산할 경우에는 266.4만원으로 본 조사보다 상당히 높게 나타난다. 물론

년도의 1인당 GNI로 나누어 헌금/소득의 비율로 비교할 경우에는 오히려 9.4%(1982), 8.2%(1992), 7.6%(1994)/8.1%(1996), 5.4% (2015)로 계속해서 줄어들고 있다. 구간별로 보면 1인당 헌금액이 100- 250만원에 해당하는 교회가 전체의 73.3%로 가장 많은 부분을 차지하였다.

〈표 1-4〉의 회귀분석 모델에 의하면 1인당 헌금액은 교단별로는 유의미한 차이가 나타나지 않았으며, 지역별로는 대도시 평균이 178.2 만원으로 농촌 및 중소도시의 143.4만원보다 높게 나타났다. 교회규모 별로는 대형교회 130.8만원, 소형 169.6만원, 중소형 177.4만원, 중대 형 166.0만원으로 1인당 헌금에서는 대형교회가 가장 적은 것으로 나타났다. 한국기독교목회자협의회(이하, 한목협)의 조사에 따르면, 대형 교회의 1인당 헌금액이 가장 높게 나타나 본 조사와 상반되나(한목협, 2013, 102), 노치준의 1992년 조사(노치준, 1995, 219)와 황호찬/최현 돌의 조사(황호찬/최현돌, 1998, 101) 모두 본 연구와 마찬가지로 대형 교회의 헌금이 가장 적은 것으로 제시하고 있다. 본 연구에서 분석한 교회들의 1인당 헌금액수를 구간별로 비교하면, 〈표 1-5〉 및 〈그림 1-1〉과 같다.

이는 7대 광역시를 중심으로 한 대도시 지역의 조사라는 차이는 있지만, 대도시로 한정했을 경우에도 본 조사의 178.2만원에 비해 높게 나타난다.

〈표 1-5〉 1인당 헌금 구간 비교

구분(천원)	빈도	유효 퍼센트
500 이하	9	5.7
501-999	17	10.8
1000-1499	45	28.7
1500-1999	48	30.6
2000-2499	22	14.0
2500-2999	7	4.5
3000-3999	6	3.8
4000-	3	1.9
합 계	157	100.0

〈그림 1-1〉 1인당 헌금액 비교

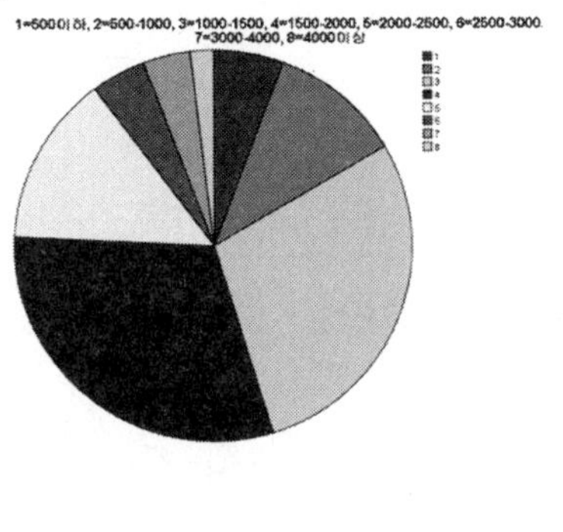

2. 십일조

수입에서 가장 많은 부분을 차지한 것은 역시 십일조로, 본 연구에서 분석한 결과에 따르면 전체 헌금액의 52.1%를 점하였다. 이는, 노치준의 1982년 자료 분석을 제외한다면, 대개 50%를 약간 상회하는 이전의 연구결과들에 상응한다. 즉, 한국 교회 헌금 수입의 절반 이상이 십일조에 의존한다고 말할 수 있는 것이다. 교회별로 비교하면, 40-60%를 차지하는 교회가 50.9%로 가장 많았고, 그 다음이 60-80%로 30.7%에 달했다. 이를 합치면, 40-80% 구간이 전체의 81.6%를 차지했다. 80%를 넘는 교회도 2교회(1.2%)가 있었다.

〈표 1-4〉의 회귀분석 모델에 따르면, 십일조 비율은 교단별, 교회 규모별로 차이를 보였다. 교단별로는 장로교가 58.4%로 가장 높았으며, 감리교는 48.1%로 낮게 나타났다. 성결교는 52.8%, 기타교단은 47.1%의 비율을 나타냈지만, 통계적으로 유의미한 차이는 아니었다.[9]

구 분	빈도	유효 퍼센트
20% 미만	5	3.1
20-40%	23	14.1
40-60%	83	50.9
60-80%	50	30.7
80% 이상	2	1.2
합계	163	100.0

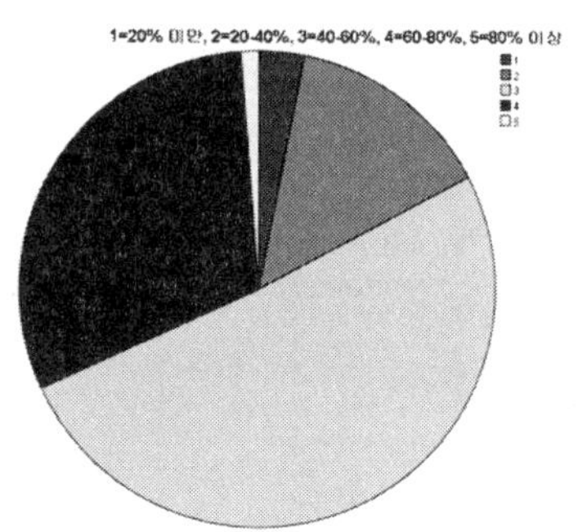

〈그림 1-2〉 십일조 비율

교회규모별로는 소형교회가 44.5%로, 대형교회의 58.9%, 중소형교회의 54.3%, 중대형교회의 56.9%에 비해 상당히 낮게 나타났다. 소형교회의 십일조 비율이 낮은 것은 노치준의 연구에서도 동일하게 제시되었다(노치준, 1995, 223). 다만, 노치준은 이 결과를 농어촌 교회가 많이 포함되었기 때문이라고 해석하였으나, 본 연구의 회귀모델에는 지역변수가 포함되어 있기에, 지역변수와는 별개로 교회규모가 영향을 미친 것이라고 볼 수 있다.

3. 감사헌금

감사헌금의 비중은 전체의 20.2%로 분석된 범주 중에 십일조에 이어 2번째로 많은 액수를 차지했다. 교회별로 비교하면, 10-20%를 차

---

9 기타 교단이 평균에서의 상당한 차이에도 불구하고, 통계적으로 유의미한 차이를 보이지 않는 것은 표본 수가 적고(13개 교회), 또한 교회 간의 차이(표준편차)가 존재함에 기인하는 것으로 보인다. 이는 이후의 다른 통계분석에도 동일하게 작용하는 것으로 보인다.

구 분	빈도	유효 퍼센트
10% 미만	16	9.8
10-20%	74	45.4
20-30%	54	33.1
30-40%	16	9.8
40% 이상	3	1.8
합계	163	100.0

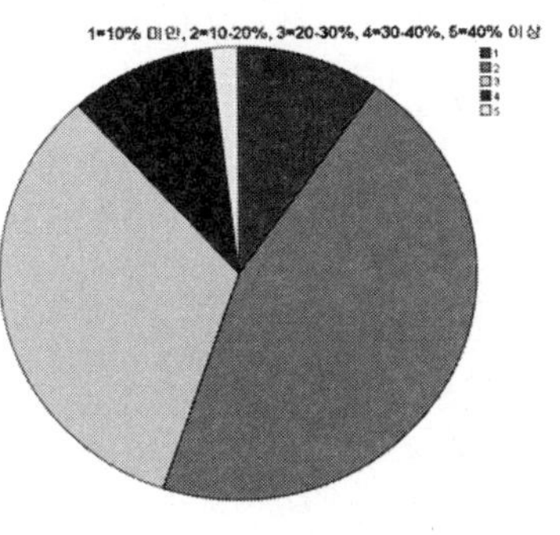

지하는 교회가 45.4%로 가장 많았고, 그 다음이 20-30%로 33.1%에 달했다. 이를 합치면, 10-30% 구간이 전체의 78.5%를 차지했다. 40%를 넘는 교회도 3교회(1.8%)가 있었다.

〈표 1-4〉의 회귀분석 모델에 따르면, 감사헌금 비율도 십일조와 마찬가지로 교단별, 교회규모별로 차이를 보였다. 교단별로는 장로교가 15.8%인데 비해, 감리교는 22.7%, 성결교 20.4%로 유의미하게 높게 나타났다. 기타 교단 역시 20.3%로 높았지만, 통계적으로 유의미하지는 않았다. 교회 규모별로는 소형교회가 23.6%로 가장 높았고, 중소형교회 21.0%, 중대형교회 17.8%, 대형교회 14.6%의 순이었다. 이러한 감사헌금 비율의 차이는 전체 헌금 중 십일조의 비율과 연결하여 생각할 수 있는 것으로 보인다. 즉, 십일조가 상대적으로 높은 비율을 차지한 장로교회와 대형교회는 감사헌금의 비율이 가장 낮게, 십일조가 상대적으로 낮은 비율을 차지한 감리교회와 소형교회는 감사헌금의 비율이 높게 나타난 것으로 생각할 수 있다.

4. 기타헌금

기타헌금의 비중은 전체의 17.6%를 차지했다. 기타헌금에서 가장 많은 부분을 차지한 것은 주일헌금, 구역헌금, 선교헌금 등이었으며, 일반적으로는 주일헌금이 가장 많았지만, 교회에 따라서는 구역헌금이 더 많은 교회(대개 소형교회)도 있었다. 또한, 전반적으로 규모가 큰 교회일수록 선교헌금의 비중이 높아져 주일헌금보다 많은 경우도 있었다. 기타헌금을 교회별로 비교하면, 10-20%를 차지하는 교회가 54.0%로 가장 많았고, 그 다음이 20-30%로 22.1%에 달했다. 이를 합치면, 10-30% 구간이 전체의 76.1%를 차지했다. 하지만, 10% 미만 교회도 16.6%로 매우 높은 비중을 차지했고, 반면 40%를 넘는 교회도 3교회(1.8%)가 있었다. 〈표 1-4〉의 회귀분석 모델에서 기타헌금의 비율은 교단별, 교회크기별, 지역별로 유의미한 차이를 보이지 않았다.

<표 1-8〉 기타헌금 비율 구간 비교

구 분	빈도	유효 퍼센트
10% 미만	105	64.4
10-20%	31	19.0
20-30%	15	9.2
30-40%	7	4.3
40% 이상	5	3.1
합계	163	100.0

〈그림 1-4〉 기타헌금 비율

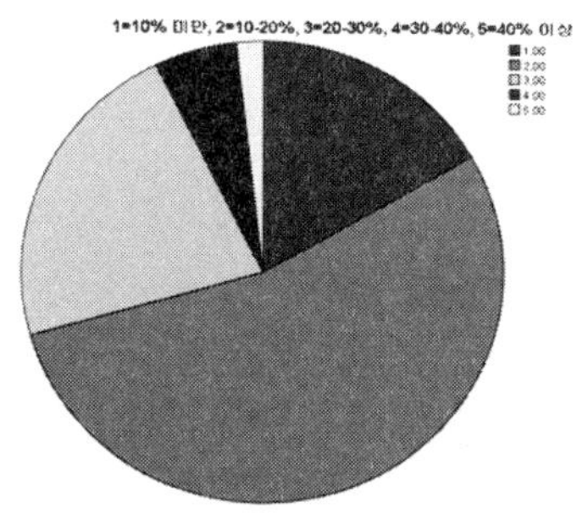

5. 특별건축헌금

특별건축헌금의 비중은 전체의 10.1%를 차지했다. 교회별로 비교하면, 10% 미만이 전체의 64.4%에 이르렀고, 20%를 넘는 교회는 16.6%에 불과했다. 하지만, 40%를 넘는 교회도 5교회(3.1%)가 있었다. 〈표 1-4〉의 회귀분석 모델에서 특별건축헌금의 비율은 교단별, 교회크기별, 지역별로 유의미한 차이를 보이지 않았다.

<표 1-9> 특별건축헌금 비율 구간 비교

구 분	빈도	유효 퍼센트
10% 미만	105	64.4
10-20%	31	19.0
20-30%	15	9.2
30-40%	7	4.3
40% 이상	5	3.1
합계	163	100.0

<그림 1-5> 특별건축헌금 비율

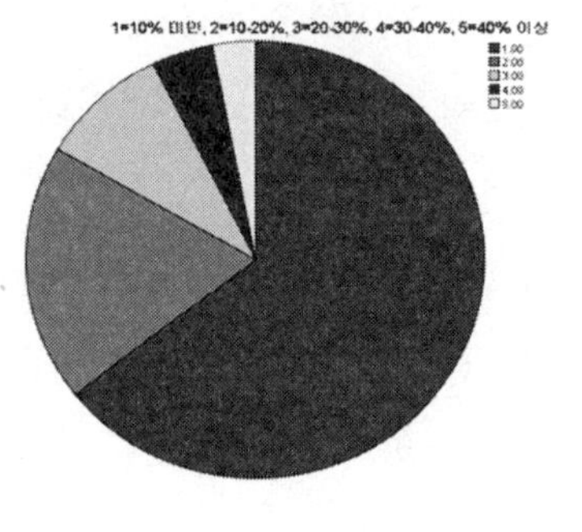

6. 수입 부분 분석 종합

한국 교회의 1인당 헌금액은 지속적으로 늘어나고 있지만, 이를 소득 대비 비율로 환산하면 오히려 줄어드는 추세를 보이고 있다. 1인당 헌금액은 농촌 및 중소도시에 비해 대도시가 35만 원가량 더 많았고, 교회규모별로는 대형교회가 다른 규모의 교회에 비해 35-46만 원가량 적었다. 또한 헌금의 종류는 매우 다양하지만,[10] 수입구조에서 십일조의 비중은 여전히 절대적이었다. 전체 헌금 중 십일조의 비중은 절반을 넘었고, 나머지는 감사헌금, 기타헌금, 특별건축헌금의 순이었다. 십일조의 비중은 장로교와 대형교회가, 감사헌금의 비중은 교단에서는 감리교와 성결교, 교회규모에서는 소형교회와 중소형교회가 더 높은 상반된 경향을 나타냈다.

IV. 지출 구조 분석

〈표 1-10〉은 본 연구의 지출 부분 분석결과를 노치준 및 황호찬/최현돌의 분석과 비교하여 정리한 것이고, 〈표 1-11〉은 교단, 교회규모, 지역의 세 변수를 투입하여 회귀분석한 결과를 제시한 것이다. 회귀분석에서 변수별 기준은 수입 부분과 동일하게, 교단은 장로교, 교회규모는 대형교회, 지역은 대도시를 기준으로 하였다. 이제 이에 근거하여 한국 교회의 지출 구조를 살펴보고자 한다.

---

10 분석대상인 서울 소재 한 중소형교회의 예를 들면 헌금의 종류는 십일조, 주일헌금, 교회학교헌금, 속회헌금, 감사헌금, 장년수련회헌금, 부활절, 맥추절, 추수감사절, 성탄절, 부흥성회, 대심방, 신년감사, 직분, 하늘다리, 마중물, 비품, 애찬, 사랑실천, 수양관특별헌금 등 총 20가지에 이르렀다.

<표 1-10> 교회 재정 분석 지출 부분 비교

구 분	노치준 (1982)	노치준 (1992)	황호찬/최현돌 (1994/1996)	최현종 (2015)
인건비	38.4	27.3	24.4	29.8
유지운영비	45.4	49.3	47.4	37.9
전도/행사비	5.3	4.0	3.4	4.4
선교비	4.8	5.3	10.5	8.6
장학/구제비	2.3	3.9	6.5	4.8
교육비	7.9	7.4	6.0	5.2
음악비	-	-	-	2.9
상회관련비	2.2	2.8	-	3.4
분석교회수	154	246	224	180

* 노치준의 분석에서 예배는 전도행사로, 관리/운영/건축/기타는 유지운영비로 계상.

* 황호찬/최현돌의 분석에서 예배는 전도행사로, 일반 및 재산 관리와 특별지출은 모두 유지운영비로 계상.

<표 1-11> 지출 부분 재정 회귀분석 모델

구분	인건비	운영 유지비	전도/ 행사비	선교비	장학/ 구제비	교육비	음악비	상회비
(상수)	24.481***	32.805***	3.945***	12.768***	7.335***	8.398***	2.692***	2.214***
교단								
감리교	.002	.111	.013	-.005	-.345***	-.108	.160	.393***
성결교	-.018	.089	.089	-.086	-.358***	-.149	.109	.279**
기타	-.092	.112	.050	.070	-.084	-.177*	-.091	-.015
교회크기								
소형교회	.179	.126	.079	-.215	.168	-.456***	-.102	-.023

중소형교회	.200	.027	-.032	-.231*	.106	-.310**	-.062	-.007
중대형교회	.142	.064	-.016	-.234*	.036	-.140	.135	.046
지 역								
중소도시	.148	.008	-.006	-.114	-.207**	.059	-.155	.093
R²adj.	.021	-.023	-.041	.035	.105	.109	.060	.073

* 〈 p=.05, ** 〈 p=.01, *** 〈 p=.001.
* 교단은 장로교, 교회규모는 대형교회, 지역은 대도시 기준.

1. 인건비

전체 지출 중 인건비의 비중은 29.8%로 분석된 범주 중에 유지운영비에 이어 두 번째로 많은 액수를 차지했다. 교회별로 비교하면, 20-30%를 차지하는 교회가 34.3%로 가장 많았고, 그 다음이 30-40%로 25.7%에 달했다. 이를 합치면, 20-40% 구간이 전체의 60.0%를 차지했다. 10%에 미치지 못하는 교회와 50%를 넘는 교회도 각각 13교회(7.4%)나 있었다. 〈표 1-11〉의 회귀분석 모델에서 인건비의 비율은 교단별, 교회크기별, 지역별로 유의미한 차이를 보이지 않았다.

인건비의 지출 대상은 교회마다 상이하지만, 서울 지역의 한 중소형교회를 예로 들면 그 대상이 모두 19명이나 되었다. 구체적으로는, 풀타임 사역자가 담임목사, 부목사, 심방전도사, 관리집사, 사무간사 등 5명이었고, 이들에 대하여는 각종 수당과 퇴직적립금도 있었다. 파트타임 사역자는 모두 13명으로, 교회학교 부서 사역자 3명, 성가대 지휘자 3명, 반주자 7명 등이었다. 그 외 원로목사에 대하여 인건비가 지출되고 있었다. 한목협 조사에 의하면, 목회자 월 사례비는 260만 원 정

<표 1-12> 인건비 비율 구간 비교

구 분	빈도	유효 퍼센트
10% 미만	13	7.4
10-20%	20	11.4
20-30%	60	34.3
30-40%	45	25.7
40-50%	24	13.7
50% 이상	13	7.4
합계	175	100.0

<그림 1-6> 인건비 비율

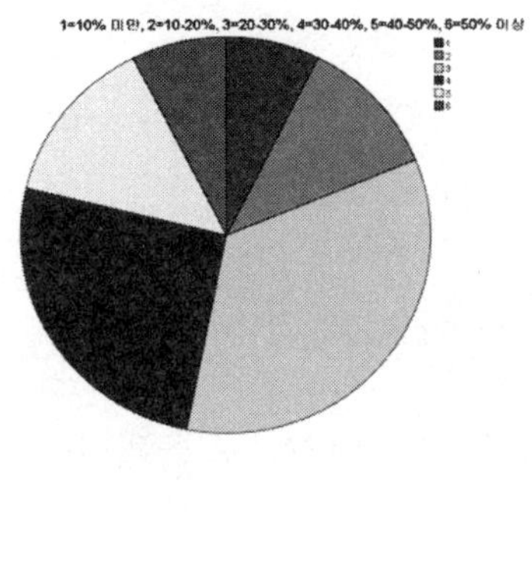

도이며, 대도시에 한정할 경우에는 287만원으로 전체 평균에 비해서는 약간 높았지만, 대도시 일반인 평균인 337만원에 비해서는 낮은 수준으로 나타났다(한목협, 2013, 408).[11] 더욱이 정기적으로 사례비를 받지 못하는 사람도 10% 정도에 달하였다(한목협, 2013, 410).

2. 유지운영비

전체 지출 중 유지운영비의 비중은 37.9%로 분석된 범주 중에 가장 많은 액수를 차지했다. 교회별로 비교하면, 30-40%를 차지하는 교회가 27.0%로 가장 많았고, 그 다음이 20-30%로 20.2%에 달했다. 이를 합치면, 20-40% 구간이 전체의 47.2%를 차지했다. 하지만 그 분

---

11 본 조사의 경우 교회에 따라 인건비를 계상하는 기준이 달라 1인당 사례비는 확인하지 못했다. 즉, 사역자별로가 아닌 전체로 계상하거나, 담임 교역자와 부교역자를 구분할 경우에도, 부교역자 개인별 사례비 확인이 어려운 경우가 많았다.

포가 다른 지출 범주에 비해 매우 넓었고, 10%에 미치지 못하는 교회도 있는 반면에(2.2%), 70%를 넘는 교회도(3.4%)나 있었다. 교회마다 계정항목이 달라 정확하게 수치화하기는 어렵지만, 운영유지비에서 가장 많은 부분을 차지하는 부분은 압도적으로 건물(교회 및 부속 건물)과 관련된 부분이었으며, 그 다음이 차량관련비용, 사무비 순으로 나타났다. 〈표 1-11〉의 회귀분석 모델에서 유지운영비의 비율은 교단별, 교회크기별, 지역별로 유의미한 차이를 보이지 않았다.

<표 1-13> 유지운영비 비율 구간 비교

구 분	빈도	유효 퍼센트
10% 미만	4	2.2
10-20%	20	11.2
20-30%	36	20.2
30-40%	48	27.0
40-50%	30	16.9
50-60%	23	12.9
60-70%	11	6.2
70% 이상	6	3.4
합계	178	100.0

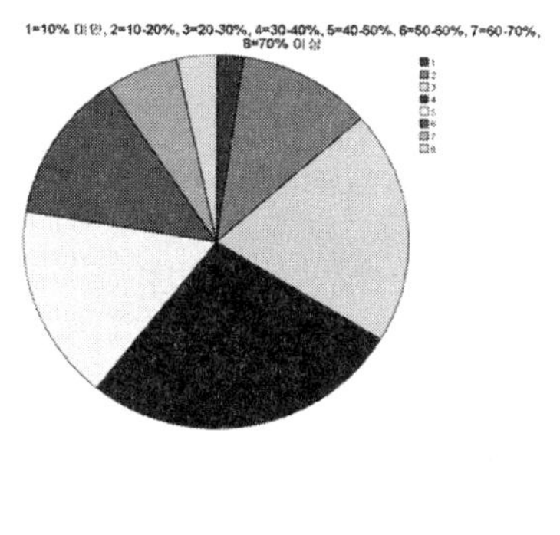

<그림 1-7> 유지운영비 비율

3. 전도/행사비

전체 지출 중 전도/행사비의 비중은 4.4%를 차지했다. 교회별로 비교하면, 1-5%를 차지하는 교회가 57.4%에 달했고, 5-10%의 교회도

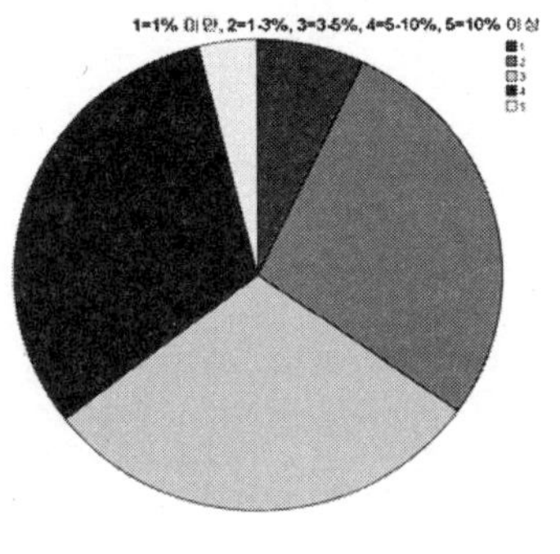

〈표 1-14〉 전도/행사비 비율 구간 비교

구 분	빈도	유효 퍼센트
1% 미만	11	7.1
1-3%	43	27.7
3-5%	46	29.7
5-10%	49	31.6
10% 이상	6	3.9
합계	155	100.0

〈그림 1-8〉 전도/행사비 비율

31.6%에 이르렀다. 〈표 1-11〉의 회귀분석 모델에서 전도/행사비의 비율은 교단별, 교회크기별, 지역별로 유의미한 차이를 보이지 않았다.

4. 선교비

전체 지출 중 선교비가 차지하는 비중은 8.6%였다. 표 10에 의하면 이는 노치준의 분석보다는 조금 높지만, 황호찬/최현돌의 분석보다는 조금 낮은 수치이다. 교회별로 비교하면, 1-5%를 차지하는 교회가 31.8%로 가장 많았고, 5-10%의 교회도 27.7%에 이르렀다. 10-20% 도 22.5%로 상당히 많은 비율을 차지했다. 〈표 1-11〉의 회귀분석 모델에 따르면 선교비의 비율은 대형 교회가 12.7%로 가장 높았으며, 소형(7.6%), 중소형(7.7%), 중대형(7.3%) 교회 사이의 차이는 크지 않았다. 교단별, 지역별로는 유의미한 차이를 보이지 않았다.

<표 1-15> 선교비 비율 구간 비교

구 분	빈도	유효 퍼센트
1% 미만	16	9.2
1-5%	55	31.8
5-10%	48	27.7
10-20%	39	22.5
20% 이상	15	8.7
합계	175	100.0

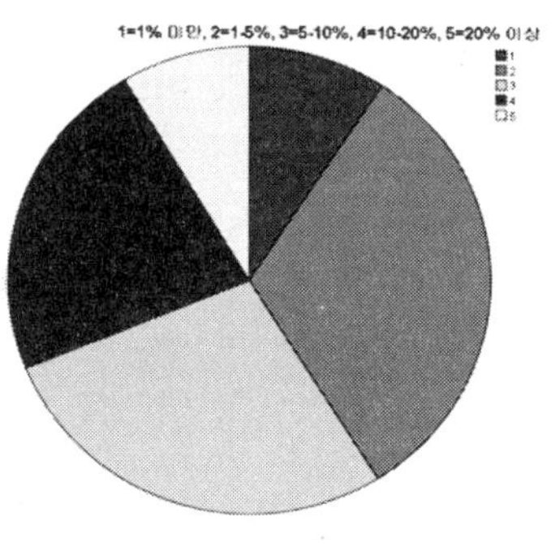

<그림 1-9> 선교비 비율

5. 장학구제비

전체 지출 중 장학/구제비가 차지하는 비중은 전체의 4.8%로, 전도
/행사비(4.4%)나, 교육비(5.25)와 비슷했다. 교회별로 비교하면, 1-5%
를 차지하는 교회가 55.3%로 가장 많았고, 5-10%의 교회도 24.1%에
이르렀다. 이를 합치면 1-10%의 교회가 전체의 79.4%를 차지했다.
10%가 넘는 교회도 전체의 8.9%에 이르렀다. 〈표 1-11〉의 회귀분석
모델에 따르면 장학/구제비의 비율은 교단별, 지역별로 유의미한 차이
를 보였다. 교단별로는 장로교가 7.9%로 감리교의 4.0%, 성결교의
3.7%에 비해 상당히 높게 나타났다(기타 교단은 6.2%). 지역별로는 대
도시 교회가 5.6%로 농촌 및 중소도시의 3.4%에 비해 높게 나타났다.
교회규모별로는 유의미한 차이를 보이지 않았다.

구 분	빈도	유효 퍼센트
1% 미만	20	11.8
1-5%	94	55.3
5-10%	41	24.1
10-20%	12	7.1
20% 이상	3	1.8
합계	170	100.0

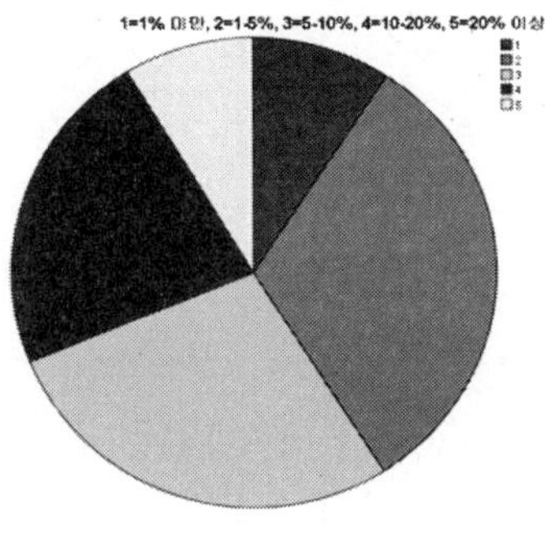

〈그림 1-10〉 장학/구제비 비율

6. 교육비

전체 지출 중 교육비가 차지하는 비중은 5.2%였다. 교회별로 비교하면, 1-5%를 차지하는 교회가 42.3%로 가장 많았고, 5-10%의 교회도 비슷하게 41.1%에 이르렀다. 이를 합치면 1-10%의 교회가 전체의 83.4%를 차지했다. 10%가 넘는 교회도 10교회, 전체의 5.7%에 이르렀다(20% 이상 1교회). 1% 미만의 교회는 교회 재정 문제보다는 교회 규모가 작아서 교육부서 자체가 구성되지 못한 원인도 있는 것으로 보인다. 이는 회귀분석에서 소형교회의 교육비 비중이 가장 낮은 것과도 연결된다. 〈표 1-11〉의 회귀분석 모델에 따르면 교육비의 비율은 교단별, 교회규모별로 유의미한 차이를 보였다. 교단별로는 장로교가 6.5%로 감리교의 5.0%, 성결교의 5.1%에 비해 높게 나타났지만, 통계적으로 유의미한 차이는 아니었다. 다만 기타 교단은 3.3%로 유의미한 차이를 보였다. 교회규모별로는 대형교회가 7.3%로 소형교회의 3.8%, 중소형교회의 4.6%에 비해 높게 나타났다. 중대형교회는 6.3%

〈표 1-17〉 교육비 비율 구간 비교

구 분	빈도	유효 퍼센트
1% 미만	18	10.3
1-5%	74	42.3
5-10%	72	41.1
10-20%	10	5.7
20% 이상	1	.6
합계	175	100.0

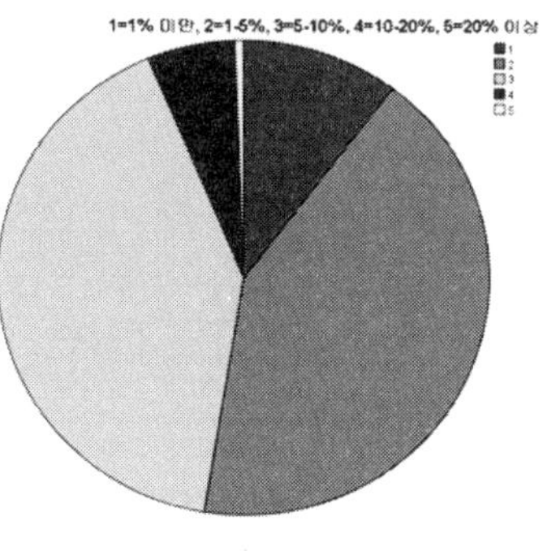

〈그림 1-11〉 교육비 비율

로 이들의 중간에 위치했다. 교육비는 지역별로는 유의미한 차이를 보이지 않았다.

7. 음악비

음악비는 이전의 연구들에서는 별도의 항목으로 분석되지 않았다. 하지만, 교회 서비스의 고급화(?)와 맞물려 교회 전체 예산에서 음악비의 비중도 무시할 수 없는 상황이 되어가고 있다. 교회 전체 지출 중 음악비의 비중은 2.9%를 차지했다. 교회별로 비교하면, 1-5%를 차지하는 교회가 49.6%로 가장 많았고, 1% 미만의 교회도 32.6%에 이르렀다. 하지만, 음악비가 10% 이상의 비중을 차지한 교회도 있었다 (2.2%). 음악비를 교육비와 비교하였을 때, 전반적으로는 교육비 비중이 높았지만, 음악비가 오히려 많은 교회도 44개(32.6%)나 되었다. 〈표 1-11〉의 회귀분석 모델에서 음악비의 비율은 교단별, 교회크기별, 지역별로 유의미한 차이를 보이지 않았다.

<표 1-18> 음악비 비율 구간 비교

구 분	빈도	유효 퍼센트
1% 미만	44	32.6
1-5%	67	49.6
5-10%	21	15.6
10% 이상	3	2.2
합계	135	100.0

<그림 1-12> 음악비 비율

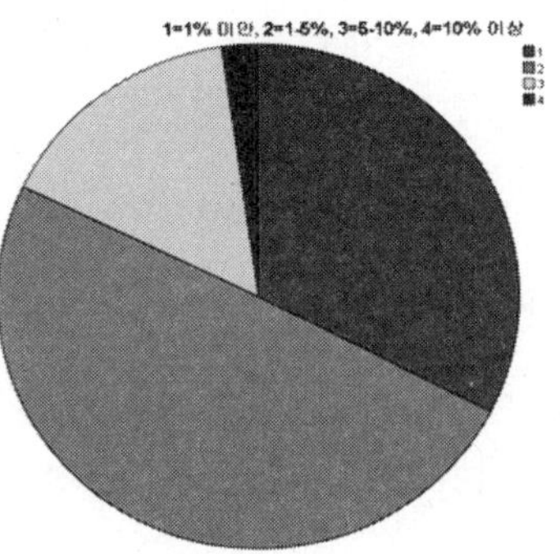

8. 상회관련비

전체 지출 중 상회관련비가 차지하는 비중은 3.4%였다. 교회별로 비교하면, 1-5%를 차지하는 교회가 71.5%로 압도적으로 많았지만, 5%를 넘어서는 교회도 19.2%에 이르렀다(10% 이상 1교회 포함). <표 1-11>의 회귀분석 모델에 따르면 상회관련비가 차지하는 비중은 장로교가 2.5%로 감리교의 4.1%, 성결교의 3.6%에 비해 유의미하게 낮았

<표 1-19> 상회관련비 비율 구간 비교

구 분	빈도	유효 퍼센트
1% 미만	14	9.3
1-5%	108	71.5
5-10%	28	18.5
10% 이상	1	.7
합계	151	100.0

<그림 1-13> 상회관련비 비율

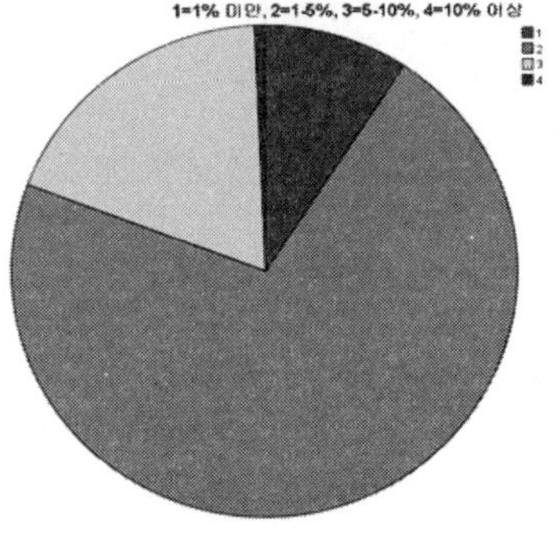

다(기타 교단은 1.8%). 상회관련비의 비중은 교회규모별, 지역별로는 유의미한 차이를 보이지 않았다.

9. 지출 부분 분석 종합

한국 교회의 지출구조는 여전히 인건비, 유지운영비 중심으로 구성된 성격을 벗어나지 못하고 있다. 인건비와 유지운영비를 합치면 그 비율은 67.7%에 달한다.[12] 이러한 지출구조는 현재의 한국 사회에서 대부분의 교회가, 소비자들이 원하는 보다 나은(?) 종교 서비스를 제공하고, 이를 통해 다시 개교회의 외형(성도 수 및 재정)을 확대하는 것에 그 중점을 둔 결과라고 해석할 수 있을 것이다. (꼭 부정적으로 볼 필요는 없지만) 필자의 이전 연구에서도 지적했던 바와 같이, 이러한 결과는 현재의 한국 교회가 시장체계 내에 존재하고 있음을 잘 보여주는 증거이기도 하다(최현종, 2013). 즉, 한국 교회는 시장체계를 뛰어넘는 요소이기보다는, 시장 내의 한 요소로 존재하며, 따라서 시장체계의 매체인 돈의 지배 논리를 벗어날 수 없다는 것이다. 노치준 또한, 교회 안 간접경비(본 연구의 운영유지비)의 비대화, 특히 초대형교회에서 비대화의 심화에 대하여 지적하고, 이를 목적전치의 현상으로 규정한 바 있다(노치준, 1995, 201).

지출항목 중 회귀분석 모델에서 통계적으로 유의미한 차이를 보인

---

12 이는 고유목적비용과 지원비용의 비율이 1:3 정도 된다는 황호찬/최현돌의 연구 결과와 어느 정도는 상응한다(1998, 105). 황호찬/최현돌은 한편으로 교회재정 사용을 내부:외부로 나누어 분석하였는데, 그에 따르면 전체 재정 사용 중 86.8% 정도가 교회 내부의 목적에 사용된다. 특히, 이들은 재무/재산 지출(교회 규모 확장 비용)이 과다(29.6%)하다고 지적한 바 있다.

항목은 선교비, 장학구제비, 교육비, 상회관련비 등이었다. 선교비는 대형교회가, 장학구제비는 장로교 및 대도시 교회가, 교육비는 대형교회(및 장로교회)가 상대적으로 많이 지출하는 것으로 나타났고, 상회관련비는 장로교회의 지출이 상대적으로 적었다. 이들 각 항목의 적정 비율은 절대적인 기준이 없고, 개 교회의 비전과 목적과 따라 달라질 수 있다. 다만, 노치준은 교육비의 낮은 비율을 교회교육이 일반 교육이나 사회발전을 따라가지 못하는 중요한 원인으로 제시하기도 한다(노치준, 1995, 202). 한편 이러한 지출 구조는 한목협의 조사에서 제시된 일반 성도들 헌금의 우선 사용처에 대한 인식에 어느 정도는 상응한다. 한목협의 조사에 따르면 교회의 운영유지가 헌금의 우선 사용처라는 응답이 54.8%로 가장 높게 나타났다. 하지만 사회봉사 및 구제(18.8%), 국내 선교 및 전도(11.9%), 교회 교육(9.6%), 해외 선교(5.0%)라는 응답도 적지 않았으며, 현재의 지출구조는 이러한 응답들이 차지하는 비율에 부응하지 못하는 결과로도 해석할 수 있다(한목협, 2014, 106-8).

V. 나가는 말

들어가는 말에서 지적한 바와 마찬가지로, 본 연구는 재정담론보다는 재정현황 분석에 초점을 맞추었다. 그러나 분석을 정리함에 있어 약간의 담론적 제시는 필요할 것으로 보인다. 이제 세 가지 정도 한국 교회의 재정 상황에 대해 제언을 하면서, 본 논문의 부제로 제기된 질문, 즉 "한국 교회는 시장체계를 뛰어넘을 수 있을까?"라는 질문에 대한 답을 시도해보고자 한다.

첫째, 수입 구조와 관련하여 1차적으로 지적될 수 있는 문제는 한국 교회의 헌금이 지나치게 십일조에 의존하고 있다는 편중 문제이다. 더욱이 십일조의 성서적 근거가 분명하지 않다는 비판은 이러한 지적을 더 심각하게 만든다. 물론 구약에는 십일조에 대한 분명한 명령이 있다. 하지만 대부분의 구약 율법을 지키지 않는 상황에서 십일조만 강조하는 것은 그 근거가 미약하며, 한국 교회 재정의 상당 부분을 차지하는 십일조를 정당화하기 위한 하나의 편의적 전략일 뿐이라는 것이다. 이러한 맥락에서 한국 교회의 헌금 구조를 다양화해야 한다는 논의도 제시되지만, 안 그래도 너무 많다고 지적되는 한국 교회의 헌금 항목을 더욱 다양화한다는 것도 문제가 있는 실정이다. 이러한 상황에서 결국 중요한 것은, 필자의 의견으로는 헌금의 항목(혹은 항목의 수)이 아니라 그것이 얼마나 의미 있게 사용되느냐 하는 것이다. 1인당 국민소득의 5.4%라는 한국 교회의 1인당 헌금 비율은 결코 낮지 않고, 특히 다른 종교기관과 비교할 때 그 비율은 상당히 높은 것으로 나타난다.[13] 결국 중요한 것은 그 명목이 아니라, 사용처이다. 이렇게 많은 금액이 의미 있게 사용된다면, 그 항목이나 항목의 수에 상관없이 드려진 헌금은 제 역할을 하는 것으로 볼 수 있을 것이다.

둘째, 결국 문제는 한국 교회의 지출 구조가 적절한가로 모아진다. 앞서 언급한 바처럼, 대부분의 연구자들은 교회 내부적 지출의 편중 현상을 지적하고, 선교비와 구제비, 교육비 등의 증액을 요청한다. 그러나 문제는 그렇게 단순하지 않다. 실제로 선교비는 어떻게 지출되는가?

---

13 한목협의 조사에 따르면, 한국 교회의 1인당 헌금액은 불교의 4.7배, 가톨릭의 2.8배에 이른다(103).

결국 선교비도 대부분이 교회 외부, 즉 지원 받는 선교기관(혹은 교회) 내부의 인건비, 혹은 유지운영비로 사용된다. 그렇다면 교회 내부에 사용되는 인건비나 유지운영비는 안 되고, 지원 받는 선교기관(혹은 교회)에서 사용되는 인건비나 유지운영비는 괜찮은가? 또한 구제비나 교육비도 세부 항목을 살펴보면, 교회 내 경조비, 소비 지향적 물량공세를 위한 경비로 사용되는 부분도 상당히 많다. 결국 지출 항목 자체가 그 경비의 사용을 정당화할 수는 없다는 것이다. 이러한 맥락에서 중요한 것은 결국 개 교회가 지향하는 방향성, 목회 철학의 문제라고 할 수 있다. 교회가 지향하는 방향성이 건전하고, 교회의 지출을 철저하게 그 방향성에 맞춘다면 인건비나 운영유지비가 많다고 해서 결코 문제될 것은 아니라고 생각한다(오히려 한국 교회 성직자의 사례비가 교인 평균 소득에 못 미친다면 이를 인상하고, 좋은 목회 환경을 조성하는 것도 의미가 있지 않은가?). 또한 선교비나 구제비[14] 같은 소위 건전한(?) 항목에 잘못된 지출은 없는지도 점검해볼 필요가 있다(즉 건전한 항목의 좀 더 건전한 지출을 위한 연구가 필요하다).

보다 근본적인 문제는 개 교회의 방향성이 과연 단순한 종교시장체계 내에서 생존(혹은 성공)하는 것, 종교 소비자들(성도)에게 적절한 종교 서비스를 제공하는 것을 넘어서—물론 이 또한 매우 중요하지만—종교 본래의 초월적 지평을 유지하고, 이를 실천하고자 노력하고 있는가 하는 것이다. 이 문제가 앞서 제기한 질문, "한국 교회는 시장체계를 뛰어넘을 수 있을까?"와 관련된다.

---

14 낮은 구제비의 비율에 대해 노치준은 "종교 집단의 가장 강력한 원동력인 윤리적 힘을 상실하고 있는 증거"(203)라고 강변하기도 한다.

독일의 사회학자 루만(N. Luhmann)은 사회체계, 조직체계, 상호작용체계의 세 체계를 구분하며, 사회가 복잡해질수록 이 세 체계는 서로 모순 혹은 대립될 수 있다고 지적한다(Luhmann, 1982, 277). 교회라는 조직은 변이의 가능성을 제한하는 통제 원칙에 근거하는(Luhmann, 1972, 257), 고유한 동력에 의해 유지되는 자기생산적(autopoietisch) 체계이다(Luhmann, 2002, 230). 조직으로서의 교회 정치와 재정 운용은 신학이 아닌, 효율성과 합리성의 요구에 따르고(Luhmann, 1972, 265), 그 결과 조직으로서의 교회는 단순히 경건한 종교적 의사소통의 장소가 아니라, 조직 자체의 시스템 문제를 해결하는 것이 중요해진다(Luhmann, 1982, 312). 재정 문제도 이러한 맥락에서 생각해볼 수 있고, 재정 문제에 관한 한, 단순히 종교체계가 아닌 경제체계, 법체계 등의 다른 체계의 문제로 다루어질 수 있다(Luhmann, 1982, 315). 하지만 여기서 돈의 논리와 신앙의 논리 사이의 모순 혹은 대립이 나타나고, 이 문제는 쉽게 해결할 수 없는 난제로 드러난다. 조직으로서의 교회가 조직 자체 유지에만 집중하게 될 때, 다른 문제, 즉 사회적으로 종교와 관련된 문제, 종교에 대해 사회적으로 기대하는 의미를 보지 못하게 되고(Luhmann, 2002, 240), 이는 사회체계로서의 종교에 위기를 야기한다. 즉, 조직으로서의 요구, 혹은 하버마스를 따라 말하면, 체계의 논리는 생활세계적인 종교의 요구와 충돌할 수 있다. 결국 교회 조직의 요구와 구성원의 종교적 요구를 모두 충족시킬 수 있는 과정의 병행이 현실 종교에서 요청되고 있는지도 모른다(Luhmann, 1972, 264). 재정 사용에 나타나는 이러한 모순적, 혹은 보완적 욕구는, 재정 지출에서 조직을 훨씬 잘 운용하기 위한 경비와 종교 자체가 갖는 본래의 목적을 위한 경비의 사용 사이에 갈등을 야기하기도 한다.

앞서 언급한 대로, 결국 지출 항목 자체가 그 경비의 사용을 정당화할 수는 없다. 중요한 것은 결국 개 교회가 지향하는 방향성, 목회 철학의 문제이며, 이것은 조직으로서의 교회가 그 본래의 목적인 초월적 지평을 잃지 않고 유지하는 문제와 관련된다. 조직으로서의 교회와 종교의 본래 목적인 초월적 지평 사이에 긴장 관계를 유지하며, '시장체계' 안에 있지만, '시장체계'를 넘어서려는 끊임없는 분투가 한국 교회에 요청된다고 할 수 있다.

셋째, 세부적인 사항으로서 지출 항목 중 상회관련비의 사용과 관련된 문제이다. 신자유주의 경제의 중요한 문제 중 하나는 불평등이다. 일반적으로 그것을 해결하는 방법 중의 하나는 세금 체계에 누진 세율을 적용하고, 이렇게 거두어진 세금을 재분배의 목적에 맞추어 사용하는 것이다. 현재 한국 교회도 심각한 불평등 문제에 직면해 있다. 본 연구에서 분석한 자료에 따르면, 총 수입이 1억 이하인 교회가 25.0%(43개)에 이르는 반면, 10억 이상인 교회도 27.3%(47개)에 달했다.[15] 이러한 교회의 불균형 문제에 대해 상회비는 약간의 해결책이 될 수 있다. 즉, 상회비를 교회규모별로 누진적으로 납부하고, 이를 교회의 불평등 해소—예를 들어, 교역자의 최소생활비 보장이나, 연금 보장 용도—를 위해 사용할 수 있을 것이다. 현재에도 어느 정도는 상회비의 납부에 차등을 두고, 또한 재분배적 목적을 위해 사용하고는 있지만, 교회규모에 따른 (누진적) 차등적 납부를 좀 더 확대하고, 상회비의 재분배적 사용도 대폭 늘려야 한다는 것이 본 제안의 핵심이다. 본 연구에서 분석한 바에 따르면, 상회관련비의 액수는 교회 규모에 따른 유의미한 차이를

---

15 수입이 가장 많은 교회의 재정규모는 가장 적은 교회의 1,214배에 이르렀다.

보이지 않았기에, 이에 대한 개선의 노력이 필요하다고 생각한다.

"한국 교회는 시장체계를 뛰어넘을 수 있을까?"의 질문에 대해 결론을 내리기는 그렇게 쉽지 않다. 오히려 현재 한국 사회의 각종 시스템에서 시장체계의 논리를 가장 잘 따르는 것이 한국 교회라고 말할 수 있을 수도 있다(최현종, 2013 참조). 하지만 시장의 논리가 단기적으로는 교회 조직의 유지 및 확대를 보장해줄지 모르지만, 이는 루만의 언급처럼, 초월적 지평과 관련된 사회체계로서 종교의 기능과 충돌함으로써 장기적으로는 부정적인 영향을 미칠 수 있다. 따라서 "한국 교회는 시장체계를 뛰어넘을 수 있을까?"라는 질문은 단순한 당위적 질문이 아니라, 한국 교회의 미래와 관련된 현실적 질문이 되어야 할 것이다.

참고문헌

김웅배. 2001. "한국교회의 재정관리에 관한 연구." 동아대학교 석사학위논문.

김창수. 1989. "한국교회의 재정활용에 관한 실증적 연구." 단국대학교 석사학위
논문.

노치준. 1995. "한국 교회 재정 구조 (1): 1982년 자료 분석."『한국의 교회조직』.
서울: 민영사, 145-203.

______. 1995. "한국 교회 재정 구조 (2): 1992년 자료 분석."『한국의 교회조직』.
서울: 민영사, 205-273.

______. 1998. "희년, 한국 교회의 재정과 사회 봉사."『한국 개신교사회학』. 서울:
도서출판 한울, 177-200.

차승만. 1989. "한국교회의 재정관리에 관한 연구." 단국대학교 석사학위논문.

최현종. 2013. "생활세계의 식민화와 종교시장 체계."『한국기독교신학논총』, 85.

한국기독교목회자협의회. 2013.『한국기독교 분석리포트』. 서울: 도서출판 URD.

황호찬/최현돌. 1998. "한국교회의 재정관리 현황 및 개선을 위한 연구."『기독교
사상』, 42-7

황호찬. 1998. "발전적 청지기 모델에서 본 한국교회 구조조정의 문제점과 개선
안: 재무구조를 중심으로."『교회와 신학』, 33.

Eskridge, Larry and Mark A. Noll(eds.). 2000. *More Money, More Ministry*. Grand Rapids: William B. Eerdmans Publishing Company.

Luhmann, Niklas. 1972. "Die Organisierbarkeit von Religionen und Kirchen." In: Jakobus Wössner(Hg.). *Religion im Umbruch: Soziologische Beiträge zur Situation von Religion und Kirche in der gegenwärtigen Gesellschaft*. Stuttgart: Ferdinand Enke Verlag, 245-285.

______. 1982. *Funktion der Religion*. F.a.M.: Suhrkamp.

______. 2002. *Die Religion der Gesellschaft*. F.a.M.: Suhrkamp.

한국의 개신교는 무엇에 저항하는가
— 개신교 내 '돈'과 가난에 대한 태도의 관련성 연구

신 익 상

성공회대학교/인문학밴드 대카

I. 들어가는 말

루터로부터 촉발된 개혁 500주년을 기념하는 각종 행사가 이제 잦아들고 있다. 그 개혁은 분명 유럽 사회 전반을 휩쓴 사회개혁이었는데, 우리는 그것을 '종교'개혁이라고 부르면서 선을 그어버리곤 한다. 어쩌면 우리는 오늘의 종교를 당대에 투사하는 방식으로 우리의 초라함을 정당화하고 있는 것은 아닐까? "종교개혁 500주년"이라는 타이틀을 걸어서 교회 밖으로는 한 걸음도 나가지 않아도 되는 상황을 만들어놓고는 무책임한 익숙함을 때로는 정의라는 이름으로, 때로는 평화라는 이름으로 치장하며 세상이 울부짖는 고통의 소리를 적당히 들어주는 척하고 있는 것은 아닐까?

이 짧은 보고서는 "한국 개신교는 한국 사회의 구조적 가난을 은폐하는 문화시스템 역할을 하는 것이 아닐까?" 하는 의문에 대한 실증적 검토에 대한 것이다. 이 의문을 해소하기 위해서 한국 개신교인들을 대상으로 한 설문조사를 시행하여 통계적으로 분석하고 해석한 것인데, 이 분석과 해석은 오늘날 한국 개신교의 상황적 특수성에 국한되지 않고, 더 나아가 개신교 특유의 소명 사상과도 맞닿아 있다. 미리 결론부터 말하자면, 한국 개신교의 근본주의 성향은 개신교 특유의 소명의식과 모종의 관련을 맺고서 정치적 보수주의를 지지하는 반면, 자본주의적 현실에는 침묵한다. 적어도 한국 개신교인들에게 자본주의적 현실에 영향을 끼치는 거의 유일한 요소는 자본주의적 현실 자체뿐이다. 그렇다면, 루터의 '그 개혁'은 500년이 지난 뒤 이 땅에서 "한국의 개신교는 무엇에 저항하는가?"라는 질문을 받고 허물어져 내리는 실패한 개혁이 되고 만 것은 아닐까?

II. 이론적 배경: 한국의 주류 개신교는 구조적 가난을 은폐하는 문화시스템 역할을 하고 있을까?

나는 "한국의 주류 개신교가 구조적 가난을 교회 안팎에서 은폐하고 있다"라는 명제를 이론적으로 검토하여 주장한 바 있다(신익상, 2016, 51-76). 이 주장에는 다음과 같은 전제들이 포함되어 있다. 첫째, 개신교는 자본주의의 탄생에서 성장에 이르기까지 자본주의와 역사를 공유해왔기에 자본주의와 모종의 상관관계가 있으리란 점이다. 둘째, 이 상관관계는 개신교가 자본주의의 보상시스템을 이념적으로 지지하는 방식으로 가능해진다는 점이다. 루터에게는 신분 또는 직업이, 칼뱅에게는 더 선명하게 자본주의적 직업이 신의 소명과 결부되어 있는데, 이러한 연결을 가능케 한 것은 노동의 대가로 주어지는 보상과 신의 은총으로 주어지는 선물을 결합한 '그 개혁'의 전향적인 신학 사상 때문이었다. 셋째, '그 개혁'은 개인의 이익을 그것이 갖는 공동체적 함의로부터 분리하는 일에 일조하는 방식으로 자본주의적 삶이 일상에서 가능하도록 도왔다. 넷째, '그 개혁'의 개인주의적 경도는 개신교 근본주의가 갖는 개인주의 성향과 결부될 터인데, 이러한 성향은 가난 또한 개인주의 관점에서 파악하고 해결하려는 데까지 이어진다. 다섯째, 개신교 근본주의는 원칙적으로 탈-세속적이지만, 근본주의가 추구하는 근원적 목표는 탈-세속성의 성취가 아니라 정체성 위기의 극복이기에, 한국 개신교 근본주의는 이 목표를 위해 필요하다면 언제든 탈-세속성과 세속성 사이를 넘나들 수 있다.

첫째에서 넷째 전제까지는 오늘의 한국 개신교가 '그 개혁'의 유산을 상속받은 결과로 근본주의에 이르렀을 뿐만 아니라 '돈'에 대한 개인주의적 접근을 정당화함으로써 친자본주의적 이념을 형성하는 데 일조함을 설명한다. 마지막 다섯째 전제는 둘째 전제와 더불어 한국 개신교가 이러한 세속적 정당화 논리를 어떻게 탈-세속적 진리 주장 속에 은폐하는가를 설명한다.

1. 개신교와 자본주의의 밀접한 상관관계

자본주의와 '그 개혁'과의 상관관계는 사회학자들을 중심으로 꽤 논의된 부분이다. '그 개혁'이 자본주의의 원인 역할을 함으로써 이 둘이 인과관계에 있다는 주장은 논쟁적이지만, 적어도 이 둘 사이에 어떤 역사적 상관관계가 있다는 것까지 부정하는 주장을 찾아보기는 힘들다. 여기서는 이 상관관계를 지적하는 두 가지 설명만 지적하고자 한다. 우선, '그 개혁'이 신앙과 신학을 윤리와 정치로부터 분리해낸 것처럼, 고전 자본주의는 정치경제를 국가와 분리한다. 둘째, 루터(Martin Luther)의 신앙이 개인주의적인 만큼 자본주의의 이익추구도 개인주의적이다(George O'Brien, 2003, 74-79).

자본주의가 탐욕을 선으로 설파하는 것은 사실이지만, 이 사실이 곧 자본주의를 다른 경제체제와 구별하는 결정 요소는 아니다. 오히려 탐욕을 어떻게 구조화하느냐에 자본주의의 독특성이 있는데, 그 핵심은 부의 축적이다. 자본주의는 부의 축적을 탐욕의 수단이 아닌 유일한 목적이자 실현으로 구조화함으로써 삶을 측정 가능한 양으로 전화시킨다(George O'Brien, 2003, 64). 이러한 전화가 가능할 수 있었던 것은 근대가 발명한 개인주의적 인본주의 덕분으로(유발 하라리, 2017, 306-384), 루터와 칼뱅(Jean Calvin)의 부르심(klēsis)에 관한 사상들 또한 개인주의가 근간이 되지 않고는 불가능하다. 루터에게는 개인주의가 사제의 신앙 권위를 전복하는 힘으로 사용되었다면, 칼뱅에게는 세속적 삶을 살아가는 신앙인 개인들의 직업윤리를 전개하는 바탕이 되었다.

2. 자본주의 보상시스템에 대한 개신교의 이념적 지지

칼뱅의 개인주의적 직업윤리는 개신교와 자본주의적 삶의 관계를 극적으로 결합하는 중요한 논리를 제공한다는 점에서 주목해야 한다.

그는 노동의 대가로 주어지는 보상이 신의 선물이라고 함으로써 자본과 노동을 분리하는 자본주의의 기본구조를 공고하게 하는 논리를 기독교윤리의 측면에서 제공했다. 그러나 보상을 선물과 같은 것으로 놓는 것은, 신의 값없이 주시는 은총이 "삭감되지 않는 과잉"(Giorgio Agamben, 2005, 124)이기에 이 은총이 선물이라면 그 어떤 것과도 교환될 수 없는 것, 보상받을 수 없는 것이라고 함으로써 선물을 [율]법과 대립시키는 바울의 의도와 정면으로 배치되는 것이다. 이로부터 '그 개혁'은 기독교 정신의 원래 의도를 떠나서 자본주의적 시대정신을 기독교 정신에 투사한 결과일 수 있음이 예증된다.

3. 공동체적 함의에서 분리된 개인의 이익

신앙의 삶과 세속의 삶을 구분하는 루터의 논리는 믿음과 소명을 구분하는 것에까지 이어지는데, 이렇게 함으로써 단순히 신앙적 믿음이 세속적 소명보다 우월하다는 이분법적 구분이 아니라, 그 반대로 세속적 소명에 신앙적 정당성을 부여하는 작업을 완수하고자 했다. 물론 루터에게 세속적 소명의 성취는 땅의 세계에서 신의 도구로 봉사하는 한에서 의미가 있는 것이지 구원의 직접적 효력을 갖는 것은 아니다.

세속적 소명에 대한 루터의 제한적인 긍정은 칼뱅에게서 더욱 정밀해진다. 그는 헌금을 통해 개인의 이익이 공동체적 책임과 단절될 수 있도록 한다. 헌금의 사용에 공동체적 책임을 지우는 한편, 헌금 모금은 '돈' 사용의 사적 영역에서 이루어지는 것이라고 설파한다. 이렇게 되면 헌금은 사적 영역과 공동체적 영역을 매개함과 동시에 단절시키는 기능을 하게 된다. 개인주의를 바탕으로 성과 속을 구분했던 루터의 이분법은 헌금을 매개로 개인의 부로부터 공동체적 함의를 탈각시킨 칼뱅의 기획을 통해 부의 개인적 축적과 사용이라는 자본주의 면모와 결합한다.

4. '그 개혁'과 오늘날의 개신교 근본주의와의 상관관계 및 가난 문제에 대한 개인주의적 접근

결국 '그 개혁'과 개신교 근본주의를 연결해주는 하나의 속성이 있다면, 그것은 개인주의다. 그리고 이것이 사실이라면, 개신교인들, 특히 근본주의자들은 가난 문제를 개인주의 관점에서 접근할 것이다. 우선, 개신교인들의 개인주의 경향이 정치·사회·경제에 대한 태도에도 이어졌다는 것을 보여주는 일례로 감리교를 들 수 있다. 오브라이언이 단정적으로 말하듯, 18세기 말에 태동한 감리교는 극단적으로 개인주의적이었다(George O'Brien, 2003, 76). 감리교가 개인과 창조주 간 직접 교류를 가장 강조한다는 것인데, 그 결과 웨슬리의 성화 교리가 사회에 적용될 때조차도 그 목표를 수행하기 위해 강조되는 것은 개인들의 신앙이었다. "이 교리는 사회의 구조적 부조리를 개인적 차원의 윤리적·도덕적 노력을 통해서만 극복하라고 주문한다"(신익상, 2016, 70). 개인적 구원을 추구하는 착한 기독교인을 이상으로 힘차게 출항한 감리교호는 결국 "불평등, 중앙집권, 기존의 사회질서에 대한 지지를 신장"(김성건, 2011, 83)시키는 일에 일조한다.

오늘날 개신교 근본주의자들에 대한 연구는 사회학자들이 주도하고 있는데, 이원규와 엄한진 등이 제시하는 사회학적 연구 결과들을 바탕으로[1] 한국 개신교 근본주의의 현주소를 정리하자면 다음과 같다.

한국 개신교의 근본주의자들만 놓고 볼 때, 이들은 신의 축복을 자유시장 경제 내에서의 풍요와 일치시킴으로써 자신들이 처한 정치경제 체제를 정당화하고 그 구조적 모순은 은폐한다. 개인구원에 대한 맹신과 가난에 대한 개인주의적 관점은 그 논리적 구조상 친밀하다(신익상, 2016, 65).

따라서 '그 개혁'과 오늘날 한국 개신교 근본주의는 개인주의적 신앙을 매개로 상관관계를 맺고 있을 것이며, 가난 문제에 대해 사회구조적 관점보다는 역시 개인주의적 관점을 취할 것이라고 예측할 수 있다.

5. 탈-세속성의 가면을 쓴 세속적 종교로서 한국 개신교 근본주의

근본주의는 정체성 위기로부터 탄생한다. 따라서 근본주의의 최우선 목표는 정체성 수호 및 확립이다. 그렇다면 근본주의 논의에서 정말로 중요한 것은 근본주의자들이 수호하고 확립하려는 정체성이 무엇인가다. 그런데, 근본주의는 자신의 정체성을 절대적인 방식으로 확보하기 위해 불변하고 완전한 원리로서 탈세속성을 강조한다. 하지만 적어도 한국 개신교 근본주의자들의 평균적 경향이 신의 축복을 자본주의 시장경제의 이상에 일치시키는 데 있다면, 이들의 정체성은 세속성에서 결코 자유로울 수 없다. 이에 대한 박득훈의 명쾌한 설명에 따르면, "한국의 근본주의적 개신교는 신과 재물을 함께 섬길 수 없다고 가르친다. 또한, 그러므로 재물을 버리고 신을 섬기라고 요구한다. 그러고는

---

1 이원규, 1995, "개신교 근본주의에 대한 종교사회학적 이해," 『신학과 세계』 30: 206-231: 엄한진, 2004, "우경화와 종교의 정치화 - 2003년 '친미반북집회'를 중심으로," 『경제와 사회』 62: 80-117.

결론적으로, 신을 섬기면 부자가 될 것이라고 설파한다"(박득훈, 2008, 39-43). 한국의 개신교 근본주의는 탈세속성의 가면을 쓴 세속적 종교라고 할 수 있다.

이상의 다섯 가지 전제를 묶어서 내린 결론은 다음과 같다.

보상을 선물로 읽어내는 보상의 정당화 논리로 무장한 한국의 보수 개신교는 자신의 정체성을 확립하기 위해 탈속과 세속을 언제든지 넘나들 수 있다. 세속적 보상이 탈속적 선물의 이름으로 정당화될 수 있기 때문에, 보상체계는 그대로 둔 채 여기에 때로는 세속의 이름으로, 때로는 탈속의 이름으로 자신을 수립할 수 있기 때문이다. 다른 한편, 보상체계 자체가 자본주의를 토대로 하는 까닭에 이 체계를 '돈'을 중심으로 강화하고 확산시키는 신자유주의 시장경제와 한국의 주류 개신교가 친밀할 수 있었던 이유도 설명된다.

　… 이 보상체계는 개인주의적 해법을 통해 가난에 접근함으로써 그 구조적 문제를 덮어버리는 방식으로 자신의 체계를 유지하려 하기 때문에, 이 보상체계 위에서 구원의 논리를 수립한 교회 또한 같은 길을 갈 수밖에 없게 된다. 이런 교회는 이 길을 보상의 정당화 논리를 통한 정체성 수립을 토대로 하여 거대한 공동체적 패러다임을 형성하며 따라가기 때문에, 결국 구조적 가난을 은폐함에 있어서 하나의 문화시스템 역할을 하게 된다. 이렇게 해서, **한국의 주류 개신교는 구조적 가난을 은폐하는 문화시스템 역할을 한다**(신익상, 2016, 72-73).

III. 통계연구 방법

나는 이상과 같은 이론적 검토를 실증적으로 확인하기 위해 수도권 개신교인들을 대상으로 설문조사를 시행하였다. 2017년 3월에서 6월까지 117명분의 설문 표본을 확보하였는데, 이 표본들은 모두 준비된 설문지를 설문응답자가 작성하는 방식으로 얻었다. 얻어진 설문 표본들에 대한 통계분석은 "성균관대학교 응용통계연구소 연구원"에 의뢰하였으며, 각 설문항목에 대한 기초통계, 분석 대상인 변수들 사이의 상관관계 분석, 다항 로지스틱 회귀분석을 시행하였다. 단, 상관관계 분석으로 처리할 수 없는 자료의 경우에는 독립표본 검정(t-test)이나 일원배치 분산분석(ANOVA)으로 처리하여 관계의 유의성을 판단하였다. 대부분의 통계분석 판단은 신뢰도 95%를 기준으로, 다시 말해 유의 수준 0.05를 기준으로 하였다. 분석에 사용한 프로그램은 SPSS이다.

1. 설문 내용 및 이론적 검토와의 관계

총 41개 문항으로 이루어진 설문 내용은 I. 기본사항, II. 신앙관, III. 신앙과 '돈'의 관계, IV. 교회생활과 '돈'의 관계, V. 교회의 '돈'을 사용하는 문제, VI. 정치관, VII. 경제관의 7가지로 분류된다. 이 중에서 본 통계연구와 관련된 대분류는 I. 기본사항, II. 신앙관, III. 신앙과 '돈'의 관계, VI. 정치관, VII. 경제관의 다섯 가지로, 이 다섯 가지 대분류의 설문 내용을 이론적 결론과 대조할 수 있는 명제들로 재가공한 후, 이 명제들 사이의 상관관계 또는 영향력 등을 통계 분석하였다.

"I. 기본사항"에서는 나이, 월 평균소득, 자산 규모, 신앙생활 기간,

신앙 충실도, 교회 내 직분 등의 6가지 설문 내용을 통계 처리하였다. "II. 신앙관"은 근본주의 신앙의 정도를 묻는 4문항의 질문과 개인주의 신앙의 정도를 묻는 2문항의 질문으로 나누어 각각을 5점 척도로 평균하여 2개의 결괏값을 얻었다. "III. 신앙과 '돈'의 관계"에서는 신앙과 '돈' 사이의 밀접함 정도를 묻는 5문항의 질문과 직업에 대한 소명의식 정도에 대한 질문 4문항 각각을 5점 척도로 평균하여 2개의 결괏값을 얻었다. "VI. 정치관"에서는 정치적 진보성을 묻는 3문항을 각각 5점, 6점, 2점 척도로 설문한 것을 5점 척도로 환산한 후 평균하여 1개의 결괏값을 얻었다. 마지막으로 "VII. 경제관"에서는 가난을 사회구조적 관점에서 보는지 개인주의적 관점에서 보는지를 평가하는 질문 3문항과 신자유주의 경제체제에 대한 선호도를 평가하는 질문 4문항 각각을 주어진 조건에서 평균하여 2개의 결괏값을 얻었다. 이상의 내용을 도표로 정리하면 다음과 같다.

〈표 2-1〉 설문에서 도출된 변수들

대분류	도출된 변수들
I. 기본사항	(1) 나이 · 월 평균소득 · 자산 규모 · 신앙생활 기간 · 신앙 충실도
II. 신앙관	(2) 근본주의 신앙의 정도
	(3) 개인주의 신앙의 정도
III. 신앙과 '돈'의 관계	(4) 신앙과 '돈'의 밀접도
	(5) 직업에 대한 소명의식의 정도
VI. 정치관	(6) 정치적 진보성의 정도
VII. 경제관	(7) 가난의 문제를 바라보는 관점(개인주의적 · 사회구조적)
	(8) 신자유주의 경제체제에 대한 선호도

상술한 이론적 주장과 전제들을 검증하기 위해 본 연구는 위 표와 같이 도출된 변수들을 다음과 같이 분석하였다.

1) 상관관계 분석

가) (1) vs (2): 한국 개신교 신자들의 기본적인 근본주의 지형도 형성

나) (2) vs (3): 근본주의와 개인주의적 신앙의 관계

다) (2) vs (5): 근본주의와 직업 소명의식의 관계

라) (2) vs (6): 근본주의와 정치 성향의 관계

마) (2) vs (8): 근본주의와 신자유주의 경제관의 관계

바) (6) vs (8): 정치 성향과 신자유주의 경제관의 관계

2) 일원 배치 분산분석(ANOVA)

가) (2) vs (7): 신앙관과 가난 문제에 대한 관점의 관계

나) (6) vs (7): 정치관과 가난 문제에 대한 관점의 관계

다) (7) vs (8): 경제관과 가난 문제에 대한 관점의 관계

3) 다항 로지스틱 회귀분석

가) 독립변수: (1)의 변수들(나이·월 평균소득·자산 규모·신앙생활 기간·신앙 충실도)

종속변수: (7) 가난 문제에 대한 관점

(1)의 변수들이 가난을 사회구조적으로 보는가, 개인주의적으로 보는가, 둘 다로 보는가의 여부에 어느 정도의 영향력을 갖는가를 상대적으로 평가

나) 독립변수: (2), (6), (8), 종속변수: (7)

　　신앙관, 정치관, 경제관이 가난을 사회구조적으로 보는가, 개
　　인주의적으로 보는가, 둘 다로 보는가의 여부에 어느 정도의 영
　　향력을 갖는가를 상대적으로 평가

2. 본 통계연구의 범위 및 목표

본 통계연구는 변수들 각각의 평균값, 5점 척도별 분포 등을 확인하
는 것을 중점 목표로 하지 않는다. 오히려 특정 변수들 사이의 상관관계
를 분석하여 변수들 사이의 관계를 파악하는 데 중점을 둔다. 예를 들
어, 근본주의 신앙의 정도를 나타내는 5점 척도의 값이 평균 3.19이며
표준편차가 0.94라는 것보다는 근본주의 신앙의 정도와 개인주의 신
앙의 정도 간에 양의 상관관계가 있다는 사실을 확인하고 밝히는 일에
집중하고자 한다.

그렇지만 이러한 상관관계 및 영향력을 확인하여 밝히는 것이 이론
적 주장의 검증에 직접 적용되기에는 한계가 있다. 예를 들어, "직업에
대한 소명의식"과 "근본주의 신앙" 사이에 양의 상관관계가 있고 "개인
주의 신앙"과 "근본주의 신앙" 사이에 양의 상관관계가 있다고 해서
"'그 개혁'의 소명론, 특히 칼뱅의 직업 소명설과 근본주의 사이에 개인
주의를 매개로 한 상관관계가 있다"라는 이론적 검토에서의 주장이 직
접적으로 입증되었다고 볼 수는 없다. 현재 한국의 개신교인이 가지고
있는 직업에 대한 소명의식이 칼뱅이나 루터가 말하는 소명 개념을 기
반으로 한 것인지를 확인할 직접적인 방법은 없기 때문이다. 실제로 대
부분의 개신교 평신도들은 자신의 신앙관이 어떤 신학적 개념이나 신

학자와 연관되어 있는지 알고 있지 못하다.

이 지점에서 본 연구의 목적이 명확해진다. 본 통계연구는 '그 개혁'의 영향사를 밝히려는 것이 아니라, 오늘날 한국 개신교가 '돈'을 매개로 하는 자본주의 경제체계 내에서 어떤 역할을 하고 있는가를 역동적으로 밝히는 것을 목적으로 한다. 과연 '돈'이 유일하게 판치는 세상에서 "한국의 개신교는 무엇에 저항하는가?"

IV. 통계분석의 결과

1. 상관관계 분석의 결과

1) 한국 개신교 신자들의 기본적인 근본주의 지형도

우선 근본주의 신앙관이 개신교인들의 종교적이고 일상적인 삶과 어떤 관계에 있는가를 알아보기 위해 나이, 월 평균소득, 자산 규모, 신앙생활 기간, 신앙 충실성, 성별의 여섯 가지 요소 각각에 대해 근본주의 신앙이 어떤 상관관계를 갖는지 분석하였다. 그 결과는 아래의 〈표 2-2〉와 같다.

〈표 2-2〉 기본사항들 각각의 근본주의에 대한 상관관계 분석

		나이	월 평균소득	자산 규모	신앙생활 기간	신앙 충실성
근본주의 신앙의 정도	Pearson 상관계수	.207	-.129	-.068	.269	.374
	유의수준(양쪽)	.029	.182	.489	.004	.000
	N	112	108	105	112	113

유의수준 0.05를 기준으로 판단하였을 경우, 근본주의 신앙의 정도와 양의 상관관계를 갖는 변수들은 나이, 신앙생활 기간, 신앙 충실성이며 월 평균소득과 자산 규모는 상관관계가 없는 것으로 나타났다. 또한, 나이, 신앙생활 기간, 신앙 충실성 순으로 근본주의 신앙과 상대적으로 더 강한 상관관계를 갖는 것으로 나타났다. 다시 말해, 나이가 많을수록, 신앙생활 기간이 길수록, 그리고 신앙 충실성이 높을수록 근본주의 신앙관을 가질 개연성이 높다. 이러한 개연성은 신앙 충실성에서 가장 강하게 나타난다. 여기서 신앙 충실성이란 교회 공식행사에 얼마나 자주 참여하는가 하는 객관 지표와 설문응답자 스스로가 자신이 얼마나 신앙심이 깊다고 생각하는가 하는 주관 지표를 각각 수치화하여 평균한 것이다. 이 평균값이 높으면 높을수록, 즉 교회행사에 자주 참여하고 자신의 신앙심이 깊다고 생각하는 개신교인일수록 근본주의 신앙관을 가질 개연성도 높아진다.

⟨표 2-3⟩ 근본주의와 다른 변수들과의 상관관계 분석

	근본주의 신앙의 정도 vs 개인주의 신앙의 정도	근본주의 신앙의 정도 vs 직업 소명의식	근본주의 신앙의 정도 vs 정치적 진보성	근본주의 신앙의 정도 vs 신자유주의 경제관
Pearson 상관계수	.407	.646	-.537	.238
유의수준(양쪽)	.000	.000	.000	.014
N	113	110	65	106

2) 근본주의와 개인주의 신앙의 관계

설문 문항 8번에서 11번은 타종교의 진리성, 타종교의 구원 능력, 타종교에 대한 선악관, 성서의 축자영감설을 5점 척도로 측정한 것으로 이 네 문항 점수 각각을 평균함으로써 근본주의 신앙의 정도로 수치화하였다. 설문 문항 12번과 13번은 개인주의적 구원관과 신앙인의 사회참여를 역시 5점 척도로 측정한 것으로 이 두 문항 각각의 점수를 평균하여 개인주의 신앙의 정도로 수치화하였다. 그 결과는 다음과 같다.

〈표 2-4〉 근본주의 신앙과 개인주의 신앙의 정도를 수치화한 평균값

	평균	표준편차	N
근본주의 신앙의 정도	3.19	.937	113
개인주의 신앙의 정도	2.96	.803	116

위의 〈표 2-4〉의 결과는 한국 개신교인들의 근본주의 성향이 과거와 비교해 꽤 완화되었음을 보여준다. 평균값(3.1903)만 보면 1과 5의 중간인 3에 근접해 있으므로 오늘날 한국 개신교인들은 근본주의 신앙에 극단적으로 편향되거나 극단적으로 비판적이거나 하지 않고 판단 유보 내지 판단 불가론의 편에 서 있는 것처럼 보인다. 하지만 표준편차가 거의 1에 육박하여 평균값을 중심으로 편차가 크다는 사실을 감안할 때, 오늘의 한국 개신교인들은 근본주의 신앙을 지지하는 사람들과 지지하지 않는 사람들이 골고루 분포되어 있다고 판단할 수 있다. 이러한 경향은 개인주의 신앙도 비슷하게 나타나고 있음을 〈표 2-4〉는 보여준다. 이는 근본주의 신앙과 개인주의 신앙에 상당히 편향되어 있었던 과거 한국 개신교인들의 신앙관(이원규, 2002, 51-59)에 비하면 많이

변화한 것으로 볼 수 있다.

하지만 본 연구의 주된 관심은 이러한 통계에서 한 걸음 더 나아가 변수들 사이의 관계를 밝히는 것이다. 이에 따라 근본주의 신앙의 정도와 개인주의 신앙의 정도 사이의 상관관계를 통계 분석한 결과는 위의 〈표 2-3〉과 같다. 이 결과에 따르면 근본주의 신앙과 개인주의 신앙은 적어도 99.99% 신뢰도로 양의 상관관계가 있다. 즉, 근본주의적인 개신교인일수록 개인주의적인 신앙관을 가질 개연성이 상당히 높다.

3) 근본주의와 직업 소명의식의 관계

설문 문항 20, 21, 22는 각각 직업을 신이 주신 소명이라고 생각하는지, 직업을 선택하는 일에 신앙이 영향을 끼쳤다고 생각하는지, 자신의 소득을 신의 선물이라고 생각하는지를 5점 척도로 질문한 것으로 이들을 평균하여 직업 소명의식의 정도를 나타내는 지표로 삼았다. 그리고 이 지표와 근본주의 신앙의 정도와 상관관계 여부를 분석하였는데 그 결과는 위의 〈표 2-3〉에서 확인할 수 있다.

이 분석 결과에 따르면 유의수준이 0.000으로 거의 100%의 신뢰도로 근본주의 신앙과 직업 소명의식 사이에 강한 상관관계가 있다고 할 수 있다. 특히 위의 설문 문항들은 칼뱅이 설파한 직업 소명론에 입각한 것으로 '그 개혁'적 직업 소명의식이 강할수록 근본주의 신앙관을 가질 개연성이 매우 높다는 것을 보여준다. 이 결과는 적어도 종교개혁의 특정 이념이 근본주의 신앙과 밀접한 관련이 있음을 함의하는 것이라고 할 수 있다.

4) 근본주의와 정치 성향의 관계

설문 문항 33, 34, 36번은 각각 설문응답자 스스로가 정치적으로 진보적이라고 생각하는지, 지지하는 정당이 무엇인지, 친미와 반미에 관한 입장 등을 묻는 것으로, 이 세 문항 점수 각각을 평균함으로써 정치적 진보성의 정도로 수치화하였다. 이렇게 수치화한 값에 대해 근본주의 신앙의 정도를 나타내는 값이 어떻게 움직이는지를 상관관계 분석을 통해 검토한 결과 정치적으로 진보적일수록 근본주의 신앙관을 가지고 있지 않을 개연성이 높아지는 것을 확인할 수 있었다(〈표 2-3〉 참조).

5) 근본주의와 신자유주의 경제관의 관계

설문 문항 39번은 4개의 하위 질문으로 제시되었는데, 이들 네 하위 문항은 국가가 개입하지 않는 자유로운 시장경제, 사유재산권, 능력 위주의 무한경쟁(노동시장의 유연성), 분배가 아닌 성장 중심의 경제 등을 어떻게 생각하는지 묻는 것들로 이 대답들을 5점 척도로 수치화한 후 평균하여 신자유주의 경제관을 지지하는 정도로 삼았다. 이 평균값이 근본주의와 어떤 상관관계에 있는지 분석한 결과, 유의수준 0.05에서 유의미한 양의 상관관계가 있는 것으로 나타났다(〈표 2-3〉 참조). 즉, 근본주의 신앙관이 강한 사람일수록 신자유주의 경제관을 지지할 개연성이 높아진다.

6) 정치 성향과 신자유주의 경제관의 관계

위의 "4) 근본주의와 정치 성향의 관계"와 "5) 근본주의와 신자유주의 경제관의 관계"에서 나타난 결과를 더 확실하게 보강하기 위해서는

정치 성향과 신자유주의 경제관 사이의 관계를 별도로 확인할 필요가
있다. 이에 따라 이 두 변수 간의 상관관계 분석을 시행하였고, 그 결과
는 아래의 〈표 2-5〉와 같다. 이 상관관계 분석에 따르면 정치적 진보성
과 신자유주의 경제관 사이에는 거의 100% 신뢰도로 음의 상관관계가
있다. 즉, 정치적으로 진보적일수록 신자유주의 경제관을 선호할 개연
성이 낮다.

〈표 2-5〉 정치적 진보성과 신자유주의 경제관과의 상관관계 분석

		신자유주의 경제관
	Pearson 상관계수	-.491
정치적 진보성	유의수준(양쪽)	.000
	N	64

2. 일원 배치 분산분석(ANOVA)의 결과: 가난에 대한 관점과 신앙관, 정치관, 경제관과의 관계

분산분석은 가난을 대하는 관점이 신앙관, 정치관, 경제관과 각각
어떤 유의미한 관계를 갖는가를 수치화해서 밝히기 위해 시행되었다.
사회학적 관점에서 가난은 크게 두 가지 방향에서 접근할 수 있다. 하나
는 개인주의적 관점이고 다른 하나는 사회구조적 관점이다.

		가난의 원인에 대한 관점			가난을 해결하는 방법에 대한 관점			
			N	평균	표준편차		N	평균	표준편차

		가난의 원인에 대한 관점			가난을 해결하는 방법에 대한 관점			
		N	평균	표준편차		N	평균	표준편차
신앙관	사회구조적	36	3.12	1.12	사회구조적	28	2.71	1.29
	개인주의적	22	3.44	.703	개인주의적	26	3.45	.534
	양쪽 다 선택	51	3.10	.856	양쪽 다 선택	54	3.30	.780
	총계	109	3.17	.928	총계	108	3.18	.935
정치관	사회구조적	26	3.40	.859	사회구조적	19	3.58	.869
	개인주의적	12	2.72	.506	개인주의적	12	2.91	.530
	양쪽 다 선택	26	3.15	.715	양쪽 다 선택	33	3.02	.714
	총계	64	3.17	.775	총계	64	3.17	.775
경제관	사회구조적	37	2.73	.657	사회구조적	29	2.65	.752
	개인주의적	20	2.91	.475	개인주의적	24	3.00	.442
	양쪽 다 선택	50	2.82	.584	양쪽 다 선택	53	2.80	.537
	총계	107	2.80	.591	총계	106	2.80	.593

한편, 가난은 원인의 차원과 해결의 차원을 달리해서 파악할 필요가 있다. 가난의 원인을 어떤 관점에서 보는가와 가난의 해결을 어떤 관점에서 시도하는가는 별개의 문제이기 때문이다. 본 연구에서는 설문 문항 37번에서 가난의 원인을 개인적인 차원에서 찾는지 사회구조적인 차원에서 찾는지를 복수 선택으로 물었고, 설문 문항 38번에서 가난을

해결하고자 할 때 개인적인 차원의 해결책을 찾는지 사회구조적인 차원의 해결책을 찾는지를 역시 복수 선택으로 물었다. 이렇게 되면 가난의 원인과 해결 각각에 대해 개인주의적인 차원을 선호하는 사람들과 사회구조적인 차원을 선호하는 사람들, 그리고 두 차원 모두를 선택하는 사람들의 세 그룹으로 분류할 수 있게 된다. 본 분산분석에서는 원인과 해결 각각에 대한 세 그룹과 신앙관, 정치관, 경제관과의 관계를 밝히고자 했다.

〈표 2-6〉의 기본적인 통계 자료를 볼 때, 가난의 원인에 대한 관점세 그룹 중에서 정치관에 대해서만 사회구조적 관점과 개인주의적 관점 사이에 유의미한 차이가 있으리라 짐작해볼 수 있다. 가난을 해결하는 방법에 대한 관점에 대해서는, 신앙관과 정치관에서 사회구조적 관점과 개인주의적 관점 사이에 유의미한 차이가 있는 것으로 보인다. 이를 면밀하게 검증하기 위해서 가난의 원인에 대한 관점과 가난을 해결하는 방법에 대한 관점 각각의 경우에 대한 신앙관, 정치관, 경제관의 관계를 확인하는 일원 배치 분산분석을 시행하였다(〈표 2-7〉 참조). 그 결과 유의수준 0.05에서, 즉 95%의 신뢰도에서, 〈표 2-6〉의 결과로부터 예상했던 그대로의 특정 그룹 간에 유의미한 차이가 있음을 확인할 수 있었다. 이 차이가 어느 그룹 간에 어느 정도의 격차로 나타나고 있는지를 더욱 세밀하게 밝히기 위해서는 Tukey의 HSD 테스트를 통해 사후검증을 시행했다(〈표 2-8〉 참조).

<표 2-7> 가난에 대한 관점과 근본주의, 정치적 진보성,

신자유주의 경제관과의 분산분석

			제곱합	df	평균 제곱	F	유의 수준
가난의 원인	근본주의	그룹 사이	1.96	2	.982	1.14	.323
		그룹 내	91.1	106	.859		
		총계	93.0	108			
	정치적 진보성	그룹 사이	3.74	2	1.87	3.35	.042
		그룹 내	34.1	61	.558		
		총계	37.8	63			
	신자유주의 경제관	그룹 사이	.446	2	.223	.634	.533
		그룹 내	36.6	104	.352		
		총계	37.0	106			
가난의 해결	근본주의	그룹 사이	8.96	2	4.48	5.57	.005
		그룹 내	84.5	105	.805		
		총계	93.5	107			
	정치적 진보성	그룹 사이	4.81	2	2.40	4.45	.016
		그룹 내	33.0	61	.541		
		총계	37.8	63			
	신자유주의 경제관	그룹 사이	1.64	2	.821	2.40	.096
		그룹 내	35.3	103	.343		
		총계	37.0	105			

<표 2-8> Tukey HSD test를 통한 다중비교의 결과

Tukey HSD test

종속변수: 근본주의

가난 해결 방법		평균 차이 (I-J)	표준 오차	유의수준	95% 신뢰구간	
I	J				하한	상한
사회구조적	개인주의적	-.747	.244	.008	-1.33	-.166
	양쪽 다 선택	-.591	.209	.015	-1.09	-.094
개인주의적	사회구조적	.747	.244	.008	.166	1.33
	양쪽 다 선택	.156	.214	.748	-.354	.665
양쪽 다 선택	사회구조적	.591	.209	.015	.094	1.09
	개인주의적	-.157	.214	.748	-.665	.355

종속변수: 정치적 진보성

가난의 원인		평균 차이 (I-J)	표준 오차	유의수준	95% 신뢰구간	
I	J				하한	상한
사회구조적	개인주의적	.673	.261	.032	.047	1.300
	양쪽 다 선택	.250	.207	.454	-.248	.748
개인주의적	사회구조적	-.673	.261	.032	-1.30	-.047
	양쪽 다 선택	-.423	.261	.244	-1.05	.203
양쪽 다 선택	사회구조적	-.250	.207	.454	-.748	.248
	개인주의적	.423	.261	.244	-.203	1.05

가난 해결 방법		평균 차이 (I-J)	표준 오차	유의수준	95% 신뢰구간	
I	J				하한	상한
사회구조적	개인주의적	.673	.271	.041	.021	1.324
	양쪽 다 선택	.565	.212	.026	.056	1.073
개인주의적	사회구조적	-.673	.271	.041	-1.324	-.021
	양쪽 다 선택	-.108	.248	.901	-.704	.487
양쪽 다 선택	사회구조적	-.565	.212	.026	-1.073	-.056
	개인주의적	.108	.248	.901	-.487	.704

검증 결과 가난의 원인을 어떤 관점에서 보느냐의 여부에 따라 정치
관이 유의미하게 차이가 나는 것으로 나타났다. 이 차이는 사회구조적
인 관점과 개인주의적인 관점 사이에서만 나타났는데, 가난의 원인을
사회구조적인 관점에서 보는 쪽이 개인주의적인 관점에서 보는 쪽보다
정치적으로 진보적이다.

가난을 해결하는 방법을 어떤 관점에서 찾느냐의 여부는 정치관과
더불어 신앙관에서도 유의미한 차이를 보였다. 보수주의 정치관을 가
질수록 사회구조적 관점의 접근보다는 개인주의적 관점의 접근이나 두
관점을 동시에 갖는 접근을 하는 경향이 강하다. 이는 근본주의 신앙관
을 소유하고 있는 경우에도 마찬가지로 나타났다.

3. 다항 로지스틱 회귀분석의 결과

회귀분석은 가난의 문제를 바라보는 관점에 영향을 미치는 요소들
이 무엇이며, 그 영향의 강도는 어느 정도인지를 파악하기 위해 시행하
였다. 편의상 나이, 월 평균소득, 자산 규모, 신앙생활 기간, 신앙 충실
도 등의 기초문항을 독립변수들로 해서 가난의 원인과 해결 각각에 대
한 관점에 영향을 미치는 변수들과 영향의 강도를 일차적으로 조사하
였다. 그다음 신앙관, 정치관, 경제관을 독립변수들로, 가난의 원인과
해결 각각을 종속변수로 회귀분석을 하였다.

그런데 가난의 문제를 보는 관점은 크게 세 그룹(개인주의적 관점,
사회구조적 관점, 양쪽 다 선택)으로 분류되기 때문에 이들 세 그룹 중 두
그룹씩 뽑아 종속변수로 삼아서 이 종속변수에 독립변수들이 영향을
미치는지의 여부와 그 영향의 정도를 판단하였다. 여기에서는 유의미

한 결과가 도출된 회귀분석만 〈표 2-9〉와 〈표 2-10〉에 싣도록 한다.

1) 가난의 원인을 종속변수로 한 다항 로지스틱 회귀분석의 결과

〈표 2-9〉 가난의 원인을 종속변수로 한 다항 로지스틱 회귀분석의 유의미한 결과

모수 추정

가난의 원인에 대한 관점	독립변수	추정계수 B	유의확률	Exp(B)
개인주의적(1) vs 사회구조적(0)	나이	.452	.168	1.571
	월 평균소득	-.352	.277	.703
	자산 규모	.445	.081	1.560
	신앙생활 기간	-.328	.367	.720
	신앙 충실도	.153	.781	1.165
	근본주의 신앙	-.213	.652	.808
	정치적 진보성	-1.638	.046	.194
	신자유주의 경제관	.604	.466	1.829
양쪽 다 선택(1) vs 사회구조적(0)	근본주의 신앙	-.655	.085	.519
	정치적 진보성	-1.195	.054	.303
	신자유주의 경제관	.002	.997	1.002

가난의 원인을 개인주의적 관점에서 보는 경우와 사회구조적 관점에서 보는 경우를 종속변수로, 나이·월 평균소득·자산 규모·신앙생활 기간·신앙 충실도를 독립변수로 하여 로지스틱 회귀분석을 실행한 결과 중 '자산 규모'만이 추정치는 0.445, 유의확률이 0.081로서 유의수준을 0.1로 잡았을 경우 어느 정도 통계적으로 유의한 효과를 가지는 것으로 나타났다. 즉, 자산 규모가 높아질수록 가난의 원인을 사회구조

적 관점에서 보기보다는 개인주의적 관점에서 볼 가능성이 1.56배씩 증가한다.

신앙관, 정치관, 경제관을 독립변수로 한 경우에는 '정치적 진보성'만이 유의수준 0.05에서 의미 있는 영향이 있었다. 즉, '정치적 진보성'에 대한 응답점수가 1단계 높아질수록, 가난한 사람들이 가난한 이유를 사회구조적 관점보다 개인주의적 관점에서 찾을 가능성이 0.194배로 감소한다.

가난의 원인을 개인주의적 관점과 사회구조적 관점 양쪽 다에서 찾는 경우와 사회구조적 관점에서만 찾는 경우를 종속변수로 하여 분석한 결과 중에서는 '정치적 진보성'과 '근본주의 신앙'의 두 독립변수에서 유의미한 결과를 얻었다. '정치적 진보성'은 유의수준 0.05에서 유의미한 결과를 냈다. 즉, '정치적 진보성'에 대한 응답점수가 1단계 높아질수록, 가난한 사람들이 가난한 이유를 사회구조적 관점에서보다 개인주의적 관점과 사회구조적 관점 모두에서 바라볼 가능성이 0.303배로 감소한다. '근본주의 신앙'은 유의수준 0.1에서 유의미한 결과를 냈다. 즉, '근본주의 신앙'에 대한 응답점수가 1단계 높아질수록, 가난한 사람들이 가난한 이유를 사회구조적 문제만이 아니라 개인주의적이고도 사회구조적인 문제로 바라볼 가능성이 0.519배로 감소한다.

2) 가난의 해결을 종속변수로 한 다항 로지스틱 회귀분석의 결과

가난을 해결하는 방법을 개인주의적 관점과 사회구조적 관점 모두에서 찾는 경우와 사회구조적 관점에서만 찾는 경우를 종속변수로, 나이·월 평균소득·자산 규모·신앙생활 기간·신앙 충실도를 독립변수로 하여 로지스틱 회귀분석을 실행한 결과, '신앙생활 기간'만이 유의수준 0.05에서 추정치는 0.535, 유의확률이 0.040으로 통계적으로 유의미한 결과를 냈다. 즉, 신앙생활 기간이 한 단계 길어질수록 가난을 해결하는 방법을 사회구조에서보다 개인주의적 차원과 사회구조적 차원모두에서 찾을 가능성이 1.708배로 증가한다.

〈표 2-10〉 가난의 해결을 종속변수로 한 다항 로지스틱 회귀분석의 유의미한 결과

모수 추정

가난의 해결에 대한 관점	독립변수	추정계수 B	유의확률	Exp(B)
양쪽 다 선택(1) vs 사회구조적(0)	나이	.234	.431	1.264
	월 평균소득	.063	.822	1.065
	자산 규모	.108	.647	1.114
	신앙생활 기간	**.535**	**.040**	**1.708**
	신앙 충실도	.017	.969	1.017

V. 분석 결과에 대한 해석

이상의 통계분석을 통해 살펴보려고 하는 것은 한국 개신교의 신앙관과 정치관, 경제관 등의 현주소가 아니다. 다시 말해, 한국 개신교인의 몇 퍼센트가 근본주의 신앙을 갖고 있는지, 몇 퍼센트가 정치적으로 보수적인지, 몇 퍼센트가 신자유주의 경제관을 선호하고 지지하는지를 밝히는 연구가 아니다. 본 연구는 신앙관, 정치관, 경제관의 통계학적 상관관계를 해석하고 그 함의를 밝힘으로써 개신교인들이 가난의 문제에 어떤 자세를 취하는지 심도 있게 고찰하는 것을 목표로 한다. 이를

바탕으로 개신교인들이 돈에 대해 취하고 있는 실제적 삶의 태도를 드러내고 성찰하는 것이다. 본 장은 이 최종목표에 도달하는 과정이다.

1. 상관관계 지형도 그리기: 신앙관, 정치관, 경제관

위의 통계분석 결과를 정리하여 각 변수 간의 상관관계를 정리하면 〈표 2-11〉과 같다. 이에 따르면 신앙생활을 오래 한 신자일수록(신앙생활 기간), 교회 활동에 열심히 참여하고 스스로 신앙심이 깊다고 생각하는 신자일수록(신앙의 충실성) 근본주의 신앙을 갖는다. 한국의 개신교인 중 신앙생활을 열심히 하는 사람들은 근본주의 신앙을 갖고 있을 가능성이 크다는 이야기다.

〈표 2-11〉 각 변수 간의 상관관계

변수들	양의 상관관계	유의미한 상관관계가 없음
근본주의 신앙	신앙생활 기간 신앙의 충실성 나이 개인주의적 신앙 직업 소명의식 신자유주의 경제관 정치적 보수성	월 평균소득 자산 규모 성별
정치적 보수성	신자유주의 경제관	

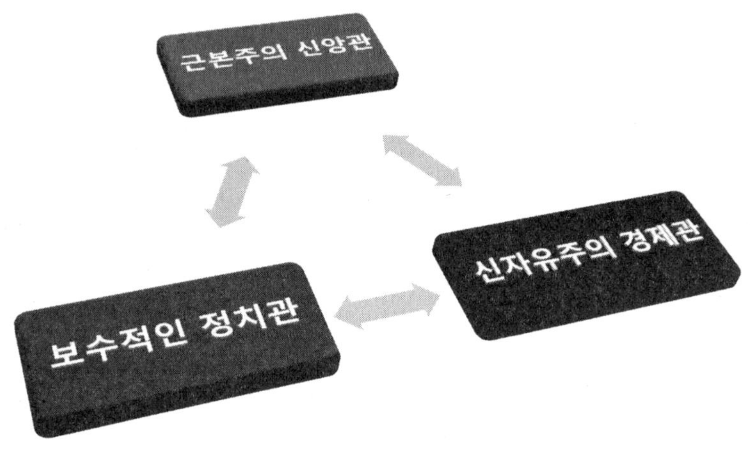

〈그림 2-1〉 신앙관, 정치관, 경제관의 상관성

다른 한편, 신자유주의 경제관을 지지하고 정치적으로 보수적인 사람들일수록 신앙이 근본주의적일 가능성이 높다. 더욱이 정치적 보수성과 신자유주의 경제관 또한 서로 양의 상관관계를 맺고 있다는 결과와 종합해보면, 근본주의 신앙관, 신자유주의 경제관, 보수적인인 정치관은 서로 맞물려서 양의 상관관계를 맺고 있는 셈이다(〈그림 2-1〉 참조). 따라서 개신교 신앙에 충실한 사람들일수록 신앙관이 근본주의적이며, 정치적으로 보수적이고, 경제적으로는 신자유주의적일 가능성이 크다고 할 수 있다. 물론, 이러한 상관관계가 서로에게 어떤 원인과 결과의 관계로 강하게 맞물려 있음을 뜻하는 것은 아니다. 그렇더라도, 적어도 한국의 개신교 신자들만을 놓고 볼 때, 신앙심이 깊은 개신교인들에게서 근본주의 신앙관과 보수적인 정치관, 그리고 신자유주의 경제관이 동반하여 나타날 가능성이 크다고 할 수 있다.

그런데 이 관계성에는 간과하지 말아야 할 중요한 함의가 있다. 이

함의는 근본주의 신앙관과 유의미한 상관관계를 맺고 있지 않은 항목들과 비교해보면 드러난다. 이 항목들은 월 평균소득, 자산 규모, 성별이다. 이 중에서 월 평균소득과 자산 규모에 주목할 필요가 있다. 이 두 항목은 현실적인 삶의 조건을 드러낸다. 반면 근본주의 신앙관과 상관관계가 있는 항목들은 교회 내적인 삶(신앙생활 기간, 신앙의 충실성)이나 이념적인 항목들(개인주의적 신앙, 직업 소명의식, 신자유주의 경제관, 보수적 정치관)이다. 따라서 근본주의 신앙관, 보수적 정치관, 신자유주의 경제관의 삼박자 상관관계는 현실 삶의 조건과 괴리된 채 교회 내적이고 이념적인 형태로 형성되어 있다고 할 수 있다.

2. 상관관계 지형도를 세밀하게 묘사하기

근본주의 신앙관과 보수적 정치관, 신자유주의 경제관이 서로 양의 상관관계를 갖는다고 해서 세 항목이 다른 항목들과 맺는 관계 역시 같다는 것을 의미하는 것은 아니다. 특히 본 연구와 관련해서는 가난을 사회구조적인 관점에서 보느냐, 아니면 개인주의적인 관점에서 보느냐가 향후 종합적 해석을 위해 중요하므로 이에 대해 세 항목이 어떤 상관관계를 맺고 있는지 살펴봄으로써 한국 개신교의 상관관계 지형도를 좀 더 세밀하게 묘사해보도록 하겠다. 이에 대한 통계자료는 일원 배치 분산분석(ANOVA)을 통해 얻었는데, 이를 일목요연하게 정리하면 〈표 2-12〉와 같다.

〈표 2-12〉 신앙관 · 정치관 · 경제관의 가난 문제에 대한 상관관계

변수들	가난의 원인	가난의 해결
근본주의 신앙관	유의한 관계가 없음	사회구조적 해결 〈 개인 · 사회구조적 해결 사회구조적 해결 〈 개인주의적 해결
보수적 정치관	사회구조적 원인 〈 개인주의적 원인	사회구조적 해결 〈 개인 · 사회구조적 해결 사회구조적 해결 〈 개인주의적 해결
신자유주의 경제관	유의한 관계가 없음	유의한 관계가 없음

근본주의 신앙관을 갖고 있는가의 여부가 가난의 원인을 사회구조적 차원과 개인의 차원 중 어디에서 찾는가의 여부와 유의미한 관계를 맺고 있지는 않다. 하지만 근본주의 신앙관을 가진 개신교인일수록 대체로 사회구조적 변화를 통해 가난 문제를 해소하길 꺼려하는 경향이 있다. 정치관에 대해서는 보수적 정치관을 가진 개신교인일수록, 가난의 문제를 해결하고자 할 때 근본주의 신앙관과 마찬가지로 사회구조적 변화를 통한 가난 해결을 기피하는 경향이 있을 뿐만 아니라 가난의 원인을 개인에게서 찾으려는 경향도 강하다. 의외의 결과는 신자유주의 경제관의 경우에 나왔는데, 신자유주의 경제관에 경도된 정도의 유무와 가난 문제에 어떤 관점으로 접근하는가의 여부가 별다른 상관관계를 맺고 있지 않다.

따라서 가난 문제를 사회구조적 차원에서 접근하는가, 아니면 개인주의적 차원에서 접근하는가의 여부에 가장 상관관계가 깊은 것은 정치 성향이며, 신앙이 근본주의적인 정도는 가난을 해결하는 방법에 있어서만 상관관계를 갖는다는 사실을 알 수 있다. 다만, 경제관은 가난

의 원인이나 그 해결 방법에 별다른 관계를 갖지 않는다는 점에서 의외의 결과다. 경제적 불평등 문제에 접근할 때 한국 개신교인들은 정치 성향을 우선 고려하며, 그 해결책을 찾을 때는 신앙관 또한 개입하나 정작 경제관은 어떤 경우에도 고려하지 않는다. 따라서 한국 개신교인들에게 경제적 불평등 문제는 정치 이념과 신앙 문제이지 경제적 이상의 문제가 아니라는 판단을 할 수 있다.

3. 근본주의 신앙관과 '그 개혁'과의 상관관계

〈표 2-11〉에서 주의 깊게 보아야 할 결과 중 하나는 근본주의 신앙관과 직업 소명의식, 그리고 개인주의 신앙관이 서로 양의 상관관계를 보인다는 사실이다. 개인주의 신앙관은 개인의 영혼 구원에 대한 신념, 사회문제에 대한 신앙적 무관심의 정도를 측정한 것인데, 이로부터 신앙은 개인 차원의 문제라는 인식 정도를 간접적으로 판단하는 것이 가능하다. 직업 소명의식을 판단하는 척도에는 칼뱅의 가르침, "일을 해서 거두는 소득은 신의 선물"이라는 명제를 옳다고 믿는 정도도 포함되어 있는데, 그 평균이 3.752로 5점 척도인 점을 감안할 때 보통을 상회하는 긍정 응답이 압도적임을 알 수 있다. 여기에 직업 소명의식이 강할수록 근본주의 신앙관도 강해진다는 상관관계 분석 결과를 덧붙여 생각해보면, 적어도 선언적으로는, 한국 개신교의 근본주의가 '그 개혁'의 관계하에서 형성되어 있다고 판단할 수 있다.

4. 경제적 불평등의 문제에 대한 편향성 지도 그리기

다항 로지스틱 회귀분석 결과는 각 독립변수 내에서 경제적 불평등 문제에 어느 정도로 의미 있는 격차가 나는지 보여준다. 이러한 격차는 해당 변수가 경제적 불평등에 어느 정도 민감하게 영향을 행사하느냐를 드러내 보여준다. 우선 다항 로지스틱 회귀분석으로 유의미하게 나온 결과들을 정리하면 〈표 2-13〉과 같다.

〈표 2-13〉 경제적 불평등 문제에 대한 각 변수의 영향 정도

	개인주의적 vs 사회구조적	양쪽 다 선택 vs 사회구조적
가난의 원인	자산 규모 (0.081*, 개인이 1.56**배) 정치적 보수성 (0.046, 개인이 5.15배)	근본주의 신앙 (0.085, 사회구조 1.927배) 정치적 보수성 (0.054, 모두 3.300배)
가난의 해결		신앙생활 기간 (0.040, 모두 1.708배) 정치적 보수성 (0.110, 모두 2.725배)

* 유의수준을 나타낸다. 즉, 숫자가 낮을수록 판단의 신뢰도가 높다.
** 응답점수가 1단계 오를 때마다의 가능성 증가 정도(기울기)

1) 개신교인들은 신앙으로 가난의 원인을 판단하지 않는다

가난한 사람들이 가난한 이유를 사회구조 문제에서 찾느냐, 아니면 개인 책임으로 돌리느냐, 아니면 둘 모두의 문제에서 찾느냐의 세 경우

로 나누어 생각할 때, 이 중 어느 한 방향으로 민감하게 영향력을 행사하는 항목은 자산 규모, 근본주의 신앙관, 보수적 정치관의 세 항목이었다.

자산 규모는 사회구조적 원인이냐 개인 책임이냐의 비교에서 유의미한 결과가 나왔는데, 자산 규모가 1단계 높아질 때마다 가난한 이유를 사회구조적 원인이 아닌 개인 책임으로 돌릴 가능성이 1.56배 높아진다. 근본주의 신앙관의 경우에는 개인과 사회 모두에서 원인을 찾는 경우와 사회에서만 찾는 경우를 비교할 때 경향의 정도에 유의미한 차이를 보였는데, 근본주의 신앙관이 1단계 높아질수록 사회구조에서 원인을 찾을 가능성이 1.927배 높아진다. 보수적 정치관의 경우에는 사회구조와의 비교에서 1단계 오를 때마다 개인에게 책임을 돌릴 가능성이 무려 5.15배, 모두에서 원인을 찾을 가능성은 3.30배로, 사회구조만의 문제를 배제할 가능성이 무려 8.45배 증가한다.

보수적 정치관이 가난의 원인을 판단하는 데 있어서 사회구조보다는 개인에게서 원인을 찾도록 하는 데 영향력이 높으리라는 것은 앞서 분산분석의 결과와도 일치하는 경향성이다. 하지만 여기에 자산 규모가 가세한 것은 새로운 결과로, 개인과 사회구조 양극단을 선명하게 선호하는 경향이 신앙관에서는 나타나지 않지만, 정치관이나 자산 규모에 대해서는 유의미하게 나타남을 알 수 있다.

여기에는 두 가지 함의가 있다. 첫째, 가난의 원인을 평가하는 문제에서 영향력을 행사하는 것은 신앙이 아니라 경제 현실과 정치 이념이다. 둘째, 자산의 규모와 월 평균소득을 비교할 때, 적어도 개신교 내에서 경제 조건을 실질적으로 조건 짓는 것은 소득이 아니라 자산이라는 사실이다. 저장되고 생산에 투자가 가능한 자본의 형태를 띠는 재화 내지 '돈'이 주로 시장에서 교환가치를 갖기에 바쁜 월급보다 현실 삶을 살아내고 평가하는 핵심 요소인 셈이다. 적어도 개신교인들에게는 그렇다.

2) 개신교인들의 신앙은 가난을 어떻게 해결해야 할지에 대해 침묵한다

가난 문제를 해결하기 위해서 사회구조를 변화시켜야 하는지, 개인의 노력이 필요한지, 아니면 둘 모두가 필요한지에 관한 질문에 대해 영향력을 유의미하게 보인 것은 여러 변수 중에서 신앙생활 기간과 보수적 정치관 둘뿐인데, 그나마 이들이 보이는 것은 사회구조적인 변화를 강하게 요구하는 쪽보다는 사회구조와 개인 모두에서 방법을 찾아야 한다는 의견으로 기우는 경향이 더 강해진다는 정도이다. 정작 여기에서 더 중요한 것은, 가난 문제를 해결하는 것에 대해서 신앙관은 완전히 침묵한다는 사실이다.

VI. 나가는 말: 한국 개신교는 무엇에 저항하는가?

개신교 근본주의는 가난의 원인에 대해서는 어떤 유의미한 상관관계도 보이지 않지만, 가난을 해결하는 문제에 대해서는 사회구조적 변화를 기피하는 경향이 있다는 사실, 그리고 가난의 원인과 이에 대한 해결 방법을 개인주의적인 관점에서 접근하려는 경향성은 자산 규모에 비례해서 높은 비율로 커진다.

이상의 결과에서 내릴 수 있는 하나의 해석은, 한국의 개신교 근본주의는 일정 부분 '그 개혁'의 직업 소명론에 영향을 받아 자본주의 친화적이고 정치적으로 보수적인 개인주의 신앙 쪽으로 기우는 경향이 있지만, 본 연구의 서두에서 밝힌 이론적 예측과 달리 가난 문제를 일관되게 개인주의적으로 다루지는 않는다는 사실이다. 근본주의 신앙을 가진 개신교인일수록 가난의 원인을 사회구조 문제에서 찾는 데 반해 그 해결책은 개인에게서 찾아야 한다고 본다. 나아가 회귀분석이 밝혀 주는 바에 따르면, 여러 변수 중에서 자산 규모와 정치적 보수성만이 가난의 원인과 그 해결책을 개인주의적으로 풀려는 경향에 가장 민감하게 반응한다는 점에서, 가난 문제에 실질적인 영향을 주는 것은 '그 개혁'의 소명도, 근본주의 신앙도 아닌 자신과 자신의 가족이 소유하고 있는 부, 즉 '돈'과 정치적인 이념이라고 할 수 있다. 이것은 근본주의 성향이 낮은 개신교인들에게 면죄부를 주는 결과가 아니다. 이 결과는 역설적으로, 개신교인들은 자신들의 신앙관과 무관하게 자신들의 경제 현실과 정치 이념에 따라 경제적 불평등의 문제에 대처한다는 것을 가리킨다.

결론적으로, 한국의 개신교 근본주의는 '그 개혁'의 유산을 이어받은 결과 중 하나로, 친자본주의 경향을 종교 이념과 결합함으로써 자본주의 사회구조에 기여하고 있지만, 정작 현실의 경제적 삶에서 닥치는 문제에 대해서는 결정적 역할을 하지 못한다고 할 수 있다. 개신교 신앙은 정치 이념에 연동되어 있기는 하지만, 정치 이념에 실질적인 영향을 주는 방식이 아니라 정치 이념을 지지하는 방식으로만 연동되어 있다. 또한, 개신교인들은 경제 현실에 직면한 문제에 대해서는 자신이 소유한 '돈'의 규모에 따라 판단하려는 경향이 더 강하다. 그렇다면, 한국의 개신교는 무엇에 저항하긴 하는가? 소리는 요란하지만, 영향은 끼치지 않는다.

김성건. 2011. "영국의 감리교와 노동계급 그리고 한국 개신교."『종교와 사회』 3.1, 71-98.

박경수. 2010. "칼뱅의 경제사상에 대한 고찰."『한국기독교신학논총』68.1, 57-79.

박득훈. 2008. "한국교회, 자본주의의 예속에서 해방되어야 - 자본주의에 포획된 한국교회의 증상 진단과 처방."『기독교사상』52.1, 32-57.

신익상. 2016. "한국 개신교에서 가난은 어떻게 은폐되는가?"『종교는 돈을 어떻게 가르치는가?』. 서울: 동연.

엄한진. 2004. "우경화와 종교의 정치화 - 2003년 '친미반북집회'를 중심으로."『경제와사회』62: 80-117.

유발 하라리. 2017. 김명주 옮김.『호모 데우스: 미래의 역사』. 파주: 김영사.

이원규. 2002. "종교사회학적 관점에서 본 한국교회와 근본주의."『종교연구』28, 29-67.

______. 1995. "개신교 근본주의에 대한 종교사회학적 이해."『신학과 세계』30, 206-231.

Agamben, Giorgio. 2005. *The Time that Remains: A Commentary on the Letter to the Romans*. trans. by Patricia Dailey. Stanford, CA: Stanford University Press.

O'Brien, George. 2003. *An Essay on the Economic Effects of the Reformation*. Norfolk, VA: IHS Press

세계 금융위기 이후 한국 개신교와 돈의 친연성
— 수용자 연구를 중심으로*

이 숙 진

이화여자대학교

I. 들어가는 말

이 글은 세계금융위기 이후 한국 개신교와 돈의 친연성을 수용자에 초점을 두고 분석하였다. 구체적으로 설문지 조사 분석 방법과 심층인터뷰를 통해 개신교인들의 돈에 대한 인식과 태도를 탐구하였다. 이를 통해 한국 개신교는 '돈'의 논리에 침윤된 공간이자 '돈'이 지배하는 사회를 정당화하는 주요 장치임을 밝혔다. 여기에서의 '돈'은 신앙생활에까지 깊이 스며든 자본의 힘을 지시하는 기호이자 상징이다. 경제나 자

---

* 이 논문은 종교문화비평 33호 2018, 3월호에 실렸습니다.

본이 아닌 '돈'을 사용한 것은 헌금, 십일조, 재물 등 개신교 공간에서 유통되는 물질(관)을 포착하는 데 훨씬 유용하기 때문이다.

한국 개신교의 역사를 물질의 렌즈로 개괄적으로 보면, '돈' 담론은 사회경제적 상황과 공명하면서 크게 4단계로 전개되어왔다. 첫째 단계는 서구 기독교 수용기로 한국사회가 세계자본주의 체제에 편입된 19세기 말~20세기 초다. 이 시기의 개신교인들은 청교도 선교사의 영향으로 근면한 노동의 대가로 얻은 돈을 축복으로 해석했다. 노동의 천시, 놀부의 탐욕 혹은 탐관오리의 부패와는 구별되는 것으로서 돈에 대한 새로운 의미를 부여하였다고 할 수 있다.

둘째 단계는 1960년대 이후 돌진적 산업화 시대다. 이 시기의 개신교는 개발독재의 경제성장주의와 공명한 교회성장주의의 '번영신앙'이 교인들을 매료시켰다. 국가 총동원체제의 '잘 살아보세' 기치는 '예수믿고 만사형통'으로 번안되어 '삼박자구원론'으로 수렴되었다.

셋째 단계는 신자유주의의 원리가 사회 각 영역으로 침투한 1990년대다. 효율성이 강조되면서 노동 유연화와 구조조정이 본격화되자, 생존을 위한 겨루기가 더욱 치열해졌다. 그와 발맞추어 '돈'에 대한 의존성이 심화되었고 '부자되기' 신드롬으로 이어졌다. 교회공간도 예외가 아니었다. "궁극적으로 욕심내고 도전해야 할 것은 부자가 되고 강한 자가 되어서 예수 믿는 사람답게 사는 일"(김동호, 2001, 205)이라는 메시지는 무한경쟁 사회에 내몰린 이들에게 엄청난 호응을 얻었다. 이 시기 개신교의 대표적인 돈 담론은 부자의 책무를 강조한 이른바 '깨끗한 부자' 곧 청부론이다. '깨끗한 부자' 담론은 한국 교회가 처한 도덕적 위기에서 벗어남과 동시에 정당하게 인정된 풍요를 누리려는 중산층의 욕망에 신앙적 정당성을 제공했다.

마지막 단계는 2008년 세계금융위기를 전후한 시기다. 세계금융위기를 야기한 투자금융은 중산층의 몰락과 더불어 수많은 신용불량자와 노숙자의 양산으로 그 위험성을 드러냈다. 초기자본주의의 정신인 근면성실과 근검절약으로는 더 이상 부를 축적할 수도, 부채를 감당할 수도 없다는 대중의 위기의식은 개신교 공간에서도 감지되었다. 이른바 크리스천 재정원리를 표방하는 NCMN(열방변화운동)의 '왕의 재정학교'는 세계금융위기 이후의 개신교의 새로운 돈 담론의 진원지로 등장했다.

이 글은 IMF와 세계금융위기 이후에 개신교 공간에서 생산된 '돈' 담론에 대한 연구결과물을 토대로(이숙진, 2016, 81-115), 이러한 담론의 생산자이자 소비자인 개신교인을 탐구한다. 구체적으로는 돈과 신앙, 교회활동과 돈, 돈에 대한 교회의 가르침의 수용 정도, 가난에 대한 인식, 성부담론의 수용 정도 등을 지렛대로 삼아 오늘날 한국 개신교인의 특성을 규명한다.

II. 연구방법 및 연구대상

1. 연구방법

이 연구를 위하여 설문조사와 심층인터뷰를 실시하였다. 설문조사는 2017년 2월~4월 수도권 지역(강남, 과천, 광명, 부천, 분당, 천안)의 개신교인을 대상으로 모두 100부 배포하여 76매를 수거하였다. 설문은 모두 62문항이며, 응답자 중 '왕의 재정'을 아는 이들에게는 15문항을 추가하여 모두 77문항을 제공하였다. 또한 설문조사 연구를 보완할 목적으로 심층인터뷰를 기획하였으며, 설문지 응답자 중 6인을 대상으로 실시하였다.

조사연구에서 주요 변수는 '왕의 재정'에 대한 지식 유무, 신앙심의 깊이, 교회활동 횟수, 부의 정도 등이다. '왕의 재정'을 주요 변수로 설정한 것은 세계금융위기 이후 개신교 돈 담론의 특성을 고찰하는 데 유용한 자원이라고 판단했기 때문이다.[1] 설문지 분석을 위해 독립표본 T검정법, 상관분석법, 다중응답교차분석법 등의 통계방법론을 사용하였다.[2]

2. 연구대상자의 특성 및 기초 통계량

설문 응답자의 특성을 7가지 항목으로 구분하였다. '왕의 재정'에 대한 지식 유무, 수입 정도, 자산 정도, 신앙생활년수, 교회모임 참석 횟수, 교회 직분, 출석교회 규모 등이다.

'왕의 재정'에 대한 지식 유무는 다음의 기준을 따랐다. 즉, 왕의 재정학교가 제공하는 11주 프로그램(강의 6주, 현장실습 5주)을 이수한 자, 왕의 재정 워크북으로 실천한 자, 온라인에서 왕의 재정학교 교장 김미

---

1 '왕의 재정'학교는 2008년 세계금융위기를 전후하여 설립된 일종의 선교단체인 Nations-Changer Movement & Network(NCMN)의 대표적인 사역 프로그램이다. 왕의 재정학교가 한국 교회의 새로운 돈 담론의 진원지가 된 것은 NCMN 간사이자 왕의 재정학교 교장인 김미진의 강연과 도서들이 교인들의 폭발적인 반응을 이끌어낸 것과 연동되어 있다. 왕의 재정 프로그램에 대한 교인들의 열광적 반응에 대해 일부 교계 매체는 성서 해석과 신앙적 경향성의 문제점을 이유로 우려와 비판을 하고 있다. 이 글은 '신학적 신앙적 올바름' 여부에 대한 평가보다는 '왕의 재정 신드롬' 자체에 주목한다.
2 설문지 통계분석은 성균관대학교 응용통계연구소에 의뢰하였다.

진의 강연을 청취한 자, 부흥집회에서 왕의 재정원리를 접한 자들을 '왕의 재정'에 대한 지식이 있는 이들로 분류하였다. '왕의 재정'에 대한 지식 유무(이하 왕의 재정 유/무로 표기)가 돈에 대한 인식과 태도에 어떠한 차이를 구성하는지 보기 위함이다. '왕의 재정'을 아는 자는 전체 응답자 76명 중 24명, 곧 31.6%를 차지하였다.

〈표 3-1〉 왕의 재정 유무

지식		빈도	유효 퍼센트
유효	무	52	68.4
	유	24	31.6
	합계	76	100.0

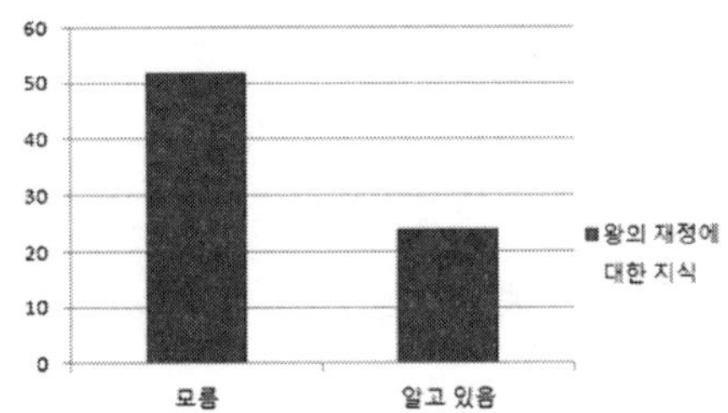

　　응답자의 신앙년수는 20년 이상이 유효 퍼센트 72.2%로 압도적으로 다수였다. 10-20년 사이가 18.1%로 그 다음으로 높았다. 전체 응답자의 90% 가량이 10년 이상의 신앙생활을 한 셈이다. 오랜 신앙년수는 응답자의 사유와 행동에 기독교가 상당한 영향을 끼치고 있음을 보여주는 하나의 지표다. 따라서 돈에 대한 교회의 가르침 역시 응답자들에게 끼친 영향력이 적지 않음을 짐작할 수 있다.

〈표 3-2〉 신앙년수

신앙생활년수		빈도	유효 퍼센트
유효	1년 이하	1	1.4
	5~10년	6	8.3
	10~20년	13	18.1
	20년이상	52	72.2
	합계	72	100.0
결측	시스템결측	3	
합계		75	

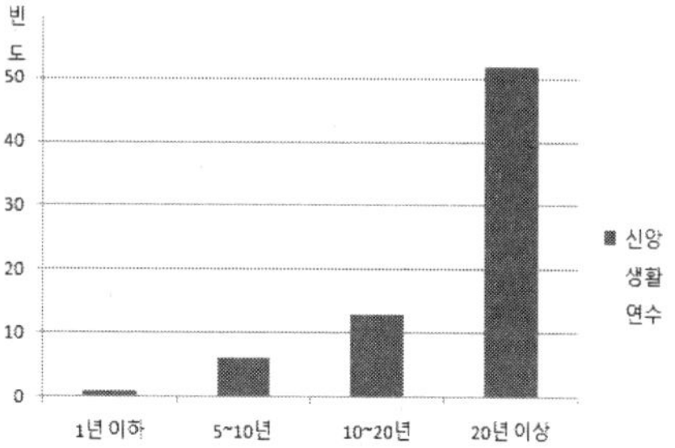

이러한 방식으로 응답자의 특성을 도표화하면 아래와 같다.

〈표 3-3〉 응답자의 특성

변수(Variable)	구분(Category)	빈도(N)	백분율(%)
왕의 재정	무	52	68.4
	유	24	31.6
신앙년수	1년 이하	1	1.3
	5-10년	6	8.0
	10-20년	13	17.3
	20년 이상	52	69.3
신앙 깊이	매우 깊은 편	3	4.0
	깊은 편	25	33.3
	보통이다	35	46.7
	깊지 않다	11	14.7
	전혀 그렇지 않다	1	1.3
교회활동 횟수	주 7회 이상	2	2.7
	주 3-7회	14	18.7
	주 1-2회	44	58.7
	월 1-2회	6	8.0
	연 1-2회	5	6.7
직분	장로	3	4.0
	권사	5	6.7

	안수집사	7	9.3
	집사	29	38.7
	없음	24	32.0
출석교회 규모	초대형교회(1만 명 이상)	10	13.3
	대형교회(500명 이상)	27	36.0
	중형교회(200-500명)	17	22.7
	중소형교회(30-200명)	17	22.7
	미자립교회(30명 미만)	1	1.3
수입 정도(월)	200만원 이하	7	9.3
	400-600만원	24	32.0
	600-800만원	19	25.3
	800-1000만원	10	13.3
	1000만원 이상	3	4.0
자산 정도	3억원 이하	9	11.9
	5억원 이하	14	18.7
	10억원 이하	16	21.3
	15억원 이하	16	21.3
	15억원 이상	8	10.7

　2017년 통계청 사회조사 결과3를 기준으로 응답자의 수입 정도와 자산 정도를 추정한 결과, 응답자의 과반수가 중산층에 속한다. 자신의 신앙 깊이에 대한 문항에서 신앙심이 '깊다'라는 응답은 '매우 깊다'를 포함하여 37.3%다. 여기에 '보통'이라는 답변까지 합산하면 84%에 달한다. 신앙의 깊이를 자가 측정하는 질문에 매우 조심스런 태도를 취하는 경향성을 고려한다면, 신앙의 깊이가 '보통'이라는 응답은 신앙심이 깊은 편으로 해석하는 것이 적절하다. 예배를 비롯한 교회의 각종 모임에 참석한 횟수는 주 1-2회가 제일 많고, 그 다음 순위가 주 3-4회다.

---

3 http://kostat.go.kr/wnsearch/search.jsp

교회직분은 집사가 가장 큰 비중을 차지한다. 응답자의 출석교회는 대형교회가 제일 많았는데, 초대형(1만 명 이상), 대형(출석교인 500명 이상), 중형(출석교인 100-500명 사이), 중소형(출석교인 30-100명 사이), 미자립(출석교인 30명 미만) 교회로 구분해보면 대형 〉 중형 〉 중소형 〉 초대형 〉 미자립 교회 순이다.

응답자의 특성을 종합적으로 요약하면, 중산층에 가깝고, 자신의 신앙에 대해서 확신을 가지고 있으며, 신앙년수는 20년 이상이며, 매주 1-2회 교회모임에 참석하며, 대형교회에 출석하는 이들이 다수인 셈이다.

3. 연구대상자의 신앙적 특성

응답자의 신앙적 경향성을 파악하기 위하여, 신앙적 보수와 신앙적 진보를 가르는 주요 척도인 타 종교에 대한 태도와 성서관에 대해 질문하였다. "다른 종교나 가르침에도 구원이 있다고 생각하십니까?" "성경은 하나님의 영감(음성)을 받아 기록되었기에 오류가 전혀 없다고 생각하십니까?"가 그것이다. 그리고 신앙적 특성이 주요 변수에 따라 어떠한 차이가 있는지 살펴보기 위하여 통계분석법을 사용하였다. 먼저, 왕의 재정의 유무에 따른 신앙관의 차이를 확인하기 위해 독립표본 T검정을 실시하였다. 분석 결과, 왕의 재정 지식 유무에 따른 집단 사이에는 통계적으로 유의한 차이가 없었다. 또한 신앙심의 깊이에 따른 차이를 알아보기 위하여 상관분석방법을 실시하였다.

<표 3-4> 신앙심의 깊이와 신앙적 보수성에 대한 상관계수

		신앙의 보수성
신앙의 깊이	Pearson 상관계수	.469**
	유의확률(양쪽)	.000
	N	73

**. 상관계수는 0.01 수준(양쪽)에서 유의함

위의 표가 보여주듯 상관계수는 0.469, p-value는 0.000으로 유의수준 0.05보다 작기 때문에 자신의 신앙심이 깊은 편이라고 생각할수록 신앙관이 보수적인 경향이 있다. 같은 방식으로 교회활동 빈도와 신앙관의 보수적 성향과의 연관성을 확인하였는데, 상관계수는 0.301, p-value는 0.012로 유의수준 0.05보다 적게 나왔기에 귀무가설인 "교회활동 빈도가 높을수록 보수적이 아니다"를 기각할 수 있었다. 따라서 교회모임에 자주 참여할수록 신앙관이 보수적인 경향이 있다고 할 수 있다.

종합적으로 보면, 왕의 재정에 대한 지식의 유무와는 상관없지만 스스로 신앙심이 깊다고 생각할수록, 교회활동 빈도가 높을수록 자신의 신앙이 보수적이라고 여기는 경향이 높다.

III. 설문조사에 나타난 돈에 대한 인식과 태도

1. 신앙과 돈의 상관성

돈이 신앙생활에 끼치는 영향력을 살펴보기 위하여 돈에 대한 기도 횟수, 성실한 신앙생활과 물질적 풍요의 상관성, 십일조에 대한 생각 등을 물었다.

전체 응답자의 88%가 돈에 대한 기도를 한다고 대답하였다. 이 중 매월 최소 1-2회 이상 기도한다는 응답은 70% 이상이고, 매일 기도한다는 응답자도 무려 10.67%에 달했다. 돈에 대한 기도 횟수가 주요 변수와는 어떠한 상관성이 있는지 비교하기 위하여 상관분석을 실시하였다. 분석 결과 왕의 재정에 대한 지식 유무에 따른 집단 사이에는 통계적으로 유의한 차이가 없었다. 그러나 교회활동 빈도에서는 사뭇 다른 결과가 나왔다. 교회활동 빈도와 돈에 관한 기도 횟수와의 연관성을 확인하기 위해 상관분석을 실시한 결과는 다음과 같다.

귀무가설: 교회활동 빈도와 돈에 관한 기도 횟수는 상관관계가 없다.

대립가설: 교회활동 빈도와 돈에 관한 기도 횟수는 상관관계가 있다.

〈표 3-5〉 교회활동 빈도와 돈에 관한 기도 횟수에 대한 상관계수

		돈에 관한 기도 횟수
교회활동 빈도	Pearson 상관계수	.311**
	유의확률(양쪽)	.008
	N	71

**. 상관계수는 0.01 수준(양쪽)에서 유의함

위 분석표에 나타난 상관계수는 0.311, p-value는 0.008로 유의수준 0.05보다 작으므로 귀무가설을 기각한다. 따라서, 교회모임에 자주 참여할수록 돈에 관한 기도를 자주하는 경향이 있다고 할 수 있다. 같은 방식으로 신앙심의 깊이에 따른 상관분석을 한 결과 응답자 자신

이 신앙심이 깊은 편이라고 생각할수록, 돈에 대한 기도의 횟수가 빈번하였다. 요컨대 왕의 재정에 대한 지식 유무와 상관없이 교회활동 빈도가 높을수록, 신앙심이 깊을수록 돈에 대한 기도 횟수가 많았다.

돈과 신앙생활의 관계를 보기 위한 두 번째 질문으로 신앙생활과 물질적 축복의 관계를 물었다. "신앙생활을 성실히 하면 물질적 축복도 따른다"는 문항에 긍정적으로 응답한 이는 전체의 58.1%다. 그중에서 "매우 그렇다"는 14.86%에 달한다. 요컨대 신앙생활의 성실도와 물질적 축복이 양의 상관성이 있다고 생각하는 응답자가 반수가 넘었다.

신앙생활과 돈에 대한 인식은 헌금을 통해 구체화된다. "십일조는 반드시 해야 한다고 생각하십니까?"라는 질문에 대하여 전체 응답자의 80%가 '그렇다'고 대답한 반면, '안 해도 된다'의 응답은 9.34%에 불과했다. 이러한 생각은 실제 십일조를 하는 행위로 이어졌다. 한국 교회 재정구조에 대한 분석 연구에 따르면 교회의 수입 중 가장 많은 비중이 십일조다. 구체적으로 보면 한국 교회에서 십일조가 차지하고 있는 비중은 전체 헌금액의 52.1%다(최현종, 2017, 226). 이러한 결과는 한국 교회의 재정구조에 대한 기존의 연구결과들과도 일치한다. 헌금 수입의 절반 이상이 십일조라는 사실과 반드시 십일조를 준수해야 한다는 다수의 응답에서 한국 교회가 십일조의 중요성을 강조하고 있다는 것을 짐작할 수 있다.

십일조에 대한 생각이 집단 사이에 차이가 있는지를 살펴보기 위하여 상관분석을 실시하였다. 결과는 스스로 신앙심이 깊은 편이라고 생각할수록, 교회모임에 자주 참여할수록 십일조를 중요하게 생각하는 경향이 있는 것으로 나타났다. 또한 왕의 재정에 대한 지식 유무에 따른 인식 차이가 있는지를 확인하기 위해 독립표본 T검정을 실시하였고,

그 결과 왕의 재정을 아는 응답자 전원이 반드시 십일조를 해야 한다고 응답하였다. 이러한 결과는 최근 크리스천 재정학에서 십일조를 특히 강조하는 경향과 관련이 있는 것으로 보인다.

십일조를 반드시 해야 하는 이유에 대하여 인터뷰이들에게 질문하였다. 공통적인 답변은 "하나님께 드리는 최소한 사랑의 표현", "내가 누리는 모든 것, 나의 모든 것은 하나님께로부터 온 것", "신앙인의 당연한 의무", "축복에 대한 감사", "축복을 비는 작은 정성" 등이다. 요컨대 십일조는 신에 대한 신앙심을 표현하는 중요한 통로인 셈이다.

2. 교회활동과 돈의 상관성

교회공동체 속에 돈의 논리가 어느 정도 침투하고 있는지를 파악하기 위하여 다음 세 질문을 하였다. "돈 때문에 교회에서 어떤 형태로든 차별당하는 것을 본 적이 있다", "부유할수록 교회생활이 수월하다", "헌금 액수가 교회의 직분에 영향을 준다".

교회에서 차별의 경험을 토로한 응답자는 모두 31.09%다. 부유할수록 교회생활이 수월하다고 생각하는 응답자는 50%이며, 헌금 액수가 직분에 영향을 끼친다는 답변이 40.54%다. 요컨대 교회생활에서 '돈'이 끼치는 영향력은 결코 적지 않다. 이념적으로는 평등공동체인 교회공동체에도 돈의 논리가 깊이 스며들었음을 알 수 있다.

"교회에서 '돈(물질)'에 관한 가르침이 꼭 필요하다고 생각하십니까?"라는 질문에 '필요 없다'고 답한 응답자는 불과 8.33%다. 반면 교회에서 반드시 돈에 대해 가르칠 필요가 있다는 응답자는 68.06%에 달한다. 이때 '돈'이 응답자들에게 어떠한 의미로 인식되는지 알아보기 위하여, "돈이 언급될 때 떠오르는 단어"를 질문하였다. 교회에서 언급되는 '돈'의 함축적 의미는 축복 〉 선교 〉 자선 〉 선물 〉 탐욕의 순으로 응답하였다. 긍정적인 함의가 있는 축복과 선물, 자선을 떠올리는 응답자는 전체의 56.98%인 반면, 부정적 함의를 지닌 탐욕은 8.4%만이 연상된다고 응답하였다.

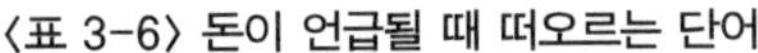

〈표 3-6〉 돈이 언급될 때 떠오르는 단어

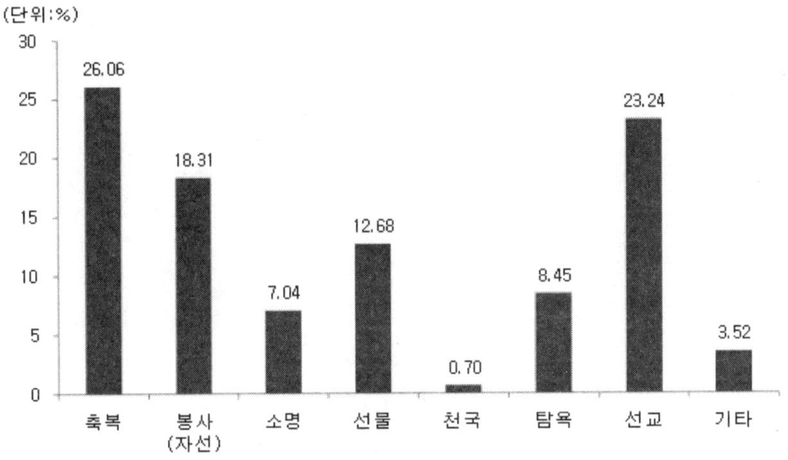

교회생활과 돈의 상관성을 보기 위하여 '헌금 관리와 사용'에 대한 인식을 조사하였다. 구체적인 질문은 다음과 같다. "소속 교회에서는 헌금총액과 그 사용처에 대하여 교인들에게 공개한다", "교회 예산 및 집행에 관한 의사결정 과정에 교인들이 어떤 방식으로든 참여해야 한다", "헌금이 가장 많이 사용되고 있는 곳은 어디라고 생각합니까?", "헌금이 가장 많이 사용되어야 할 곳은 어디라고 생각합니까?"

먼저 지출을 위한 의사결정 과정에 교인이 '참여해야 한다'는 문항에 대하여, 전체 응답자의 68.92%가 동의하였다. 자신이 출석하는 교회가 재정 공개를 한다고 생각하는 응답자의 경우 특히, 교회의 의사결정 과정에 교인들이 참여하여야 한다고 답한 비율이 훨씬 높았다.

헌금사용처에 대한 응답자들의 생각을 알아보기 위하여, 헌금이 가장 많이 사용되는 곳과 사용되어야 할 곳을 질문하였다. 각각 3개의 복수응답을 요청한 결과, 헌금이 가장 많이 사용되는 곳은 교회운영, 선교, 구제 순이었다. 반면 가장 많이 사용되어야 할 곳으로 생각하는 것은 선교, 구제/자선, 교육이다. 두 질문간의 상관성을 보기 위하여 다중응답교차분석을 통해 3개의 복수응답 사이의 복수응답 교차표를 만들었다.

<표 3-7〉 교회예산 의사결정 과정 참여 여부

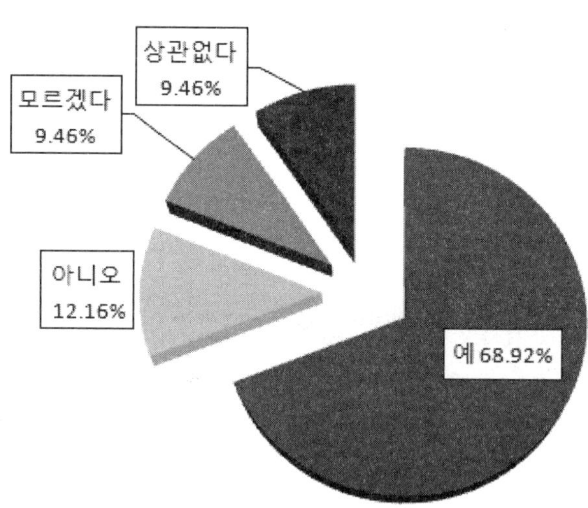

〈표 3-8〉 헌금사용에 관한 다중응답교차표

| | | | 헌금이 가장 많이 사용되어야 하는 곳은
(복수응답 3개) | | | | | | 총계 |
			교회 운영	선교	교육	구제/ 자선	교회 행사	교회 건축	
헌금이 가장 많이 사용 되고 있는 곳은 (복수 응답 3개)	교회운영 (인건비 포함)	개수	32	60	43	47	4	2	64
		총계의 %	44.4	83.3	59.7	65.3	5.6	2.8	88.9
	선교	개수	22	42	24	29	1	2	42
		총계의 %	30.6	58.3	33.3	40.3	1.4	2.8	58.3
	교육	개수	8	22	24	19	2	0	26
		총계의 %	11.1	30.6	33.3	26.4	2.8	0.0	36.1
	구제/자선	개수	13	21	10	21	2	1	23
		총계의 %	18.1	29.2	13.9	29.2	2.8	1.4	31.9
	교회행사	개수	11	26	22	23	6	1	31
		총계의 %	15.3	36.1	30.6	31.9	8.3	1.4	43.1
	교회건축	개수	8	16	11	16	3	3	19
		총계의 %	11.1	22.2	15.3	22.2	4.2	4.2	26.4
총계		개수	32	65	47	54	6	3	72
		총계의 %	44.4	90.3	65.3	75.0	8.3	4.2	100.0

*백분율 및 총계는 반응자를 기반으로 함

〈표 3-8〉에 나타났듯이 현재 헌금이 가장 많이 사용되고 있는 곳이 어디든지 간에 헌금이 가장 많이 사용되어야 할 곳은 선교, 교육, 구제/자선 순으로 인식하고 있었다. 그 밖에도 헌금사용처로 제시된 항목은 교회운영, 교회 행사, 교회건축 등이 있는데, 여기에서 주목할 곳은 교회건축이다. 헌금이 가장 많이 사용되는 곳으로 교회건축을 지목한 이들은 19명인데 반해 헌금이 가장 많이 사용되어야 할 곳으로 답한 총계는 3명이다. 응답자들이 교회건축을 가장 낮게 지목한 것에서 이른바 '성전건축' 열풍에 대한 교인들의 저항을 읽을 수 있다. 설문지 응답자

들과 마찬가지로 심층인터뷰이들도 교회건축에 대해 비교적 비판적인 태도를 보였다.

> 솔직히 온전한 십일조를 못하고 있어요. 내가 누리는 건 다 하나님께서 주신 건데... 늘 죄스럽죠. 지금도 그렇지만 (건축)헌금 약정할 때 참 힘들었어요... (건축 전에는) 성전이 좁기는 좁았어요. (맞은 편 건물을 가리키며) 저기 지하에 교육관이 있었거든요. (주변 아파트 가리키며) 앞뒤로 다 재건축 승인이 나니까 그때부터 난리였죠... 당회에서 성전건축이 결정되고 난 뒤부터 분란이, 분란이... 아휴 말도 못해요. 다들 사는 게 빤하잖아요. 헌금 약정하고 대출받고 아이들 학원 끊는 집사님도 있었고... (건축) 도중에 부도난다 어쩐다 할 때 서로 볼 거 안 볼 거 다 봤죠 뭐... 지금 (창립멤버는) 다 떠났죠. 성전을 번듯하게 지어 하나님께 영광 돌린다는 거는 아닌 것 같아요. (F40A)

헌금의 희망 사용처에 대한 응답에서 세속적 성공주의의 교회 버전에 대한 개신교인들의 비판적 태도를 읽을 수 있다.

3. 돈에 대한 가르침의 수용 정도

한국 교회공간에 '돈'의 논리가 침윤된 정도를 탐구하려면 돈에 대한 교회의 가르침뿐만 아니라 가르침의 유통경로와 이를 수용하는 이에 대한 연구가 필요하다. 따라서 교회공간에서 돈에 대한 가르침은 어떠한 장치를 통해 유통되는지, 또 교인들은 이러한 가르침을 어떻게 받아들이고 있는지 설문조사를 하였다.

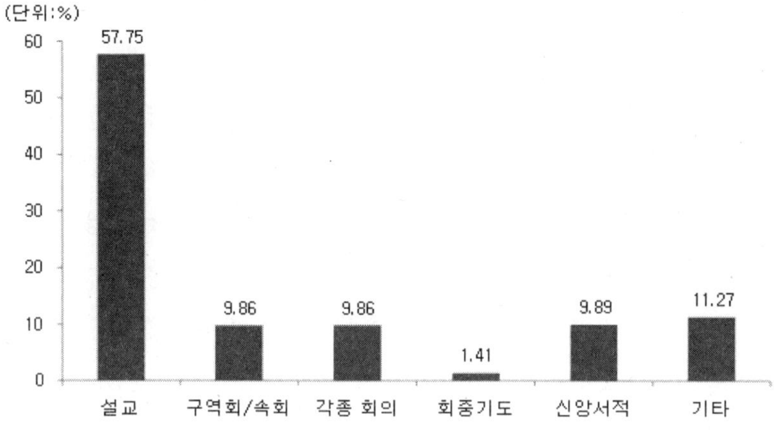

"주로 어디에서 '돈'과 신앙의 관계에 대해 듣습니까?"라는 문항은 돈에 대한 신앙적 해석이 확산되는 주요 장치를 알기 위함이다. 〈표 3-9〉를 보면, 설교가 가장 중요한 통로임을(57.75%) 알 수 있다. 그 다음이 구역회(속회), 각종 회의, 신앙서적의 순이다. 이러한 응답에서 목회자의 돈에 대한 가치관과 태도가 교인들에게 끼치는 영향력이 매우 높다는 것을 추정할 수 있다.

교회공간에서 유통되는 돈에 대한 신앙적 가르침의 구체적 내용과 그 빈도수를 알아보기 위하여 인터뷰와 설문을 실시하였다. 먼저 심층인터뷰를 통해 인터뷰이 전원은 교회에서는 "헌금은 축복의 통로"라는 메시지를 듣기도 하고 본인들도 말한 적이 있다고 대답하였다. 어느 심층인터뷰이는(F40A) 이렇게 고백했다. "물질이 가는 곳에 마음이 산다, 하나님께 대한 사랑의 표현은 헌금이라고 늘 말씀하시지요. 선십일조[4] 한 지 석 달 만에 응답받았다는 간증도 자주 듣고요…." 그는 교회뿐만 아니라 교계미디어에서도 헌금의 대가로 축복받은 간증은 자주 등장한다고 덧붙였다.

설문응답자들은 "헌금을 많이 해야 축복을 받는다고 교회에서 들은 적이 있습니까?"라는 질문에 불과 14.86%만이 들은 적이 없다고 답변하였다. 또한 얼마나 자주 들었는지, 그 빈도수에 대한 질문에서는 보통 이상의 빈도로 듣는다는 응답이 58.1%에 달했다. 요컨대 응답자의 85% 이상이 교회에서 헌금을 많이 해야 축복을 받는다는 메시지를 보통 이상의 빈도수로 들은 셈이다. 이러한 가르침에 대해 수용자들은 어떻게 받아들이고 있는지 살펴보기 위해 다음 항목을 첨가하였다. "십일조를 제대로 지키지 않으면 물질의 축복을 받을 수 없다고 생각합니까". 이에 대한 부정적인 답은 74.32%였다. 요컨대 응답자의 2/3가 온전한 십일조를 해야만 물질적 축복을 받을 수 있다는 가르침에 수긍하지 않는다고 볼 수 있다.

4. 가난의 원인과 해결방안에 대한 인식

경제적 불평등에 대한 개신교인의 인식을 파악하기 위하여 "가난한 사람이 경제적으로 힘든 이유와 가난을 극복할 수 있는 적절한 방법을 3개만 선택하라"는 설문을 제시하였다. 가난 문제의 근본원인에 대하여 전체 응답자의 52%가 불평등한 경제구조를 꼽았다. 뒤이어 빈곤 세습, 그 다음이 자기관리 부족을 지목하였다(〈표 3-10〉). 그러나 가난

---

4 선십일조는 미리 소득을 예상하고 그 예상소득의 1/10을 미리 만들어 헌금하는 것을 뜻한다.

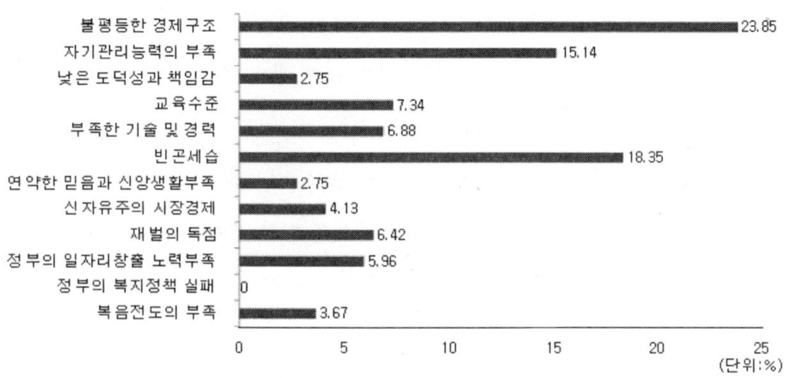

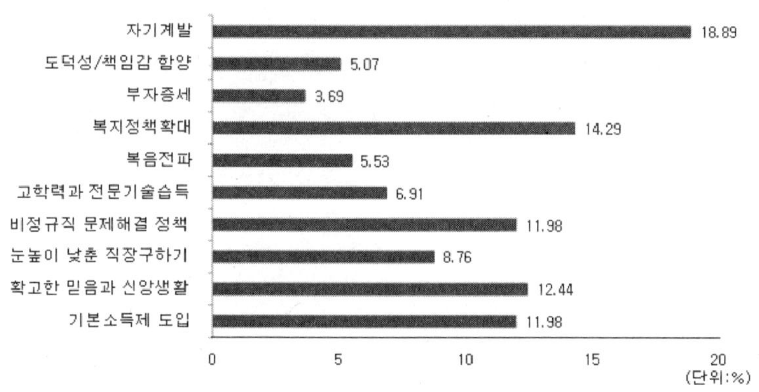

한 믿음의 순서였다. 이처럼 가난의 원인은 경제구조의 모순에서 찾으면서 해결책은 개인적 차원에서 찾고 있다(〈표 3-11〉).

왕의 재정의 지식 유무에 따른 집단별 인식 차이가 있는지 알아보기 위하여 다중응답 교차분석을 실시하였다. 먼저 왕의 재정을 아는 응답자의 경우, 가난의 원인을 사회구조적 불평등과 개인적 차원의 문제로 보는 비율이 비슷하게 나왔다. 반면 가난의 해결방안에는 왕의 재정을 아는 응답자는 확고한 믿음 〉 복음 ≒ 자기계발 순이며, 왕의 재정을 모르는 응답자는 자기계발 〉 복지 〉 기본소득 순이었다.

신앙심의 깊이에 따른 인식 차이를 살펴보기 위하여 다중응답 교차분석을 하였다. 그룹분포가 넓어서 세 개로 단축하였는데, 응답자 스스로 신앙심이 '없다'고 밝힌 응답자들은 가난의 원인을 불평등 구조 〉 빈곤의 세습 = 자기계발의 부족에서 찾았다. 신앙심이 '보통'이라고 답한 응답자는 불평등 구조 〉 빈곤 세습 〉 자기계발이며, 신앙심이 '깊다'는 응답자는 불평등 구조 〉 빈곤 세습 ≒ 자기계발의 문제로 가난의 원인을 보고 있다. 반면, 가난의 극복방안에 대해서는 '신앙심이 없다'고 대답한 집단은 기본소득 〉 자기계발의 순서로, '신앙심이 보통'이라고 한 집단은 자기계발 〉 복지 〉 확고한 믿음의 순서로, '신앙심이 깊다'고 말한 집단은 자기계발 〉 확고한 믿음 〉 복지/기본소득 순으로 극복방안을 제안하고 있었다. 이처럼 신앙심이 깊을수록 자기계발에 대한 신뢰가 큰 것으로 나타났다.

5. '왕의 재정' 테제에 대한 수용 정도

왕의 재정학교에서 가르치는 핵심 내용은 다음 15문항으로 요약할 수 있다. 왕의 재정을 아는 집단을 대상으로 이러한 가르침에 동의하는지 물었다. 유사한 질문을 제외한 9개의 문항에 대한 응답자의 답은 다음과 같다.

<표 3-12> 왕의 재정 테제에 대한 수용 정도

		매우	그렇다	보통	그렇지 않다	전혀
		소계			소계	
1	하나님의 재정원리를 철저하게 따르면 '차고 넘치는 부'를 얻는다.	17.39	27.54	23.19	18.84	13.04
		44.93			31.88	
4	'부흥'은 개인적 차원의 물질적 풍요와 교회의 성장을 동시에 의미한다.	12.86	30.00	22.86	31.43	2.86
		42.86			34.29	
5	십일조는 교회와 우리를 다 축복하시기 위한 하나님의 아이디어다.	22.86	28.57	20.00	22.86	5.71
		51.43			28.57	
9	모든 물질의 공급자는 하나님이며 삶의 안정 역시 안정된 직장이 아니라 하나님 으로부터 온다.	31.43	44.29	18.57	5.71	0.00
		75.72			5.71	
10	누구든 재물에 대해 옳은 태도를 지니면, 보이지 않는 세계 가운데 무한하게 있는 재물을 하나님이 풍성하게 보낸다.	23.19	44.93	24.64	7.25	0.00
		78.83			7.25	
11	주인을 맘몬에서 하나님으로 바꾸어야 만 재물을 노예로 다룰 수 있다.	38.24	35.29	19.12	7.35	0.00
		75.53			7.35	
13	재물을 노예로 다루는 삶은 재물을 하늘 은행에 맡겨 잘 관리하는 삶을 의미한 다.	29.41	30.88	26.47	11.76	1.47
		60.29			13.23	
14	재물을 하늘은행에 입금하면 반드시 배 가 된다.	17.65	30.88	32.35	16.18	2.94
		48.53			19.12	
15	하나님은 속부의 재물을 흔들어서 의인 에게 옮기는 방식으로 재물을 이동시킨 다.	7.35	19.12	41.18	30.88	1.47
		26.47			32.35	

'왕의 재정'의 테제 9개 중에서 30% 이하로 응답한 것은 2항목밖에 없다. 특히 "모든 물질의 공급자는 하나님이며 삶의 안정 역시 안정된 직장이 아니라 하나님으로부터 온다", "누구든 재물에 대해 옳은 태도를 지니면, 보이지 않는 세계 가운데 무한하게 있는 재물을 하나님이

풍성하게 보낸다", "주인을 맘몬에서 하나님으로 바꾸어야만 재물을 노예로 다룰 수 있다"는 항목에는 10% 미만이 동의하지 않았다. 이처럼 왕의 재정을 아는 자 대부분은 성부론의 테제에 동의하고 있다는 것이 설문조사에 나타나고 있으며, 그 것을 실천하려는 의지는 인터뷰를 통해 간파할 수 있었다.

IV. 한국 개신교인과 돈의 친연성

설문조사와 심층인터뷰의 분석결과를 보면 최근 한국 개신교는 돈에 대해 매우 친화적인 태도를 보이고 있음을 알 수 있다.

첫째, 오늘날 개신교인들은 돈에 대한 기도를 빈번하게 하고 있으며, 성실한 신앙생활을 하면 재정 문제에 긍정적인 효과를 얻을 수 있다고 믿는 경향이 강하다. 이는 응답자의 다수인 88%가 돈에 대한 기도를 하고 있으며, 특히 신앙심이 깊고 교회활동 빈도가 높을수록 돈에 대한 기도의 빈도수가 높으며, 반수 이상의 응답자가 성실한 신앙생활을 하면 물질적 축복이 따른다는 응답에서 추론한 결과다.

또한 왕의 재정에 대한 지식이 있는 자들과의 심층인터뷰에서도 이러한 경향은 더욱 확연했다. "헌금을 많이 하면 그만큼 하나님께서 채워주신다"(M50B), "부의 축복은 곧 기도의 응답이다"(M60C)라고 믿고 있었다. 왕의 재정 강연을 수차례 경청한 인터뷰이는(F50B) 부자가 되려면 기도하라는 말은 교회에서 자주 듣기도 하고 자신도 자주 한다며 다음과 같이 고백했다.

"... 신앙생활을 열심히 하면 돈이 얼마나 중요한지 알게 돼요. 하늘은 행에 먼저 심고 주님 말씀에 순종하면 오늘 심었는데 이틀 뒤에 거두는 기적 같은 일들이 생겨요. 성경을 봐도 (돈의 중요성이) 다 나와요. 예수님이 비유로 가르치시잖아요. 비유를 드시는 것 중에 물질이 제일 많아요. 성경에는 믿음이나 구원보다도 (돈이) 열 배 이상 나온대요. (직접) 세어보지는 않았지만, 성경을 수백 번 통독하신 분이 한 말인데... (맞겠지요.)"

'왕의 재정'의 열풍을 일으킨 김미진은 "한국 교회를 위해서 기도할 때 제게 주신 주님의 말씀은 '한국 교회 부흥의 열쇠는 재정에 있다"며 돈의 중요성을 강변했다. 더하여 "재물이 하나님의 재정원칙으로 다스려지고, 하나님을 예배하는 곳으로 흘러갈 때 큰 부흥을 보게 될 것이다"[5]라고 강조한다.

이렇듯 세계금융위기 이후 개신교 공간에 등장한 크리스천 재정원리에 대한 강연에서는 예수의 주요 메시지들이 '돈'으로 치환되는 경우가 왕왕 있다. 일례로 "내가 뿌린 씨(헌금)는 없어지는 것이 아니라 '투자'다", "하나님은 이윤을 빨리 주신다", "부모와 사역자들에게 투자하면 빠르게 많이 '이자'로 채워주신다" 등의 발언에서 보이듯 복음서의 씨뿌리기 비유가 함의한 종교적 상징은 경제적 용어로 번역되고 있다. 또한 투자, 채무, 은행, 이율 등의 경제용어는 역으로 신앙 언어로 번안되기도 한다. 아무런 주저함 없이 신앙의 언어와 세속의 경제 언어를 쉽게 변환하는 것은 한국 교회가 물질의 부를 꾀하는 중산층의 이해에

---

5 http://ncmn.service2.selectn.co.kr/bbs/page.php?hid=school105

부합하며, 중산층적 가치와 욕망을 매우 잘 반영하는 대표적인 공간이
라는 것을 보여준다.

둘째, 오늘날 교인들은 돈의 소유 여부가 교회생활에 큰 영향을 끼
친다고 생각한다. 이는 부유할수록 교회생활이 수월하며(50%), 교회
직분을 맡는 데 헌금 액수가 영향을 끼친다는 응답(40.54%)에서 추론
할 수 있다. '돈'에서 탐욕을 연상하는 소수(8.4%)를 제외하면, 한국 교
회에서 돈은 긍정적인 함의로 유통되고 있다. 돈에 대한 신앙적 해석은
주로 설교를 통해 듣지만, 구역회(속회), 각종 교우모임, 대중적 신앙서
적으로도 접하고 있다. 헌금을 많이 해야 축복을 받는다는 메시지는 심
층인터뷰와 설문에서도 검증된다. 전체 설문 응답자의 85% 이상이 보
통 이상의 빈도수로 교회에서 이 메시지를 들었다고 답하였다. 이러한
통계는 대부분의 한국 교회 공간에서 헌금이 축복받는 수단으로 선전
되고 있다는 것을 보여줄 뿐만 아니라 돈의 논리에 침윤당하고 있다는
것을 적나라하게 드러낸다.

셋째, 헌금하면 축복받는다는 가르침이 교회공간에서 빈번히 유통
되지만, 모든 개신교인이 이를 전적으로 수용하거나 동의하는 것만은
아니다. 십일조를 제대로 지키지 않으면 물질의 축복을 받을 수 없다고
생각하지 않는 답이 75% 가까이 차지하고 있는 것이 그 증거다. 이러
한 응답은 '돈'의 논리가 관철되는 교회공간을 균열시킬 수 있는 힘이
될 수도 있다.

교인들의 저항이 발견되는 지점은 교회건축에 대한 생각에서도 드
러난다. '성전'의 크기를 목회 성공과 교회 성장의 지표로 여겨온 그간
의 추세와 달리, 헌금이 사용되어야 할 곳에 대한 설문의 응답률에서
교회건축은 유독 낮았다. 이는 심층인터뷰이 전원이 성전건축에 대한

비판적인 의견을 피력한 것과도 일치한다. 암암리에 성전건축헌금이 신앙심의 지표인 양 여겨지는 분위기에 상처받고 모교회를 떠날 수밖에 없었다는 한 인터뷰이는(F50B) 가구당 일정금액이 약정헌금 형태로 강요되는 분위기를 견딜 수 없었다고 했다. 성전건축 문제로 교회에서 갈등을 겪었던 또 다른 인터뷰이도(M60A) 교회의 헌금 사용에서 많은 비중이 구제와 자선에 집중되어야 한다고 강하게 피력하며 "… 건물은 남을지 몰라도 사람을 잃게 될 겁니다"라고 하였다. 이러한 응답에서 오늘날 개신교인들은 '돈'의 지배력을 유지-강화하기도 하지만, 돈에 대한 교회의 가르침을 수용하지 않음으로써 이를 약화하는 역할도 하고 있다는 것을 알 수 있다. 즉 개신교 공간은 '돈'의 논리에 포획되어 있지만, 이를 균열시킬 단초를 교인들의 분열적이고 복합적인 역할에서 발견할 수도 있다.

넷째, 초대형 '성전'건축은 소비로 자신의 정체성을 확인하는 소비자본주의의 과시적 성향과 닮아 있다. 위세 등등한 건축을 위해 한국교회가 금융권에 진 빚이 4조 5천억 원을 넘어섰다는 보도가 있다. 대형마트가 지역 상권을 초토화하듯, 초대형 '성전'건축은 소교회의 생존을 위협하고 군림하고 있다. 거대한 예배당은 소비자본주의적 가치가 교회공간에 침윤된 결과로 볼 수 있다. 한국 교회는 성속이분법을 내세워 종교적 영역의 고유성을 내세우면서도 세속적 세계관인 자본주의적 가치를 추구해왔다. 최근 사랑의 교회에서 예배당 건축을 둘러싼 교회 내/외적 갈등이 생기자 무리한 진행을 만류하는 의견에 대하여 "그건 하나님이 우리에게 주신 기회를 잘 감당하지 못하는 것이다. … 서울시가 뭐라 하든 누가 뭐라 하든, 세상 사회법 위에 도덕법 있고 도덕법 위에 영적 제사법이 있다"는 당회장의 발언은 좋은 사례다.6 신의 이름으로 웅장한 '성전'건축을 정당화하지만, 실제 추동하는 힘은 자본주의적 탐욕과 투기금융일 수 있다. 교계신문의 광고란을 가득 메운 교회매매 광고7는 그 '성전'에는 신이 부재함을 증명하고 있는 셈이다.

다섯째, 오늘날 크리스천 재정원리로 선전된 '왕의 재정' 프로그램은 거의 모든 계층의 교인들이 소비하고 있다. '왕의 재정'의 테제들이 노골적이고 도발적이며, 신앙적·신학적 차원에서 볼 때 낮은 수준임에도 중산층의 고학력자가 많으며, 대부분의 응답자는 신앙생활년수가 20년 이상이고 교회활동도 열심히 하는 이들이다.

"하늘은행에 입금하면 이자율이 3000%"라는 말이 회자되는 왕의 재정학교에 대한 열광적 반응은 세계금융위기 이후 한국 교회의 변화를 반영한다. 초기자본주의의 덕목이었던 근면·성실·절약 정신으로는 더 이상 재정적 위험에서 벗어날 수 없다는 불안감은 세계금융위기 이후 더욱 강화되고 있다. 그리하여 교인들은 이 시대의 불안을 성령에 대한 믿음으로 해소하고 있다. 대박에의 대망과 쪽박의 절망 사이에서 예측 불가능한 투자금융은 '성령'의 레토릭과 유사하다. 마치 세계금융위기와 무한경쟁 시스템하에서는 누구에게든 언제든 파산의 위험이 도사리고 있듯이, '왕의 재정'에서도 우리가 가진 모든 것은 우리의 소유가 아니라 신에게 속한 것이기에 순식간에 다 사라질 수 있다는 것을 강조한다. 이처럼 느닷없이 닥치는 예측불가능성, 파산(파괴)과 성공(창조)이라는 양면적 특성이 닮았다. 파생상품으로 얻은 기대 이상의

---

6 황춘화, "3000억짜리 사랑의교회 '바벨탑'은 무너지는 걸까요?", 「한겨레신문」, 2018년 1월 12일자.
7 최승현, "60억 예배당 건축 후 30억 빚더미, 결국 이단에 매각", 「뉴스앤조이」, 2018년 1월 20일자.

엄청난 부의 원천이 성령의 도우심으로 해석되는 간증의 공간에서 근검절약의 삶은 간증거리조차 되지 않는다.

거룩한 부자(성부) 담론을 유통하고 있는 인터뷰이들은 0.1%의 부자였던 김미진이 파산으로 100억을 빚진 상태에서, 신앙의 힘으로 4년 반 만에 다시 월 1억 이상 버는 부자가 되었다는 간증[8]에 깊이 감정이입하고 있었다. 한 인터뷰이의(F50C) 고백을 들어보자.

> "... 바닥난 돈 문제를 어찌(해결)하고 싶어서 지인 소개로 듣게 되었어요... 그분(김미진)이 아기 우유와 벤츠 간증 때 울었던 믿음의 자존심을 저에게도 주시라고 기도했어요. 이분 강의 듣고 말씀이 너무 좋아지더라구요. 말씀이 꿀같이 달다는 게 뭔지 알게 되었죠."[9]

이외에도 심층인터뷰를 통해 감당할 수 없는 빚 문제를 안고 있거나 바닥난 생활비를 마련할 대안이 없는 이들뿐만 아니라 더 많은 부를 원하는 이들이 '왕의 재정'을 적극 소비하고 있다는 것을 알 수 있었다. 이는 오늘날 투기금융 자본주의 사회에서는 재정적 위기에서 자유로운 계층이 없다는 것을 보여준다. 많은 소득을 원하는 탐욕은 "십일조를 제일 많이 내는 사람이 되게 해달라"는 신앙적 언어로 번역되면서 믿음 좋은 주체를 탄생시킨다. 이러한 방식으로 투자금융 자본주의의 문법에 안착한 오늘날의 크리스천 재정원리는 이 시대의 금융적 신앙주체를 생산하는 장치다. 또한 성부담론을 소비하고 유통하는 이들은 불확

---

8 김미진, 2014,『왕의 재정: 내 삶의 진정한 주인 바꾸기』(서울: 규장). 유튜브에는 다수의 동영상 강연이 있다.
9 이 인터뷰이에 관한 정보는 보론 2를 참조하라.

실성 시대의 두려움을 기도와 믿음으로 극복하려는 신앙적 주체다. 요 컨대 성부담론을 소비하는 주체는 채무관리와 신용관리, 나아가 금융 위기의 관리를 신앙적 버전으로 수행하는 자들이다. 이들은 믿음이라 는 비합리적 방안뿐만 아니라 합리적인 방법을 실천하는 데도 적극적 이다. 가령, 왕의 재정 워크북으로 재정관리의 원칙을 익히고, 주간 금 전출납부로 신앙적 방법의 금전관리를 하며, 하늘은행 통장으로 헌금 을 마련하고, 현금 사용을 위한 봉투를(의무사항, 요망사항, 필요사항, 심 고 거둠, 여윳돈 모으기 등) 마련하여 카드가 아닌 현금만을 사용함으로 써 빚지지 않는 생활을 도모하는 일들은 합리적 실천 사례라고 하겠다.

여섯째, 가난 문제에 대한 원인과 해결방안에 대한 설문조사에서 나 타났듯이 신앙심이 깊을수록, 교회활동을 오래 했을수록 자기계발에 대한 신뢰가 크다. 가난을 비롯한 경제적 위기의 돌파구를 개인의 노력 (자기계발, 자기관리, 신앙생활 등)에서 찾는 응답이 높은 것을 볼 때, 오 늘날 한국 개신교의 교회공간은 신자유주의의 자기계발적 주체 형성 장치라는 것을 알 수 있다. 지난 1990년대 이래 세계경제의 지배적인 원리로 부상한 신자유주의의 통치성은 누구든 자신의 목표를 스스로 추구할 자유를 강조했다. 자기계발이 강조될수록 자기애는 강해지고 공동체 의식은 약화되며, 이웃이나 소외된 자에 대한 보살핌에 대하여 취약할 수밖에 없다. 불확실한 미래와 불안한 현재의 최상의 대비책을 자기에서 찾는 자기계발담론은 극심한 경쟁사회에서 낙오되는 것도 성 공하는 것도 자기하기 나름이라는 신화를 유통시키고 있다. 교회공간 은 자기계발담론을 신앙 언어로 번안함으로써 무한경쟁의 시스템에 복 무하고 있다. 자기계발이 강조되면 공공 차원에서 관리되어야 할 위험 들을 각자의 신앙심 부족이나 능력계발 부족 등에서 찾음으로써 개인의 책임으로 돌리기 쉽다. 교회공간에 스며든 자기계발 문화와 자기계발의 신앙적 주체는 자본주의에 내재된 구조적 폭력성을 정당화하는 데 일조하는 셈이다.

V. 나가는 말

교회 전통과 성서에서 돈은 양가적이다. 예수의 제자가 되기 위해서는 가난의 삶을 선택해야 한다는 주장과 예수를 믿으면 축복받아서 부자 된다는 주장이 대립해왔다. 이 글은 개신교가 '돈'으로 표상되는 이 시대의 투자금융 자본주의와 깊이 연동되어 있다고 보고, 이에 대해 수행한 연차적 연구의 한 부분이다. 연구의 첫 주제는 후기자본주의시대 한국 교회의 '돈'담론을 분석하면서 개신교가 '돈'을 자신의 고유한 신성성의 언어와 의례로 번역/번안하는 맥락과 논리 그리고 그 효과를 탐구하였다. 그 결과물을 토대로 이번 연구에서는 '돈'담론을 수용하거나 소비하는 개신교인들의 태도와 의식을 설문조사와 인터뷰의 방법을 통해 추적하였다. '돈'의 논리가 관철되는 교회공간에서의 담론연구에 이어 담론 수용자에 대한 연구를 수행한 것이다. 결국 '돈'의 체계를 돌리는 것은 사람이기 때문이다.

이상에서 살펴본 결과, 오늘날 한국 개신교인에게 돈과 신앙은 매우 친화적인 관계임을 알 수 있다. 교회는 돈에 대한 욕망을 신성성의 언어로 번안하고 교인들은 '영적 세탁'을 거친 교회의 가르침을 수용하면서 '돈'의 지배력을 유지-강화하는 역할을 수행하고 있다. 그렇다고 해서 연구대상자들이 돈에 대한 교회의 가르침에 모두 동의하는 것은 아니

다. 심층인터뷰에서는 돈의 체계를 약화시키는 교인들의 모습이 드러
났다. '돈'의 논리가 관철되는 교회공간에서 신앙인들의 이러한 분열적
이고 복합적인 측면에 주목할 필요가 있다. 주지하다시피 종교적 인간
은 반성과 성찰의 회로를 거치면서 유한성을 넘어서는 자기-초월적 존
재다. 이러한 종교적 인간의 특성에 착안하여 '돈'의 논리에 포획된 한
국 교회를 넘어서려는 대안적 신앙공동체와 신앙인에 대한 연구는 차
후 과제로 남겨둔다.

참고문헌

김동호. 2001. 『깨끗한 부자』. 규장.

김동호. 2002. 『깨끗한 크리스천』. 규장.

김미진. 2014. 『왕의 재정: 내 삶의 진정한 주인 바꾸기』. 규장.

김영봉. 2003. "깨끗한 부자는 없다." 『기독교사상』 47(3). 기독교서회.

이숙진. 2016. "깨끗한 부와 거룩한 부: 후기자본주의시대 한국교회의 '돈'담론." 『종교연구』 제76집 2호. 한국종교학회.

최현종. 2017. "한국 교회 재정구조 분석: 한국 교회는 시장 체계를 뛰어넘을 수 있을까?" 『신학과 사회』 31권 3호. 21세기기독교사회문화아카데미.

황춘화. 2018. "3000억짜리 사랑의교회 '바벨탑'은 무너지는 걸까요?" 「한겨레신문」 1월 12일.

최승현. 2018. "60억 예배당 건축 후 30억 빚더미, 결국 이단에 매각." 「뉴스앤조이」 1월 20일.

이택환. 2014. "하늘은행에 입금하면 이자율이 3000%?" 「뉴스앤조이」 2월 5일.

【부록: 심층인터뷰 대상자】

※ 알파벳 M과 F는 남성과 여성, 숫자는 연령대, 마지막 알파벳은 첫 인터뷰 순서이다.

	녹취록	성	연령	직업	재정상태	교파/직분	출석교회	신앙년수	왕의 재정을 알게 된 계기
1	M60A	남	60대 초	사무직		감리교/장로	대형	모태신앙	sns, 서적
2	F40A	여	40초	전업주부		장로교/집사	초대형	20년 이상	지인
3	F50B	여	50대 초	서비스업	중산층	장로교/권사	초대형	20년 이상 주 3-7회 참석	지인
4	F50C	여	50대 중	전업주부	중산층	독립교단/권사	중형	20년 이상 주 3-7회 참석	지인 유튜브
5	M50B	남	50대 초	상업	중산층	침례교/ 장로	대형	모태신앙	지인
6	M60C	남	60초 반	전문직	중산층	장로교/평신도	대형	10-20년	지인, 서적

천주교 신자에게 나타나는 부(富)의 정도와
사회교리 간 상관관계
─ 설문조사를 통하여 드러난 결과를 중심으로

김 혜 경

(사)한국그리스도사상연구소 연구위원

I. 들어가는 말

프란치스코 교황은 회칙「복음의 기쁨」에서 '돈의 우상화' 현상과 함께 신자들의 신앙생활을 위협하고 있는 다양한 물질문명에 대해 경고의 메시지를 준 바 있다. 물질문명의 편리함과 물질만능주의 사고방식이 팽배한 사회에서 천주교 신자들의 중산층화에 이어 교회 공동체 안에서 존재의 양극화를 야기하고 신앙과 일상생활의 간극을 넓히는 여러 형태에 주의와 주목을 당부했다고 볼 수 있다.

가톨릭교회의 사회교리서와 여러 교황교서 및 회칙 등에서 강조하고 있는 가르침과는 달리, 또 최근 들어 프란치스코 교황이 보여주고 있는 행보와 사목방향과는 달리, 신자들의 삶의 현장과 가르침 간의 괴리는 점점 커져가는 것 같다. 이런 막연한 추측을 여러 가설로 세워 실제로 현대사회에서 '돈/자본'의 많고 적음과 그에 따른 신앙관, 정치관, 사회문화관을 알아보고 교회의 가르침과 삶의 괴리 현상을 현장조사를 통해 살펴보고자 연구를 개진하였다.

조사의 형태는 설문조사로 했고, 서울교구, 수원교구, 가톨릭신문사 등에서 표본으로 추출한 대상을 중심으로 실시하였다. 표본대상은 연령대와 성별을 고려하여 골고루 추출했으며, 응답률은 99%에 총 250명 내외를 대상으로 하였다. 20대, 30대, 40대, 50대, 60대 각각 남녀 50여 명씩이다.

각 교구청과 교회에서 운영하는 각종 사업체 직원을 대상으로 하려던 원래 계획과는 달리 주일미사에 참석하는 신자 개인으로 조사대상을 옮긴 것은 교회 내 사업체 직원들 역시 신자 개인이라는 점과 조사결과를 교회 당국과 공유함으로써 교회 차원의 사목방향에 도움이 되도록 하기 위해서다. 교회의 사목계획과 신자들의 실제 삶의 현장이 얼마나 동떨어져 있는지 파악하는 것은 교회나 신자 개인 모두에게 중요하다고 판단했다. 신앙을 가진 사회구성원들이 사회생활에서 좀 더 공적이고 보편적인 질서를 추구하며, 이를 통해 공공성을 확보하고 공동선을 구현하는 등 사회정의 추구의 원동력이 되기 때문이고, 이것이 현대사회가 교회 혹은 신앙인에게 거는 기대라고 생각하기 때문이다.

따라서 본 연구는 앞선 논문에서 진단했던바, 또 그동안 통계청과 한국갤럽 등에서 한국의 종교 인구를 대상으로 분석한바, 천주교 신자가 가장 많은 중산층 인구 분포를 보인다는 견해를 확인하고(김혜경, 2016,

315-339), 천주교 신자들 사이에서 드러나는 교회의 가르침과 삶의 현장 간 괴리의 척도로 '사회문제'에 대한 반응 정도를 살펴보았다. '부(富)의 정도와 정치관 및 사회문제의 참여'는 이 점을 잘 보여주리라고 생각한다. 나아가 이것이 신자들의 '신앙생활의 정도와 사회교리 실천 간 상관관계'로 이어지는지를 통해 교회의 가르침과 삶의 현장 간 괴리 현상을 밝힐 수 있을 것이라고 생각한다.

그러므로 본고는 지금까지 조사된 '천주교 신자들의 신앙 관련 의식조사'[1]와 달리 오늘날과 같은 소비자본주의 시대를 살며, '경제' 혹은 '자본' 등의 애매한 말로 에둘러서 말하는 것이 아니라, 그냥 확실하게 '돈'을 어떻게 인식하고 있는지 여러 관점에서 살펴보는 데 역점을 두었다. 그것이 신앙생활에 어떤 영향을 미치고 어떤 사회인으로 행동하는지 알 수 있는 중요한 자료가 될 것이라고 믿기 때문이다. 다만 설문지가 박근혜 정부 마지막 탄핵 국면에서 작성된 만큼, 당시 사회 분위기가 고려되어야 할 것임을 미리 밝혀둔다.

---

1 관련하여 진행된 의식조사는 〈가톨릭신문사〉에서 창간 60주년 기념으로 실시한 『가톨릭 신자의 종교의식과 신앙생활』(1988)을 가장 먼저 들 수 있다. 신자들의 신앙을 종교의식과 신앙생활이라는 두 축으로 구분하여 규명함으로써 이후 교회 안팎의 많은 사회조사에 기초자료가 되었다. 1990년대에 접어들어 교회 내에서의 조사는 더 활발하게 진행되었다. 〈가톨릭신문사〉의 조사방법을 토대로 제44차 세계성체대회준비위원회 신심분과에서 시행한 『한국교회의 성체성사』(1990)와 광주대교구에서 시행한 『천주교 신자의 종교의식과 신앙생활』(1990), 한국여자수도회장상연합회에서 주관한 『수녀들의 사도직 활동에 대한 성직자의 의식조사』(1993), 우리신학연구소와 새 세상을 여는 천주교 여성공동체가 공동으로 실시한 『한국 천주교 여성신자 실태 및 의식조사』(1995), 대전교구에서 선교와 냉담을 주제로 실시한 『신자의식 실태조사』(1996) 등이 있었다. 이 중 『한국 천주교 평신도의 신앙생활 실태』(1994)는 큰 성과로 손꼽히고 있다. 교회의 사목방향과 선교 활동에 도움을 준 귀중한 연구 성과로 평가되었다.

II. 부(富)의 정도와 정치관 및 사회문제 참여

한국사회에서 다른 종교인에 비해 천주교 신자가 '중산층'을 이루는 비율이 가장 높다는 기존의 연구가 사실인지 확인하기 위해 기본질문을 아래와 같이 하였다. 관련 질문은 크게 두 가지 다른 형태로 했다. 가족의 월 평균 가계소득(질문 1-2)과 가족자산(질문 1-3)으로 물었다. 아래에 제시하는 것이 설문 문항과 그에 대한 응답률이다.

질문 1-2) 현재 함께 살고 계신 가족의 월 평균 소득은 어느 정도인가요?
    ① 150만 원 이하 ② 300만 원 이하 ③ 500만 원 이하
    ④ 700만 원 이하 ⑤ 1000만 원 이하 ⑥ 1000만 원 이상

〈표 4-1〉 가계소득에 대한 응답률

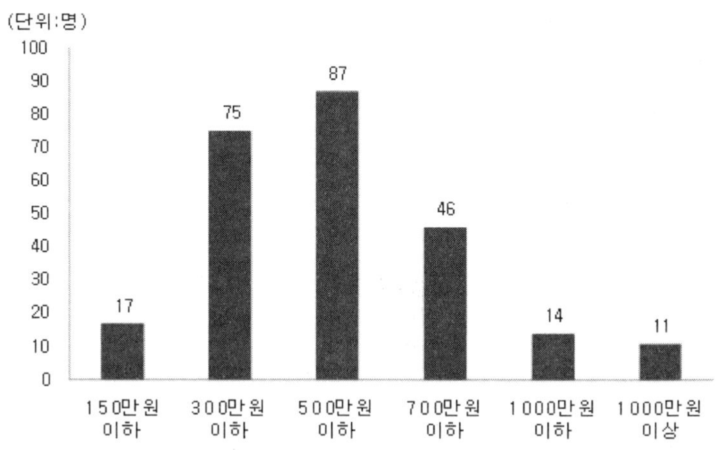

총 응답자 250명 가운데 150만 원 이하 17(7%), 300만 원 이하 75(30%), 500만 원 이하 87(35%), 700만 원 이하 46(18%), 1000만

원 이하 14(6%), 1000만 원 이상 11(4%)로 나타났다. 이것은 150만 원 이하 빈곤층이 전체의 7%에 지나지 않고, 이를 포함한 300만 원 이하는 전체 37%를 차지한다는 것은 300만 원 이상 700만 원 이하가 53%로 전체의 반수 이상을 차지함으로써 기존의 주장이 사실임을 확인해주었다. 700만 원과 1000만 원 이상도 10%를 차지하고 있어 빈곤층 7%보다 높다는 것을 알 수 있었다. 한 마디로 월평균 소득기준으로 봤을 때, 천주교 신자들은 빈곤층보다는 비교적 부유층이 많다는 것이 확인된 셈이다.

이것을 그래프로 봤을 때 〈표 4-1〉과 같다. 그래프상에서도 월평균 소득이 300만 원 이하에 비해 700만 원 이하가 훨씬 많다는 것을 알 수 있다. 즉 150-300만 원보다는 300만 원 이상 700만 원이 가장 높은 비율을 차지하고 그 이상도 최하위층에 비해 많다는 것이다.

유사한 질문으로 '가족의 자산'에 대해서도 물었다. 이것은 천주교 신자 중 중산층 인구의 기준으로서 월평균 소득으로만 삼기에는 불안감이 있다는 취지에서였고, 아마도 자산정도가 실제 부(富)일 확률이 높다는 취지에서였다. 한마디로 중산층 인구의 변화 가능성을 알 수 있는 척도가 된다고 보았기 때문이다. 월평균 소득은 유동적이지만 '가족의 자산'은 고정적일 수 있기 때문이다.

질문 1-3) 현재 함께 살고 계신 가족의 자산은 어느 정도인가요?(동산, 부동산 포함)
    ① 5천만 원 이하 ② 1억 원 이하 ③ 3억 원 이하
    ④ 5억 원 이하 ⑤ 10억 원 이하 ⑥ 10억 원 이상

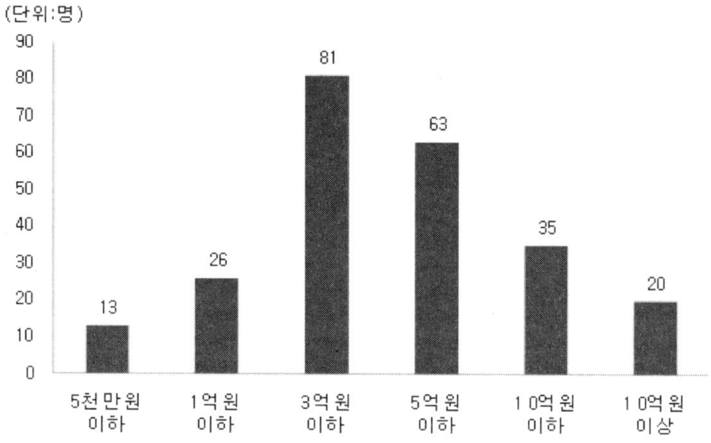

이 질문에 대한 응답은 아래의 〈표 4-2〉와 같이 나왔다.

5천만 원 이하 13(5%), 1억 원 이하 26(11%), 3억 원 이하 81(34%), 5억 원 이하 63(26%), 10억 원 이하 35(15%), 10억 원 이상 20(8%)으로 최하위 5%보다 최상위 8%가 높게 나타났고, 중간계층에 속하는 3억 원 이하-5억 원 이하가 60%로 반수 이상을 차지했다.

그래프에서 보듯이 1억 원 이하와 3억 원 이하 사이에는 커다란 간극이 존재하고 3억 원 이하부터 10억 원 이상까지의 비율이 대체로 높게 나타나고 있는 것을 알 수 있다.

위의 두 질문을 통해 기존의 가설 "천주교 신자는 대체로 중산층을 이룬다"는 것은 사실이라고 볼 수 있다.

한편 중산층을 이루고 있는 신자들의 정치적 성향을 알고자 아래와 같은 질문을 했다. 질문은 "천주교 신자 중 부자는 정치관이 보수적이고, 중간계층에서 보수와 진보가 갈린다"는 가설을 확인하기 위한 것이었다. 더 구체적으로는 교회 안팎에서 회자되고 있는 대수천(대한민국 수호 천주교인 모임)과 정구평(천주교정의구현평신도단) 혹은 정구사(천주교정의구현전국사제단)가 어떤 부(富)의 형태를 보이는지, 정치관과 부(富)의 정도가 실제로 상관관계가 있는지를 확인하기 위해서다. 이를 위해 설문 대상이 되는 신자들에게 아래와 같이 직접적으로 물었다.

질문 32) 귀하의 정치관은 대체로 어떤 성향이라고 생각하십니까?
　　　　① 매우 보수적이다 ② 약간 보수적이다
　　　　③ 약간 진보적이다 ④ 매우 진보적이다

<표 4-3> 신자들의 정치 성향

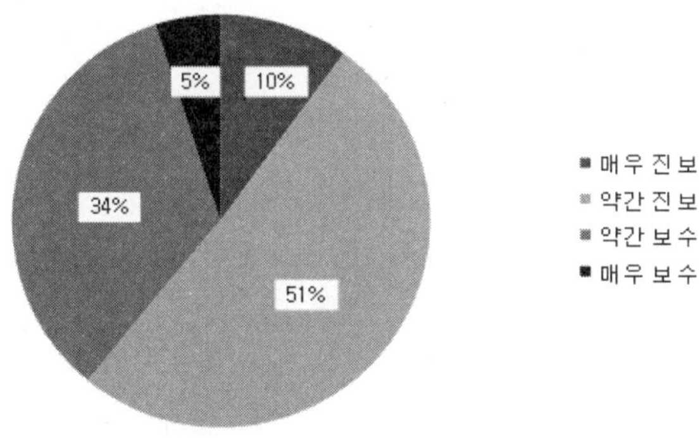

　　질문 32)에 대한 응답은 전체 응답자 250명 가운데 매우 보수 14(5%), 약간 보수 84(34%), 약간 진보 127(51%), 매우 진보 25(10%)명으로 나타났다. 이를 통해 천주교 신자들은 진보가 61%, 보수가 39%로 대체로 진보 성향의 비율이 월등히 높은 것으로 드러났다.

천주교 신자들의 정치관이 진보 성향을 띠고 있다는 응답 결과는 '부자들이 보수적이고 중간계층은 보수와 진보로 나뉜다'는 가설에는 부합하지 못하는 결과라고 할 수 있다.

이 점을 확인하기 위해 앞의 질문 1-2)과 질문 1-3)을 질문 32)와 상관분석을 통계전문가에게 의뢰하였다. 그 결과 질문 1-2)과 질문 32)의 관계로, 가족 월평균 소득과 정치 성향 간 관계는 아래의 분석표에서 보듯이 유의미한 상관관계가 없는 것으로 나타났다.

〈표 4-4〉 가족 월평균 소득과 정치 성향 간 관계

		월 평균 소득	정치관
월 평균 소득	Pearson 상관	1	.000
	유의확률(양측)		.999
	N	250	243
정치관	Pearson 상관	.000	1
	유의확률(양측)	.999	
	N	243	249

유의확률이 0.999로 유의수준 0.05보다 훨씬 높으므로 기존의 가설과는 상당한 차이를 보인다. 한마디로 '천주교 신자의 가족 월 평균 소득과 정치 성향'은 통계적으로 유의한 상관관계에 있다고 할 수 없는 것이다.

그러나 신자들의 가족 자산과 정치 성향을 알 수 있는 질문 1-3)과 질문 32)의 상관관계에서는 흥미 있는 결과가 나타났다. 아래의 분석표 〈표 4-5〉에서 보듯이 부정적인 측면에서 약간의 연관성이 있는 것으로, 자산이 많은 신자일수록 보수적인 정치성향을 갖는다고 할 수 있다.

<표 4-5> 가족자산과 정치 성향 간 관계

		자산	정치관
자산	Pearson 상관	1	-.112
	유의확률(양측)		.088
	N	238	233
정치관	Pearson 상관	-.112	1
	유의확률(양측)	.088	
	N	233	249

　〈표 4-5〉에서 유의확률은 0.088로 유의수준 0.05보다 크기 때문에 기존의 가설이 전적으로 옳다고 말할 수는 없지만, 그 값이 0.05에 가까우므로 천주교 신자의 자산과 정치성향에는 어느 정도 연관성이 있다고 말할 수 있는 것이다. 다시 말해서 가족자산이 많은 천주교 신자의 경우 보수적인 정치성향을 지니고 있고, 자산이 적을수록 진보적인 정치 성향을 갖는다고 말할 수 있는 것이다.

　그렇다면 '보수적인 혹은 진보적인 정치 성향'이라는 기준은 무엇일까? 그 범주를 안보에 관한 시각과 관련하여 '한반도 평화문제'에 대한 생각으로 물었다.

질문 34) 한반도의 평화를 위협하는 가장 주된 요인은 무엇이라고 생각하십니까?
① 북한의 핵개발 ② 남한의 친북세력 ③ 미국의 사드 배치
④ 일본의 재무장 ⑤ 중국의 영향력 확장 시도 ⑥ 정부의 무능력
⑦ 모름/무응답

　이 질문에 대한 응답은 보수와 진보적인 정치성향에 따라 확연히 다

른 답변을 한 것으로 나타나, 그것을 정치성향 질문 32)에 대한 답변과 함께 분석하는 것이 필요할 것 같아 두 응답의 결과를 교차분석했더니 〈표 4-6〉과 같이 나타났다.

〈표 4-6〉 정치관 × 평화 위협 요인 교차표

		평화 위협 요인							전체
		북한의 핵 개발	남한의 친북세력	미국의 사드 배치	일본의 재무장	중국의 영향력 확장	정부의 무능력	무응답	
매우 보수적이다	빈도	9	3	0	0	1	0	1	14
	정치관 중 %	64.3%	21.4%	0.0%	0.0%	7.1%	0.0%	7.1%	100.0%
약간 보수적이다	빈도	33	11	1	0	4	29	2	80
	정치관 중 %	41.3%	13.8%	1.3%	0.0%	5.0%	36.3%	2.5%	100.0%
약간 진보적이다	빈도	46	1	6	1	7	58	4	123
	정치관 중 %	37.4%	0.8%	4.9%	0.8%	5.7%	47.2%	3.3%	100.0%
매우 진보적이다	빈도	5	2	3	1	1	12	0	24
	정치관 중 %	20.8%	8.3%	12.5%	4.2%	4.2%	50.0%	0.0%	100.0%
전체	빈도	93	17	10	2	13	99	7	241
	정치관 중 %	38.6%	7.1%	4.1%	0.8%	5.4%	41.1%	2.9%	100.0%

교차표에서 볼 수 있듯이 '매우 보수적이다'고 응답한 경우, 한반도 평화를 위협하는 첫 번째 요인으로 '북한의 핵 개발'(64.3%)을 들었고, 두 번째 요인으로 '남한의 친북세력'(21.4%)을 꼽은 반면에 '중국의 영향력 확장'(7.1%), '정부의 무능력'(0%)을 꼽았다. '약간 보수적이다'고 응답한 경우에도 '북한의 핵 개발'(41.3%)을 첫 번째 요인으로 들었으나 두 번째 요인으로는 '정부의 무능력'(36.3%)을 들어 '매우 보수적'이라고 응답한 사람들과 큰 차이를 보였다. 그 다음으로는 '남한의 친북세력'(13.8%), '중국의 영향력 확장'(5.0%), '미국의 사드 배치'(1.3%)를

들었다. 국제관계와 관련하여 보수성향을 지닌 사람들은 대체로 '미국의 사드 배치'나 '일본의 재무장'에는 크게 관심이 없는 데(매우 보수적이다는 둘 다 0%, 약간 보수적이다에서 사드 배치만 1.3%) 반해, 중국의 영향력 확장에는 매우 보수적이다 7.1%, 약간 보수적이다 5.0%로 관심을 보이는 것으로 나타났다. 중국에 비해 미국과 일본에 편향된 자세를 보이고 있다고 할 수 있다.

한편, '매우 진보적이다'고 응답한 경우는 '정부의 무능력'(50.0%)을 한반도 평화를 위협하는 첫 번째 요인으로 꼽았고, 이어서 '북한의 핵 개발'(20.8%), '미국의 사드 배치'(12.5%), '남한의 친북세력'(8.3%) 순이었고 '일본의 재무장'과 '중국의 영향력 확장'을 동일하게(4.2%) 꼽았다. '약간 진보적이다'는 입장을 표명한 응답자들 중에서 한반도 평화를 위협하는 요인으로 가장 높은 응답률을 보인 것은 '정부의 무능력'(47.2%)로 역시 '매우 진보적이다'고 생각하는 사람들과 같았고, 이어서 '북한의 핵 개발'(37.4%), '중국의 영향력 확장'(5.7%), '미국의 사드 배치'(4.9%)를 꼽았다. '남한의 친북세력'과 '일본의 재무장'은 0.8%로 동일하게 나타났다. 국제적인 관계와 관련하여 '매우 진보적'인 성향을 지닌 사람들은 '미국의 사드 배치'(12.5%)를 일본과 중국의 움직임에 비해 크게 바라보고 있는 반면에 '약간 진보적'인 성향은 '중국의 영향력 확장'을 5.7%로 미국(4.9%)과 일본(0.8%)에 비해 중국을 견지하는 입장으로 해석된다.

그러나 이 교차분석에서 가장 눈에 띄는 것은 보수와 진보의 이런 응답률보다는 가장 우편에 있는 응답률 자체에 대한 통계다. 보수적인 정치성향을 지닌 사람일수록 이 문항에 대한 응답률이 적었고, 진보적인 성향일수록 응답률이 높았다는 것이다. 무응답률도 매우 진보가 0%

인 데 비해 매우 보수는 7.1%로 나타났다.

보수성향과 진보성향의 신자 구분이 중요한 것은 '사회문제에 대한 참여도'와 직접적으로 연관이 있고, 그것은 곧 '사회교리의 실천'으로 이어지기 때문이다. 교회와 신앙인이 사회문제에 적극적으로 참여해야 하느냐에 대한 생각은 보수성향의 신자일수록 '그렇지 않다', '매우 그렇지 않다'고 대답한 반면에, 진보성향의 신자일수록 '매우 그렇다', '그렇다'로 나타나 기존의 가설 "자산이 많은 부자 신자일수록 정치성향이 보수적이고, 교회가 사회문제에 개입하는 것을 반대한다"는 것에 일치하는 것을 확인할 수 있었다.

다음은 언급한 질문과 그에 대한 응답률이다.

질문 11) 교회와 신앙인은 사회문제에 적극적으로 참여해야 한다고
생각하시는지요?
① 매우 그렇다 ② 그렇다 ③ 보통이다 ④ 그렇지 않다
⑤ 매우 그렇지 않다

〈표 4-7〉 사회문제 참여에 대한 응답률

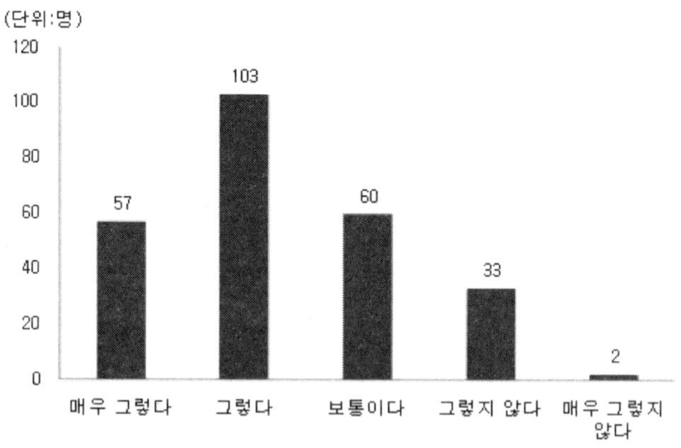

총 응답자 255명 가운데 매우 그렇다 57(22%), 그렇다 103(40%), 보통이다 60(24%), 그렇지 않다 33(13%), 매우 그렇지 않다 2(1%)로 나타나, 천주교 신자의 경우 사회문제에 대체로 참여해야 한다고 보는 견해가 62%로 반대하는 경우 14%에 비해 월등히 높았다. 이것은 "자산이 많은 부자 신자일수록 정치성향이 보수적이고, 교회가 사회문제에 개입하는 것을 반대한다"고 생각하는 신자의 비율이 매우 낮다는 것을 의미하기도 한다. 천주교 신자는 중간 정도의 자산에 정치성향이 대체로 진보적이고 교회가 사회문제에 개입하는 것을 지지한다고 볼 수 있는 것이다.

또 다른 교차분석으로 '사회교리 실천과 한국사회의 평화를 위협하는 요인' 간의 상관관계를 살펴보았다. 질문 11)에 따른 응답 결과를 '한반도 평화를 위협하는 요인'에 대한 답변과 비교한 것이다.

아래의 〈표 4-8〉에서 맨 왼쪽 칸의 빈도수 1은 '사회문제에 매우 적극적으로 참여해야 한다'는 것이고, 2는 '적극적으로 참여해야 한다', 3은 '대체로 참여해야 한다'는 것이며, 4는 '참여하지 말아야 한다', 5는 '절대 참여하지 말아야 한다'는 것이다.

〈표 4-8〉 사회교리 실천 × 평화 위협 요인 교차표

	평화 위협 요인						전체
	북한의 핵개발	남한의 친북세력	미국의 사드 배치	일본의 재무장	중국의 영향력 확장	정부의 무능력	무응답

1.0	빈도	21	2	3	1	3	24	2	56
	사회교리 실천 중 %	37.5%	3.6%	5.4%	1.8%	5.4%	42.9%	3.6%	100.0%
2.0	빈도	36	3	6	1	5	46	1	98
	사회교리 실천 중 %	36.7%	3.1%	6.1%	1.0%	5.1%	46.9%	1.0%	100.0%
3.0	빈도	22	3	1	0	3	22	5	56
	사회교리 실천 중 %	39.3%	5.4%	1.8%	0.0%	5.4%	39.3%	8.9%	100.0%
4.0	빈도	13	8	0	0	2	7	1	31
	사회교리 실천 중 %	41.9%	25.8%	0.0%	0.0%	6.5%	22.6%	3.2%	100.0%
5.0	빈도	0	1	0	0	0	0	0	1
	사회교리 실천 중 %	0.0%	100.0%	0.0%	0.0%	0.0%	0.0%	0.0%	100.0%
전체	빈도	92	17	10	2	13	99	9	242
	사회교리 실천 중 %	38.0%	7.0%	4.1%	0.8%	5.4%	40.9%	3.7%	100.0%

위의 〈표 4-8〉에서 사회교리 실천 빈도가 1에 해당되는 '사회문제에 적극적으로 참여해야 한다'는 사람일수록 한반도 평화를 위협하는 요인으로 '정부의 무능력'(42.9%), '북한의 핵 개발'(37.5%), '미국의 사드 배치'와 '중국의 영향력 확장'이 동일하게 5.4%, '남한의 친북세력'(3.6%), '일본의 재무장'(1.8%) 순으로 대답한 반면에, 사회교리 실천 빈도가 5에 해당되는 '신앙인의 사회문제 참여'에 부정적인 응답을 한 사람일수록 평화를 위협하는 요인으로 오로지 '남한의 친북세력'을 100%로 꼽았다. 반면에 사회교리 실천 빈도가 4에 해당하는 '참여하지 말아야 한다'는 사람은 '북한의 핵 개발'을 41.9%로 가장 높게 꼽았고, 이어서 '남한의 친북세력'(25.8%), '정부의 무능력'(22.6%), '중국의 영향력 확장'(6.5%)을 꼽았다. '미국의 사드 배치'와 '일본의 재무장'은 전혀 영향을 미치지 않는다고 보았다.

그러므로 경제적인 격차와 교회의 신앙에 대한 포괄적인 가르침 간에는 표면적으로는 큰 간극이 있는 것으로 보이지 않으나, '자산-정치적 성향-사회문제 참여' 간 상관관계는 기존의 가설에서 크게 벗어나지 않는 선에서 어느 정도 간극은 분명히 존재한다는 것을 알 수 있었다.

눈에 띄는 것은 어버이연합과 대수천(대한민국을 수호하는 천주교 어버이연합)의 활동은 보수성향을 지닌 신자들에게도 '사회문제 참여'로 간주되지 않는다는 사실이다. 신자들의 '사회문제 참여'라는 명제에는 '안보'나 '보수권력의 수호'라는 과제보다는 부정부패(적폐) 척결이나 공적인 사회문제로서 불평등의 구조와 공공성 확보가 깊이 인식되어 있다는 것을 알 수 있다. 이것을 확인해주는 것이 보수 지지층의 사회교리 실천에 대한 부정적인 견해라고 할 수 있다.

III. 신앙생활 정도와 사회교리의 실천

천주교 신자들의 신앙관과 삶의 현실에서 드러나는 실천의 문제에 천착하여 보다 심도 있는 조사내용을 살펴보기로 하겠다. 이를 위해 먼저 신자들의 신앙생활 정도와 사회교리 실천 간 상관관계를 아는 것이 중요할 것으로 판단되어 우선 신앙생활의 연배와 미사 참식 빈도수를 알아보기로 하였다. 이와 연관하여 신자들의 근본주의 성향이 사회문제 참여(혹은 사회교리 실천)에 어떤 영향을 미치는지를 살펴볼 수 있기 때문이다.

조사대상으로 뽑힌 신자들의 신앙생활 정도를 통해 천주교 신자의 경우 새신자 비율보다는 신앙생활을 어느 정도 한 사람들이 많은 부분을 차지한다는 것을 알 수 있었다. 질문은 다음과 같다.

〈표 4-9〉 신앙생활 정도

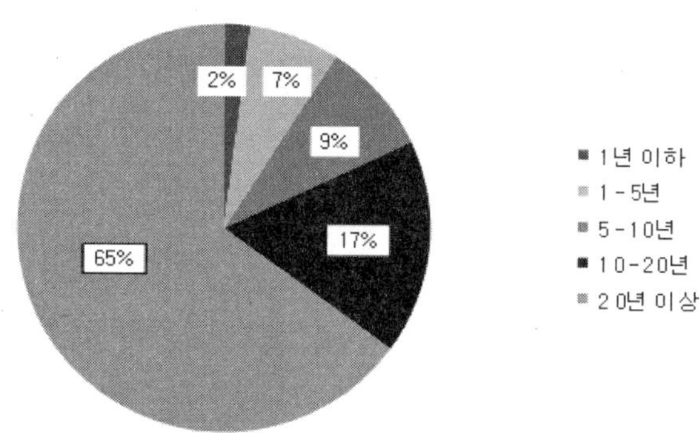

이 질문에 대한 응답자 수는 전체 254명 가운데 1년 이하는 4명에 불과한 2%였고, 1-5년이 18명 7%, 5-10년 22명 9%, 10-20년이 44명으로 17%를 차지한 반면에 이들을 모두 합친 것보다 월등히 많은 20년 이상 신앙생활을 한 신자들이 166명 전체의 65%를 차지했다.

조사대상을 미리 선별하여 진행한 것이 아니라는 점을 고려하더라도, 조사대상이 주일미사에 참석하는 신자들이라는 점과 조사자 입장에서 조사에 쉽게 응해줄 수 있는 대상을 선정할 수밖에 없는 조사의 한계를 드러내고 있다는 점을 배제해서는 안 될 것이다. 이 점을 고려하여 분석에 반영해야 할 것으로 판단된다.

이런 틀 위에서 아래와 같이 미사참석 빈도를 살펴보았다. 질문은 다음과 같이 이어졌다.

질문 4) 미사에 얼마나 자주 참석하십니까?
　　　① 일주일에 7회 이상 ② 일주일에 3~6회 ③ 일주일에 1~2회
　　　④ 한 달에 1~2회 ⑤ 1년에 1~2회

〈표 4-10〉 미사참석 빈도

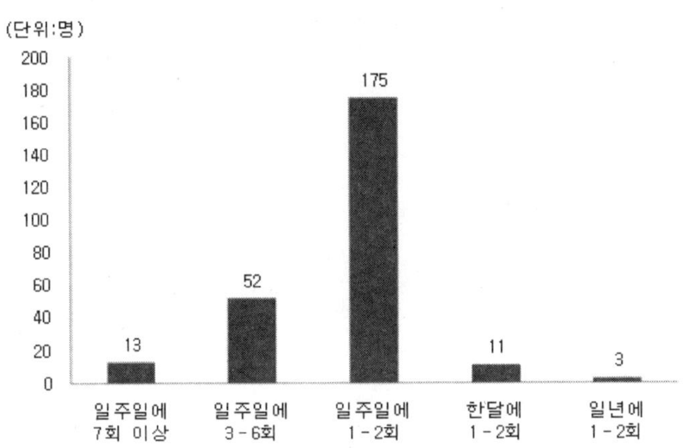

　총 응답자 수 254명 중 일주일에 7회 이상 13(5%), 일주일에 3-6회 52(20%), 일주일에 1-2회 175(69%), 한 달에 1-2회 11(4%), 1년에 1-2회 3(1%)로 나타났다. 오래된 신자들의 미사에 대한 인식은 일주일에 7회 이상, 곧 매일 미사에 참석하는 신자 비율(5%)이 거의 냉담 신자에 가까운 1년에 1-2회 참석한다는 비율(1%)보다 높았다. 대부분의 신자들이 주 1-2회, 주일미사에 참석하는 것으로, 이들의 자산 정도, 정치관, 사회문제 참여에 대한 인식 등을 통해 본 연구의 목적인 교회의 가르침과 신앙생활의 간극을 충분히 알 수 있다고 판단된다. 즉, 본 연구의 조건을 충분히 만족시켜주고 있다고 할 수 있다.

　한 걸음 더 들어가, 질문 3)과 질문 11), 질문 4)와 질문 11)에 대한 결과를 가설 ① "사회문제에 적극적으로 참여하는 데 있어 신앙생활 기간은 영향을 주지 않는다", 가설 ② "사회문제에 적극적으로 참여하는 데 있어 미사참석 빈도는 영향을 주지 않는다"는 전제하에 이 둘을 분석해보았다. 이를 위해 위의 두 질문에 대한 응답을 살펴보니 〈표 4-11〉과 같이 나타났다.

〈표 4-11〉 계수[a]

모형		비표준화 계수		표준화 계수	t	유의확률
		B	표준오차	베타		
1	(상수)	3.505	.393		8.916	.000
	신앙의 연배	-.174	.060	-.180	-2.887	.004
	신앙의 깊이	-.164	.092	-.112	-1.790	.075

a. 종속변수: 사회교리 실천

　언급한 가설에 대한 유의확률 0.004, 0.075는 유의수준 0.05에서 신앙생활 기간만 유의미한 변수로 드러나고 있는 것을 알 수 있다.

　즉 천주교 신자는 신앙생활 기간이 길수록 사회문제에 적극적으로 참여해야 한다고 생각하는 것과는 달리, 신앙의 깊이라고 볼 수 있는 미사참석의 빈도와 사회문제 참여 사이에는 별 연관성이 없는 것으로 나타났다. 이것은 신앙생활과 사회생활이 얼마나 괴리가 있는지를 여실히 보여주는 측면이라고 할 수 있다. 실제로 신자 공동체에서 신앙생활을 얼마나 했는지 평소에 알기란 쉬운 일이 아니다. 스스로 세례 받은 지 얼마 되었다고 말하기 전까지는 신자 공동체 안에서 미사참석 빈도만이 가시적인 신앙생활의 척도라고 할 수 있다. 그런데 그것이 사회문제 참여와 별개의 것이라면, 현재 프란치스코 교황의 가르침을 교회가 제대로 알리지 않았거나, '신앙 따로' vs '삶 따로'인 신자들이 그만큼 많다는 것을 입증한다고 하겠다. 이것은 사회교리 실천의 문제와도 연관된 것으로, 가난한 사람들을 구제하는 문제에 어떻게 반응하느냐 하는 것과도 연결되는 문제로 나타났다.

질문 3)과 질문 4)에서 살펴본 신앙생활의 연배와 깊이가 개인의 신앙관과 어떤 관련이 있는지를 살펴보기 위해 몇 가지 아래와 같은 질문을 하였다. 이것은 신자의 근본주의 성향을 살펴보기 위한 것이기도 하다. 다종교 사회인 한국에서는 필수불가결한 것으로, 미래 종교분쟁의 소지를 진단해볼 수 있는 척도로 삼아도 될 것으로 판단된다. 질문은 다음과 같다.

질문 6) 다른 종교나 가르침에도 진리가 있다고 생각하시는지요?
    ① 매우 그렇다 ② 그렇다 ③ 보통이다 ④ 그렇지 않다 ⑤ 매우 그렇지 않다

<표 4-12> 타종교의 진리에 대한 태도

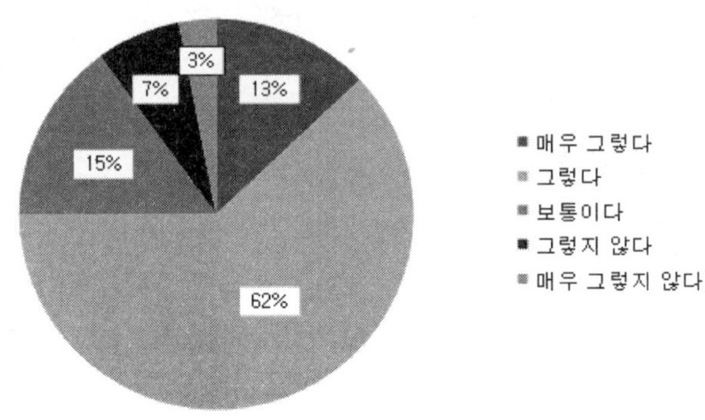

이 질문에 대한 전체 응답자 수는 254명이었다. 그중 매우 그렇다 33 (13%), 그렇다 157(62%), 보통이다 38(15%), 그렇지 않다 18(7%), 매우 그렇지 않다 8(3%)로 나타났다. 한마디로 긍정적인 응답, 곧 다른 종교나 가르침에도 진리가 있다고 생각하는 사람들이 75%로, 부정적인 응답(다른 종교나 가르침에는 진리가 있다고 생각하지 않는다) 10%에 비해 월등히 높았고, 진리 문제에서 불분명하게 응답한 '보통이다' 15%에 비해서도 크게 높았다. 이 점을 부정적인 응답으로 두어도 전체 25%로 긍정적인 응답 75%에 비해 3배 적게 나타남으로써 천주교 신자들은 적어도 진리 문제에는 매우 관용적인 태도를 보이는 것을 알 수 있었다.

신자들의 근본주의 종교성향을 알 수 있는 또 다른 지표로 구원관에 대한 질문도 있었다. 이 질문은 진리에 대한 시각과는 달리 훨씬 근원적인 신앙문제에 대한 시각이라고 할 수 있다.

질문 7) 다른 종교나 가르침에도 구원이 있다고 생각하시는지요?
　　　① 매우 그렇다 ② 그렇다 ③ 보통이다 ④ 그렇지 않다 ⑤ 매우 그렇지 않다

〈표 4-13〉 타종교의 구원에 대한 태도

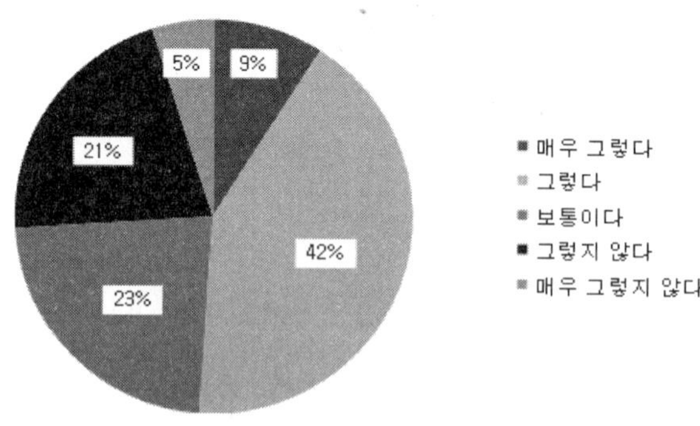

위 질문에 대한 응답은 총 252명 중 다른 종교나 가르침에도 구원이 있다고 생각한다는 긍정적인 답변이 매우 그렇다(22명) 9%, 그렇다(105명) 42%로 전체 51%를 차지한 반면에, 부정적인 답변은 그렇지 않다(53명) 21%, 매우 그렇지 않다(13명) 5%로 총 26%로 나타났다. 눈에 띄는 것은 진리에 관한 시각이 총 254명 중 38명(15%)이 '보통이다'고 응답한 것과는 달리, 구원에 관한 시각에서 '보통이다'고 응답한 사람은 총 252명 중 59명(23%)로 매우 높게 나타났다. 이것은 부정적인 응답과 크게 차이가 없는 것으로, 구원 문제에서는 진리에 관한 문제보다 덜 관용적이라는 것을 알 수 있다. 진리에 관한 시각이 관용적이라는 것은 뒤이은 질문 '다른 종교나 가르침에도 선함이 있다고 생각하느냐'에 대한 응답을 통해 재차 확인할 수 있다.

질문 8) 다른 종교나 가르침에도 선함이 있다고 생각하시는지요?
① 매우 그렇다 ② 그렇다 ③ 보통이다 ④ 그렇지 않다 ⑤ 매우 그렇지 않다

〈표 4-14〉 타종교의 선함에 대한 태도

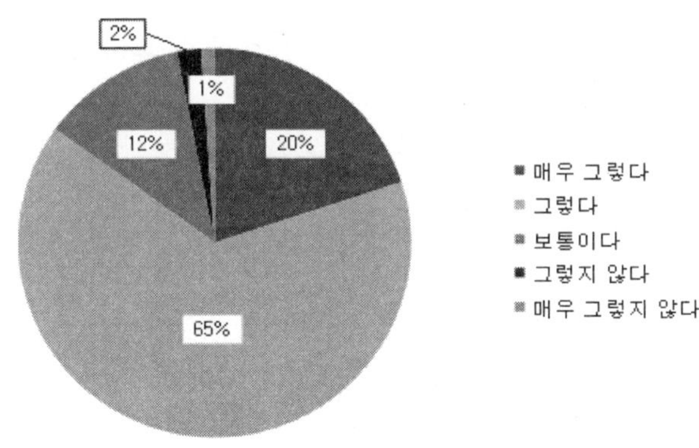

위 질문에 대한 총 응답자 수 254명에서 다른 종교나 가르침에도 선함이 있다고 생각한다는 긍정적인 답변을 한 사람들이[매우 그렇다 50(20%), 그렇다 166(65%)] 전체의 85%를 차지함으로써 부정적인 답변[그렇지 않다 5(2%), 매우 그렇지 않다 2(1%)]을 한 3%에 비해 월등히 높게 나타났다. 여기에서 '보통이다'로 답변을 한 사람은 31명(12%)이었다.

천주교 신자들은 진리와 선함에 대해서는 구원에 대한 생각에 비해 관용적인 태도를 보이는 것을 알 수 있다.

위의 세 질문에 대한 결과를 다시 그래프로 보면 아래와 같다. 그래프에서 보면 대체로 "② 그렇다"에 대한 응답이 가장 높게 나타난 것을 알 수 있다. 다만 구원 문제에서만큼은 다른 종교나 가르침에도 있다는 견해에 대해 부정적인 응답이 상당수 나타나 의미 있는 수치를 보였다. 그러나 '진리'나 '선함'에서는 대부분 관대한 성향을 보이는 것으로 나타났다. 한마디로 천주교 신자들은 근본주의 성향이 적다고 할 수 있다.

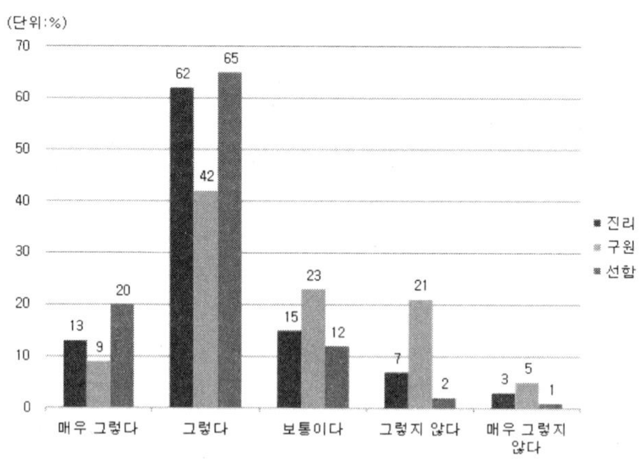

〈표 4-15〉 타종교에 대한 태도

그래프에서 보듯이 구원에 대한 생각에서 부정적인 응답이 진리와 선함에 대한 생각에 비해 높게 나타난 것을 쉽게 알 수 있다.

'진리', '구원', '선함'에 관한 천주교 신자들의 이런 태도와 사회문제 참여에 대한 관심도를 알아보기 위해 이 통계표를 질문 11) "교회와 신앙인은 사회문제에 적극적으로 참여해야 한다고 생각하느냐"에 대한 응답 결과와 함께 분석해보았다. 근본주의 신앙관과 사회문제 참여 간 상관관계를 알아보기 위한 것이었다. 그러나 그에 대한 응답은 상관관계가 크게 없는 것으로 나타났다. 다시 말해서 근본주의 신앙관을 가지고 있든 그렇지 않든, 그것과 사회문제 참여와는 무관하다는 것이다.

한편 미사참석 빈도와 근본주의 신앙관의 척도를 나타내는 준거들이 사회와 이웃의 문제에 대한 관심으로 이어지는지를 알기 위해, 지금까지 살펴본 질문 6), 질문 7), 질문 8)을 아래의 질문 38)와 연관 지어 들여다보았다.

질문 38) 교회조직이나 단체는 가난한 사람들을 구제하는 일에 적극적이어야 한다고 생각하십니까?
① 매우 그렇다 ② 그렇다 ③ 그렇지 않다 ④ 매우 그렇지 않다
⑤ 관심 없다

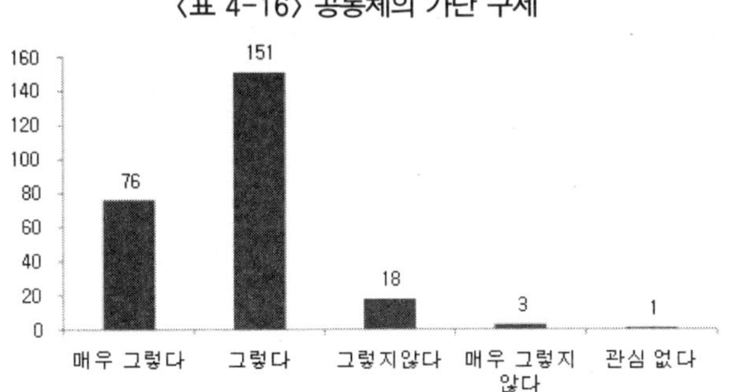

〈표 4-16〉 공동체의 가난 구제

이 질문에 대한 응답자는 전체 249명 중 '매우 그렇다' 76(31%), '그렇다' 151(61%), '보통이다' 18(7%), '그렇지 않다' 3(1%), '매우 그렇지 않다' 1(0%)로 나타났다. 이것은 앞서 보았던 '신앙생활 정도'와 '미사참석 빈도' 간 격차와는 달리, '가난한 사람들을 구제하는 일'을 사회교리의 실천과 연관 지어 살펴볼 때 진리, 구원, 선함 등으로 살펴본 신앙관과는 무관하게 모두 사회와 이웃에 대한 관심이 크게 나타나고 있는 것을 볼 수 있다.

교회조직과 단체는 가난한 사람들을 구제하는 일에 적극적이어야 한다고 생각한다는 긍정적인 응답이 92%로 부정적인 응답 8% 미만과는 극적인 대조를 보였다. 천주교 신자들의 경우, 공동체 차원에서 가난한 사람들을 구제하는 일에 적극 나서야 한다고 생각하는 사람들이 월등히 높다고 하겠다.

이 응답 결과를 질문 6), 질문 7), 질문 8)과 연관 지어 근본주의 신앙관과 사회교리 실천 간 상관관계를 알기 위해 상관분석을 해보았다. 천주교 신자의 근본주의 성향과 교회조직이나 단체가 가난한 사람들을 구제하는 일에 적극적이어야 한다고 생각하는지 확인하기 위한 것이다. 아래의 〈표 4-17〉이 그것이다.

응답 결과에서 나타난 유의확률 0.026은 유의수준 0.05보다 작으므로 유의한 연관이 있다고 볼 수 있다. 그리고 그 상관계수의 값이 0.143으로 나타나 긍정적인 상관관계가 있다고 할 수 있다. 다시 말해서 다른 종교나 가르침에 관대한 만큼 교회조직이나 단체가 가난한 사람들을 구제하는 일에도 적극적이어야 한다고 보는 견해가 크다는 것이다.

공동체 차원에서 도출된 이런 결과가 개인의 차원에서도 같은 답변

<표 4-17> 근본주의 신앙관과 사회교리 실천 간 상관분석

		근본주의 성향(평균)	단체 구제활동 적극성
근본주의 성향(평균)	Pearson 상관	1	.143*
	유의확률(양측)		.026
	N	251	243
단체 구제활동 적극성	Pearson 상관	.143*	1
	유의확률(양측)	.026	
	N	243	249

* 상관관계가 0.05 수준에서 유의합니다(양측).

이 나온다면, 그것은 현재 천주교 신자들의 사회교리의 실천 의지로 볼 수 있는 중요한 척도가 될 수 있다고 여기기 때문에 같은 질문을 개인의 차원에서도 물어보았다.

> 질문 39) 신앙인으로서 개인으로도 가난한 사람들을 구제하는 일에 지금보다 적극
> 적이어야 한다고 생각하십니까?
> ① 매우 그렇다 ② 그렇다 ③ 그렇지 않다 ④ 매우 그렇지 않다
> ⑤ 관심 없다

<표 4-18> 개인의 가난 구제

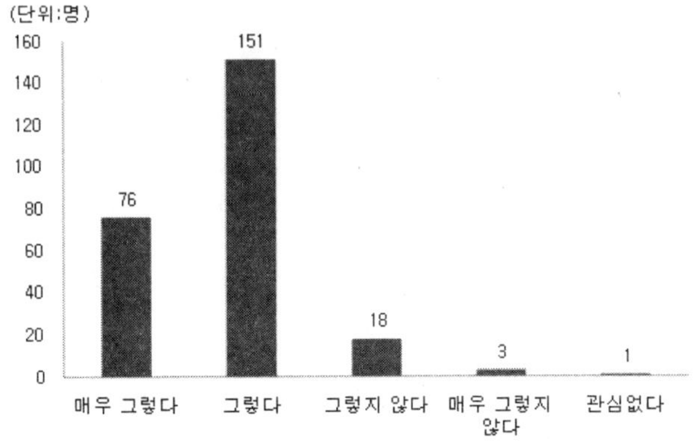

전체 응답자수 249명 중, '매우 그렇다' 58명(23%), '그렇다' 168명(67%), '그렇지 않다' 19명(8%), '그렇지 않다' 2명(1%), '관심 없다' 2명(1%)로 나타났다. 신앙인으로 개인적 차원에서도 가난한 사람들을 구제하는 일에 지금보다 적극적이어야 한다고 생각하는 긍정적인 답변이 전체의 90%를 차지함으로써 부정적인 답변 10%에 비해 월등히 높았다. 이것을 〈표 4-17〉과 같이, 신앙관과 연관성을 확인하기 위해 마찬가지로 상관분석을 하였다. 그 결과는 질문 38)의 공동체적인 관점에서의 활동과 마찬가지로, 다른 종교와 가르침에 관용적인 신자인 만큼 대부분 개인적 차원에서도 가난한 사람들을 구제하는 일에 적극적이어야 한다고 응답했다. 아래의 〈표 4-19〉는 그것을 입증한다.

〈표 4-19〉 근본주의 신앙관과 개인 구제활동 적극성 간 상관분석

		근본주의 성향(평균)	단체 구제활동 적극성
	Pearson 상관	1	.134*
근본주의 성향(평균)	유의확률(양측)		.037
	N	251	243
	Pearson 상관	.134*	1
단체 구제활동 적극성	유의확률(양측)	.037	
	N	243	249

* 상관관계가 0.05 수준에서 유의합니다(양측).

진리, 구원, 선함으로 평가된 '근본주의 성향'과 '개인 구제활동의 적극성' 간 유의확률이 0.037로 유의수준 0.05보다 작고, 상관계수 값이 0.134이므로 양의 상관관계가 있다고 할 수 있다. 즉 통계적으로 유의한 연관이 있다고 이야기할 수 있는 것이다. 다시 말해서, 천주교 신자

의 경우, 다른 종교와 가르침에 관용적인 만큼 개인적으로 가난한 사람
들을 구제하는 일에 적극적인 경향이 있다고 할 수 있는 것이다.

지금까지의 결과를 '돈'과 연관 지어 생각해볼 때, 통계적으로 마찬
가지의 결과가 나왔음을 알 수 있다. 이것을 확인하기 위해 질문 11)과
질문 31), 두 문항을 활용하였다.

질문 31) 헌금(교무금)이 사회봉사에 사용된다면 그 범위가 어떠해야 한다고 생각하
십니까?
① 본당 교우들 중에서 어려운 이웃
② 교구 교우들 중에서 어려운 이웃
③ 한국교회의 교우들 중에서 어려운 이웃
④ 세계교회의 교우들 중에서 어려운 이웃
⑤ 종교에 상관없이 어려운 이웃

<표 4-20> 헌금의 사회적 범위

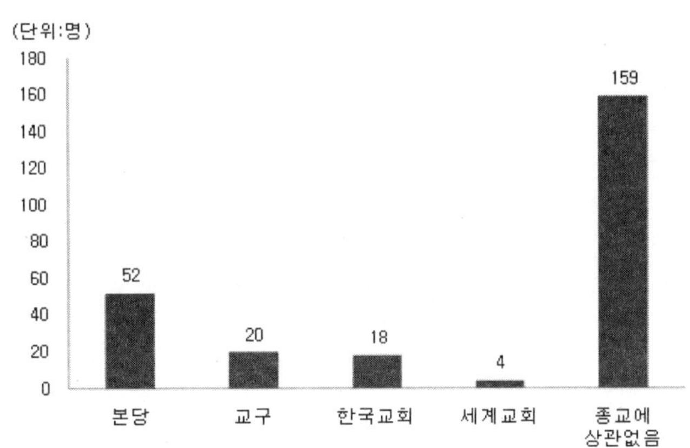

이 물음에 대한 총 응답자수 253명 중 본당 52명(21%), 교구 20명

(8%), 한국교회 18명(7%), 세계교회 4명(2%), 종교에 상관없음 159명(63%)로 나타났다. 이것으로 천주교 신자의 경우 종교에 상관없이 어려운 이웃을 위해 교회가 돈을 쓰는 일에 크게 관대하다는 것을 알 수 있다. 물론 본당 교우들 중에서 어려운 이웃을 위해서 돈을 쓰는 일이 우선적이라는 논리도 적지 않은 응답을 해 었다.

위의 두 문항 결과로 '천주교 신자가 교회와 신앙인이 사회문제에 적극적으로 참여해야 한다고 생각하는 정도와 교회 돈의 사회봉사 활용도의 범위 간' 연관성을 알기 위해 이 둘의 상관관계를 분석한 결과 아래의 〈표 4-21〉와 같이 나왔다.

〈표 4-21〉 신자의 사회문제 참여 생각 정도와 교회 돈의 사회봉사 활용도 범위 간 상관분석

		근본주의 성향(평균)	단체 구제활동 적극성
근본주의 성향(평균)	Pearson 상관	1	-.210*
	유의확률(양측)		.001
	N	255	252
단체 구제활동 적극성	Pearson 상관	-.210*	1
	유의확률(양측)	.001	
	N	252	253

* 상관관계가 0.001 수준에서 유의합니다(양측).

〈표 4-21〉에서 보듯이 유의확률이 0.001로 유의수준 0.05보다 작으므로 통계적으로 유의한 연관이 있다고 이야기할 수 있으며, 그 상관계수 값이 −0.210이므로 음의 상관관계가 있다고 할 수 있다. 쉽게 말해서, 교회와 신앙인이 사회문제에 적극적으로 참여해야 한다고 생각하는 천주교 신자일수록 헌금이 사회봉사에 사용되어야 하는 범위를

넓게 인식하는 경향이 있다고 할 수 있다. 이것은 상대적으로 사회문제 참여에 부정적인 신자일수록 교회 돈의 사회적 사용범위를 좁게 이야 기하고 있다고 유추할 수 있다.

그러므로 신앙생활의 정도와 사회교리 실천 간 상관관계를 통해 알 수 있는 것은 조사대상으로 삼은 신자들의 경우, 신앙생활을 한 기간이 높을수록 미사참석 빈도는 평범한 주 1-2회에, 진리와 선함 대해서는 매우 관용적인 반면에 구원에 대해서는 조금 더 강경한 태도를 취하고 있으며, 공동체 차원에서든 개인 차원에서든 가난한 사람들을 구제하 는 일에 적극적이고, 교회 공동체 돈의 사회적 사용 범위에서 그 폭을 넓게 인정하고 있다는 것을 알 수 있었다.

IV. 교회의 가르침과 삶의 현장 간 상관관계

지금까지 살펴본 바, '돈'과 관련한 교회의 가르침과 천주교 신자들 의 삶의 현장 간에는 큰 차이가 없다고 할 수 있다. 이것을 입증하는 것이 지금까지 살펴본 '부(富)의 정도와 정치관 및 사회문제의 참여', '신앙생활의 정도와 사회교리의 실천' 외에도 직접적으로 교회의 돈에 대한 언급 내용이다.

이와 관련한 것이 질문 14), 주관식 물음이라고 할 수 있다.

질문 14) '돈'에 대해 본당에서 들은 것이 있으면 기억나는 대로 적어주세요.

____

　이 질문을 통해 교회의 가르침이 어떠했는지를 살펴볼 수 있고, 그 결과와 앞서 살펴본 질문 38)과 질문 39)의 결과를 비교함으로써 사회교리 실천에서 신자들의 태도를 유추해볼 수 있을 것이다.

　질문 14)에 대한 응답을 키워드 별로 정리하면 아래의 표와 같다.

<표 4-22> 돈에 대한 본당에서의 언급 내용

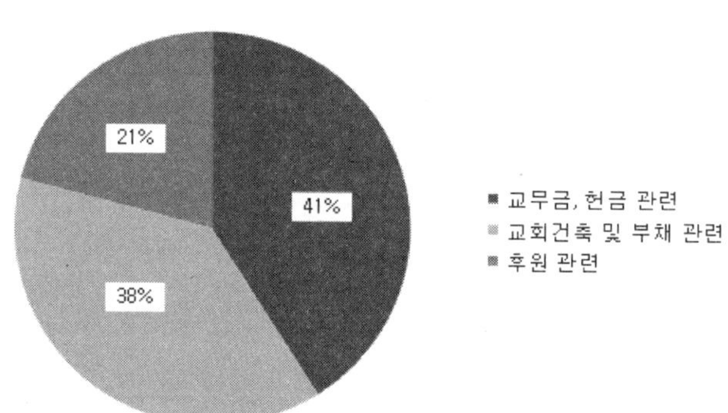

　왼쪽 표의 세부내용은 교무금과 헌금 관련하여 교구금만 36회, 헌금(주일, 2차, 봉헌금 등) 31회, 십일조 13회를 꼽을 수 있고, 교회건축 및 부채 관련 분야에 교회건축 55회(건축 35, 건립 6, 리모델링 7, 신축 5, 설립기금 1, 공사 1), 성물설치도 별도로 2회 언급, 교회의 빚 혹은 부채 관련하여 7회 언급된 것으로 나타났다.

　후원 관련 부분(선교, 군종교구, 장애아동, 단체, 성소, 지원, 돕기, 주일학교 등)에는 27회가 있었고, 기부 4회, 나눔 5회, 자선 5회도 포함되었다. 이 물음에 대한 답변들 가운데 좀 더 구체적으로, 정황을 충분히 예측할 수 있는 아래와 같은 주관식 응답도 있었다.

- 많이 받은 사람은 많이 내어 놓아라.
- 부자는 하늘나라에 가기 어렵다. 가진 것을 나누어야 한다.
- 교회의 재정 상태나 사회적 약자에 도움을 주는 방법.
- 일부 본당에서는 모든 수입과 지출을 본당 신부님이 혼자서 독단적
  으로 집행한다고 들은 적 있음.
- 본당 단체에서는 항상 신자들에게 신앙을 무기로 봉사하기를 강요
  한다. 그 봉사에는 시간과 노동 이외에도 돈이 어느 정도 들어간다.
  단체에서 받은 어느 정도의 목표 금액을 신자들에게 나누어 부담
  지을 때도 종종 있다.
- 하느님 사업의 일원이라 생각하며 경제적 조건이 좋지 않아 항상
  미안하고 아쉽다.
- 모든 소득에 십분의 일은 하느님의 것이다. 십일조는 감사의 실행
  이다.
- 십일조는 아니더라도 감사의 예물은 반드시 있어야 올바른 신앙인
  의 자세다.
- 돈은 가난한 이들과 나눔을 위한 도구. 자신에게 꼭 필요한 것조차
  나누는 것이 참된 나눔이다.
- 십일조는 신자 의무다. 하지만 여러 여건상 쉽지 않으므로 삼십일
  조라도 충실히 지키길 바란다.

이 답변들 가운데 '하느님 사업의 일원이라 생각하며 경제적 조건이
좋지 않아 항상 미안하고 아쉽다'는 답변 하나만이 신자 입장을 대변하
는 것과는 달리, 대체로 본당에서 '돈'을 언급하는 맥락이 교무금, 헌금,
십일조, 교회건축 및 그와 관련한 교회의 부채 등이 전체 185회 가운데

144회를 차지하고 있어, 후원, 기부, 나눔, 자선 등의 41회에 비해 월등히 높게 나타난 것을 알 수 있다.

교회기관이 국가와 사회조직에서 언급하는 복지와는 달리 '나눔'에 대한 논의를 적게 할까 우려되기까지 하는 상황이 아닐 수 없다. 만일 이런 상황이라면, 교회에서는 가능하면 '돈'에 관해 언급을 자제하는 것이 차라리 나을 수도 있다는 생각에서 질문 15)는 어쩌면 매우 유효하다고 할 수 있을 것이다.

질문 15) 본당에서 '돈'에 관한 가르침이 꼭 필요하다고 생각하시나요?
① 매우 그렇다 ② 그렇다 ③ 보통이다 ④ 그렇지 않다 ⑤ 매우 그렇지 않다

〈표 4-23〉 본당의 돈에 대한 가르침

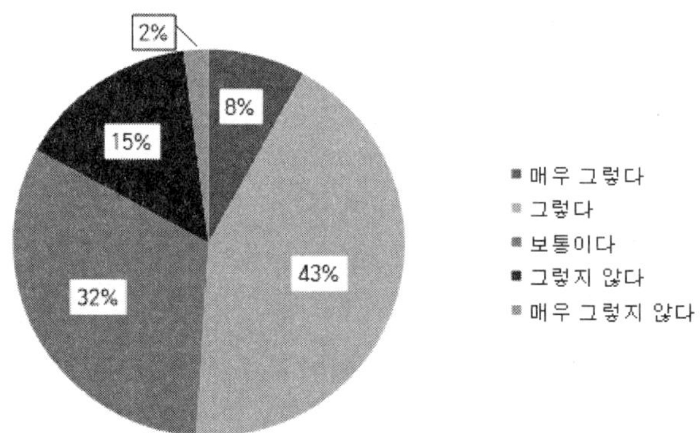

이 질문에 대한 답변 결과는 응답자수 전체 253명 가운데 '매우 그렇다' 21명(8%), '그렇다' 109명(43%), '보통이다' 82명(32%), '그렇지 않다' 37(15%), '매우 그렇지 않다' 4명(2%) 순으로 나타났다.

이것을 통해 신자들의 반수 이상이 본당에서 돈에 대한 가르침이 있

어야 한다는 긍정적인 답변(51%)을 한 반면에, 부정적인 답변은 17% 에 이르는 것으로 파악된다.

여기에서 '보통이다'고 언급한 대상 32%에 대해 '왜 그렇게 생각하는지'(질문 15-1)에 대해 구체적으로 물은 결과 '꼭 필요한 것 같지는 않아서', '필요할 땐 언급하는 건 괜찮지만 가르침까지는 선을 넘는 것이라 생각하기 때문', '사회에서 재화로써의 가치를 신앙인의 시선으로 해석하고 실천해야 할 몫이 있기 때문', '본당의 재정 상태에 대해서 와 닿는 부분을 모르겠다', '적절한 자본 윤리 교육 측면에서는 필요', '나눔의 실천 생활 봉헌생활에 필요한 부분이라 생각', '개인적인 생각이 다르기 때문', '돈이 중요하지만 신앙에선 물질적인 부분보다 영적인 부분이 강조되어야 한다고 생각하기 때문', '황제의 것은 황제에게… 하느님의 것은 하느님께…', '자본주의 사회에서 돈에 대해 가르칠 필요는 없는 듯'하기 때문이라는 부정적인 뉘앙스로 응답한 것과 동시에, '돈이 신자들과 교회 발전을 위해서 사용되어야 하기 때문', '유용한 수단으로써 제대로 활용하기 위해(목적이 되지 않도록)', '물질적 축복으로서 돈이라기보다 신앙인으로서 교회가 돈을 어떻게 봐야 하는지 가르쳐주어야 한다', '돈을 어떻게 쓰는지에 대한 가르침이 필요해서', '돈과 신앙인의 관계에 대해 알려주면 좋을 듯', '돈에는 마음과 행동이 담겨 있기 때문'이라는 가르침에 대한 긍정적인 뉘앙스도 거의 절반을 차지했다. '잘 모르겠다'는 1명, 답을 하지 않은 사람이 전체 답을 하지 않은 사람 120명 중 55명을 차지했다.

결론적으로 '보통이다'로 응답한 절반은 본당에서 돈에 대한 가르침이 있어야 한다는 긍정적인 답변을 했고, 절반은 본당에서 돈에 대해 가르칠 필요가 없다는 부정적인 답변을 했다고 볼 수 있다. 질문 14)를 통해 얻은 답변에 대해 다행히 우려할 사항은 아니라는 것과 함께, 이 기회에 많은 신자가(67%) 본당에서 돈에 관한 가르침이 있으면 좋겠다는 의견을 제시한 것이라고 평가할 수 있다.

V. 나가는 말

소비자본주의가 팽배해가는 현대사회에서 '돈'은 삶의 가장 유용한 수단이자 동시에 신앙생활의 커다란 걸림돌로 작용하는 경우가 많다. 물질로 대변되는 욕망 표출의 중요한 동력이 되기 때문이다. 또한 돈은 언제나 양에 따라 삶에 영향력을 행사하지, 질에 따라 영향력을 행사하지 않기 때문이다. 이것이 교회가 돈에 대해 경고하는 주된 이유다.

지금까지 살펴본 것처럼, 천주교 신자들 가운데 비교적 신앙생활을 충실히 하고 있다고 간주되는 250여 명을 대상으로 한 설문조사를 통해 신자들의 신앙관, 정치관, 사회-문화관을 살펴보는 한편 그것이 교회의 가르침과 삶에 어떤 영향을 미치는지에 대해 진단해보았다. 크게 세 가지 정도에 국한하여 살펴본 결과는 다음과 같다.

첫째, '부(富)의 정도와 정치관 및 사회문제의 참여'에서 우선적으로 확인한 것은 천주교 신자의 중산층 인구 비율이 빈곤층 인구 비율에 비해서 높게 나타난다는 것이었다. 가족의 월평균 소득 기준으로 보나 가족의 자산 정도로 보나 천주교 신자는 대체로 중간계층을 형성한다고 할 수 있다. 이를 토대로 신자들의 정치성향을 알아본 결과, 천주교 신자들은 대체로 진보를 표방하고 있고, 그것과 부의 정도는 아무런 상관이 없다는 것이다. 기존의 '부자들이 보수적이고 중간계층은 보수와 진보로 나뉜다'는 가설에는 부합하지 않은 것이다. 다만 가족 자산이 많은 천주교 신자들에게서는 약간의 보수적인 정치성향이 있는 것으로 나타났다.

'보수 혹은 진보적인 정치성향'과 '사회문제에 대한 참여도'의 상관관계 분석을 통해 '사회교리의 실천 의지'에 대한 평가를 해보았다. 교회와 신앙인이 사회문제에 적극적으로 참여해야 하느냐에 대한 생각은 보수성향의 신자일수록 '그렇지 않다', '매우 그렇지 않다'고 대답한 반면에, 진보성향의 신자일수록 '매우 그렇다', '그렇다'로 나타나 기존의 가설 "정치성향이 보수적일수록 교회가 사회문제에 개입하는 것을 반대한다"는 것에 일치하는 것을 확인할 수 있었다. 여기에서 눈에 띄는 것은 보수건 진보건 '사회문제 참여'를 '안보'나 '보수 권력의 수호'를 위한 활동으로 보지는 않는다는 것이다. '부정부패(적폐)의 척결'이나 공적인 사회문제로서 '불평등의 구조'와 '공공성 확보'라는, 어떤 의미에서는 진보에서 외치는 과제로서 사회문제를 인식하고 있다는 것이다.

둘째, '신앙생활의 정도와 사회교리의 실천'과 관련하여 먼저 신자들의 신앙관을 알아보았다. 신앙생활의 연배와 미사참석 빈도수를 통해 천주교 신자는 신앙생활 기간이 길수록 사회문제에 적극적으로 참여해야 한다고 생각하는 것과는 달리, 신앙의 깊이라고 볼 수 있는 미사참여의 빈도와 사회문제 참여 사이에는 별 연관성이 없는 것으로 나타났다. 후자의 경우, 미사참여를 아무리 자주하는 사람이라도 그것이 사회문제 참여로 이어지지 않는다는 것을 통해 일각에서 우려하는바, '신앙 따로 삶 따로'인 신자들이 많은 것이 아닐까 하는 생각을 하게 된다.

한편 근본주의 신앙관을 알아보기 위해 진리, 구원, 선함이라는 키워드로 세 가지 질문을 한 결과 천주교 신자들은 대체로 관대한 시각을 가지고 있는 것으로 나타났다. 다만 구원에 있어서만 진리, 선함에 비해 조금 덜 관용적으로 나타나 자기 종교에 대한 충성도가 높은 것으로 파악되었다. 이를 토대로 사회문제 참여에 대한 관심도를 알아본 결과 상관관계가 크게 없는 것으로 나타났다. 즉, 진리, 구원, 선함에 대한 시각이 어떻든 그것은 사회문제 참여와는 아무런 상관이 없다는 것이다.

나아가 교회 공동체 차원에서나 개인의 차원에서나 가난한 사람들을 구제하는 일에 신자들은 '적극적이어야 한다'는 생각이 압도적으로 나타나 가난한 사람들의 구제활동과 사회문제 참여는 별개의 것으로 바라보는 경향이 있다는 것이 파악되었다. 그러면서도 헌금의 사회적 사용 범위에는 사회문제 참여와 동일하게 보고 있는 것으로 나타났다.

셋째, '교회의 가르침과 삶의 현장 간 상관관계'는 돈에 대한 교회의 가르침이 어떤 맥락에서 이루어지고 있는지, 앞으로 어떠해야 하는지에 대한 생각과 관련된다. 신자들이 본당에서 '돈'과 관련하여 들은 것은 교무금과 헌금 납입, 교회건축 및 부채와 관련한 맥락이 후원 및 자선 관련 맥락보다 월등히 높아, 나눔을 교회의 정체성으로 이해하고 바라봐야 하는 것과 실제 듣는 것 간에는 상당한 거리가 있는 것으로 드러났다. 또한 신자들이 듣고 싶어 하는 것과 본당에서 실제로 언급되고 있는 것 간에도 상당한 차이가 있는 것으로 나타났다. 신자와 사목자의 돈에 관한 기대치가 전혀 다르게 나타난 것이다. 이런 상황에도 신자들은 교회의 돈에 관한 가르침이 제대로 이루어졌으면 좋겠다는 의견을 반수 이상 제시했다.

그러므로 이번 조사의 응답을 토대로 교회의 가르침과 신자 생활 간의 괴리 현상보다도, 신자들의 진보적이고 긍정적인 사회교리 실천 의지에 대한 교회의 인식이 미치지 못하는 것에 대해 사목적 차원에서 또 다른 연구가 있어야 할 것으로 생각한다. 교회 차원의 신자 인식과 그에 따른 사목정책이 새롭게 수립되려면 이것에 대한 일차적인 연구가 선행되어야 하기 때문이다. 그런 차원에서 본 연구는 의미가 있다고 할 수 있다.

나아가 지금까지 교회가 지속적으로 해온 사회교리의 확산과 프란치스코 교황의 사목방향에 대한 세계 언론의 보도 등이 신자들의 삶의 현장에서 교회의 가르침으로 조금씩 뿌리를 내리고 있는 것도 감지할 수 있었다.

참고문헌

가톨릭 정의평화연구소 편. 1990.『한국 가톨릭교회와 소외층, 그리고 사회운동』. 빛고을출판사.

강인철. 2007.『한국 천주교회의 쇄신을 위한 사회학적 성찰』. 우리신학연구소.

교황청 정의평화평의회. 2006.『간추린 사회교리』. 한국천주교주교회의, 한국천주교중앙협의회.

김혜경. 2016. "천주교 신자들의 중산층화와 엘리트화에서 나타나는 돈의 논리." 『신학연구』 제68집. 서울: 한신대학교 한신신학연구소. 315-339.

추교윤. 2009.『한국 천주교회의 도덕적 권위와 사회적 역할』. 위즈앤비즈.

프란치스코. 2014.『복음의 기쁨』(*Evangelii Gaudium*), 한국천주교주교회의.

Amsterdam Assembly, 1948. *The Church and the Disorder of Society*, New York: Harper and Vrithers.

Sacra Congregatio De Propaganda Fide, Acta Apostolicae Sedis serie vols.

Vanna Gessa Kurotschka. 1999. *Dimensioni della moralità*, Liguori Editore.

우리나라에서 돈과 불교의
상호관계에 대한 설문조사 연구

류 제 동
성균관대학교 한국철학과

I. 들어가는 말

본 연구는 돈과 불교의 상호관계에 대한 설문조사를 통하여 불교의 돈에 관한 전통적 교리가 오늘날 우리나라 불교의 생활 현장에서 어떻게 작용하고 있는지 탐구하였다.[1] 구체적으로 서울과 경기 인근 수도권 사찰들을 방문하여 스님과 인터뷰를 하고 재가자들을 대상으로 설문조사를 하였다. 이를 통하여 불교의 경제관이 배금주의로 치닫고 있는 소

---

1 본 연구는 성공회대학교 신학연구원에서 〈'돈'과 종교: **소비자본주의 시대의 종교지형도 그리기**〉라는 한국연구재단 일반공동연구 3개년 프로젝트의 2년차 계획에 따라 실시하였다. 2차년도에는 1차년도의 연구결과로 "지구촌 맥락에서 한국불교 돈 담론의 지형도에 대한 시론적 고찰"(류제동, 2016)을 기초로 설문문항을 구성하여 조사에 임하였다.

비자본주의 상황에서 어떻게 수용되고 변용되면서 실천되고 있는지 탐색하였다.

오늘날 세계적 베스트셀러 작가이기도 한 역사학자 유발 노아 하라리(Yuval Noah Harari)는 현대 자본주의에서 단 하나의 핵심 개념으로 '성장'을 제시한다(Harari, [2014]2015). 서구에서 자본주의가 발흥한 이래 그 이전 시대에 거의 정체 상태였다고 해도 과언이 아닌 세계경제가 엄청난 속도로 성장을 거듭해왔다는 것이 그의 논지다. 그 엄청난 성장은 자본의 무한한 축적을 가져오면서 대량생산과 대량소비의 시대를 초래하였다. 그는 그 단적인 예로 자본주의 선진국에서 식품의 대량소비와 아울러 각종 다이어트 상품의 대량 소비가 함께 진행되고 있다는 사실을 지적한다.

물론 여기에서 자본의 무한한 축적에 따른 대대적인 과학기술 투자가 현대사회를 그 이전의 어느 시대보다도 엄청나게 풍요로운 사회로 만들었다는 점을 간과해서는 안 된다. 상대적인 차원에서는 빈부양극화가 심해지고 여전히 제대로 먹지 못하고 치료받지 못해서 생존의 위협을 받는 사람들이 적지 않다는 현실을 간과해서도 안 되겠지만, 절대적인 차원에서 인류가 그 이전 어느 시대보다도 풍요를 누리고 있는 것은 객관적인 사실이라고 할 수밖에 없다. 자본의 대대적인 과학기술 투자로 식량생산 증대와 더불어 의료기술 발달에 힘입어 인류는 배고픔에서 벗어났을 뿐만 아니라 각종 질병에서 해방되어왔다.

그러나 과식과 다이어트라는 아이러니한 조합으로 상징되는 이중소비는 지구 자원의 급격한 소비를 가져오면서 우리가 살아가는 터전으로서 지구 환경 자체의 엄청난 훼손을 초래하여 인류의 생존을 위협하는 지경에 이르고 있다. 아울러 육식의 대량 소비는 공장식 사육 시스템을 통한 가축의 엄청난 고통과 수난으로 이어지고 있기도 하다. 이처럼 첨예한 소비자본주의 상황에서 불자들은 어떠한 경제관을 갖고 생활하고 있는지, 곧 돈에 대하여 어떠한 생각을 갖고 생활하고 있는지 구체적으로 조망해보는 것은 불교가 앞으로 소비자본주의에 대하여 어떠한 방향으로 대처해나갈 것인지, 더 나아가 우리나라가 소비자본주의에 대한 대처에서 불교에서 어떠한 조력을 얻을 수 있을 것인지 모색하는 데 중요한 기초가 될 수 있을 것이다.

이러한 관심과 함께 본 연구에서는 불교 재가자를 대상으로 총 40문항의 '돈'과 신앙의 관계 인식에 대한 설문지를 작성하였으며, 수도권 인근의 지역적 분포와 종단별 다양성을 참작하면서 불교의 사찰 및 유사 기관을 선정[조계사(조계종, 서울), 석왕사(조계종, 경기도 부천), 열린선원(태고종, 서울), 한국불교연구원(서울), 정토회(서울)]하여 방문하고 인터뷰 및 설문조사를 실시하였다.[2]

구체적으로 본 설문조사는 서울, 경기, 인천 지역의 불자들을 대상으로 실시하였다. 총 400매를 배부하고 290매를 배부하고 수거하였다. 돈과 종교 연구팀의 연구 목적 및 방향에 따라 불자들의 돈과 불교에 대한 태도를 파악하고 그러한 태도가 불자들의 연령, 재산, 성별, 신앙도 등과 어떠한 상관관계를 갖는지 살펴보려 하였다. 설문 설계에서 주안점을 둔 것은 돈과 불교신앙이 어떤 관계를 갖느냐를 파악하는 것이다. 여기에서 돈에 대한 태도, 돈의 사용, 돈과 공동체성에 불교신앙이 상호 어떠한 정도로 영향을 미치느냐의 맥락에서 설문조사를 구성하였다.

---

2 수거한 설문지를 성균관대학교 통계분석팀에 의뢰해 60쪽에 달하는 분석결과를 입수했다.

II. 신앙의 배타성

본 설문조사에서 우선 알아보려 한 것은 불자들의 재산의 많고 적음
이 불교 신앙의 배타성, 예컨대 불교에만 진리가 있다고 생각한다든지
다른 종교에도 선함이 있다고 본다든지 등의 태도와 상관관계가 어느
정도 있는지 여부였다.

"재산과 신앙의 배타성 사이에는 유의적인 상관관계가 없다"를 귀
무가설(歸無假說)로 설정하고 설문조사답지를 분석한 결과는 아래의
표와 같다.

〈표 5-1〉 신앙의 배타성에 관한 상관분석표

		재산
	Pearson 상관계수	-.048
신앙의 배타성	유의확률(양쪽)	.444
	N	260

위 표에서 p-value(=유의확률[양쪽])가 0.444로 유의수준 0.05보
다 매우 크므로 귀무가설은 기각할 수 없다고 간주할 수 있다. 곧 재산
과 신앙의 배타성 사이에는 통계학적으로 유의한 상관관계가 존재한다
고 보기는 힘들다고 해석할 수 있다.[3] 다시 말해서, 재산이 많은 불자들
이 타 종교에 대하여 더 배타적인 태도를 지닌다고 할 수 없다는 것이

---

3 신앙의 배타성과 신앙의 깊이도 상관관계가 없다고 나타났다. 이러한 결과는 나이가 많은
  세대에서 배타성이 높다는 것과 연관하여, 단순히 나이가 많은 사람이 배타성이 높다는
  것을 잘 드러낸다.

다. 또한 당연히 재산이 적다고 해서 타 종교에 대하여 더 배타적인 태도를 지닌다고 할 수 있는 것도 아니라고 할 수 있다.

III. 신앙과 돈의 상관성

다음으로 사찰에서 돈을 언급하는 경우에 대해서 설문조사답지를 분석해보았다. 지역별로 살펴보니 아래 표에서와 같이 서울, 인천, 경기 지역 모두에서 돈을 언급하는 경우가 전혀 없다는 것이 가장 높은 빈도를 보이는 결과가 나왔다.

<표 5-2> 사찰에서 돈에 대한 언급 횟수

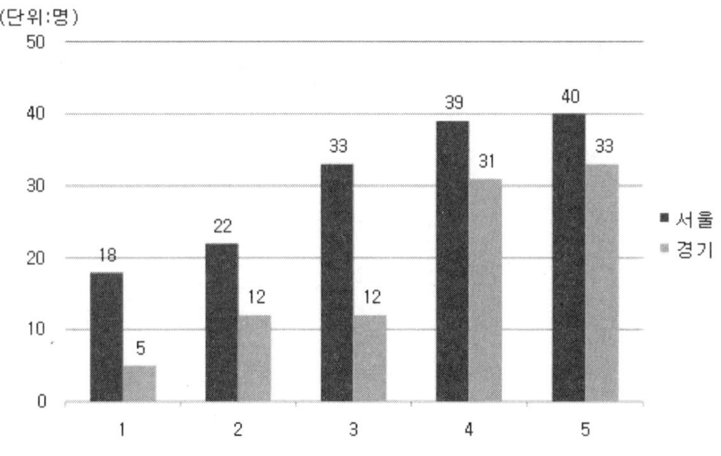

* 사찰에서 돈에 대한 언급 횟수 ① 한 달에 1, 2회 ② 분기마다 1, 2회 ③ 1년에 1, 2회 ④ 사찰 보수 등 큰돈이 드는 일이 있을 때마다 ⑤ 전혀 없음

위 표에서와 같이 사찰에서 돈에 대한 명시적인 언급이 적은 것을

어떻게 해석해야 할까? 불교와 돈은 무관하다는 것의 방증이라고 볼수 있을까? 적어도 법회에서 스님의 언급만으로 볼 때에는 불교와 돈 사이에 적극적이고 긴밀한 상관관계가 없다고 할 수 있을 것이다. 다만 이러한 사실은 불교의 가르침이 돈과 관계된 불자들의 삶에 그다지 영향을 주지 못하고 있다고 해석될 수도 있을 것이다. 다시 말해서, 불자들이 돈을 어떻게 축적해야 하는지 또는 어떻게 소비해야 하는지에 대해서 불교적 가르침이 현장에서 거의 이루어지지 않고 있다고 할 것이다. 곧 우리나라 불교에서는 불자들이 돈에 대한 불교적인 개념 정립을 할 수 있도록 하는 노력이 법회 차원에서는 거의 이루어지지 않고 있는 것이다.

이러한 맥락에서 구체적인 사례의 하나로, 가난한 사람들 곧 돈이 없는 사람들에게 불자들이 어떻게 대해야 하는지에 대해서 신앙의 깊이에 따른 차이가 발견되지 않는다는 점에 주목해볼 수 있다. 곧, 아래의 표에서와 같이 신앙의 깊이와 가난한 사람들을 구제하는 일의 적극성 사이에 별로 상관관계가 없다는 점이 설문조사 통계 결과에서 드러난다. 이 설문의 통계분석에서는 "신앙의 깊이와 가난한 사람들을 구제하는 일의 적극성은 서로 상관관계가 없다"를 귀무가설로 설정하였는데 그 분석결과는 아래의 표와 같다.

〈표 5-3〉 가난한 사람들을 구제하는 일의 적극성과 신앙 깊이의 상관관계 기술통계

	평균	표준 편차	N
가난한 사람들을 구제하는 일의 적극성	3.8860	.74761	272
신앙 깊이	3.3423	.74459	271

<표 5-4> 가난한 사람들을 구제하는 일의 적극성과 신앙 깊이의 상관관계 상관분석표

		신앙 깊이
가난한 사람들을 구제하는 일의 적극성	Pearson 상관계수	-.055
	유의수준(양쪽)	.379
	N	255

위의 표에서 상관분석 결과 p-value(0.379)가 유의수준 0.05보다 크므로 귀무가설을 기각할 수 없다. 따라서 신앙의 깊이와 가난한 사람들을 구제하는 일의 적극성은 서로 상관관계가 없다고 할 수 있다.

이와 같이 현실적으로 사찰에서 돈에 대한 언급이 없는 상황을 불자들은 어떻게 받아들이고 있을까? 이러한 의문에서 사찰에서 돈에 대한 가르침이 꼭 필요하다고 생각하는지 여부에 대한 설문이 구성되었다. 그 결과 돈에 대한 가르침에 대한 필요성 여부는 나이별, 재산별, 지역별, 신앙의 깊이에서 상관관계가 없는 것으로 드러났다. 요컨대 불자들은 불교 사찰에서 돈에 대한 가르침을 그다지 기대하지 않는다고 할 수 있을 것이다.

이와 같이 사찰에서 돈에 대한 언급도 거의 없고 그러한 언급에 대한 기대도 거의 없는 상황에서 불자들은 '무소유'에 대하여 어떻게 생각하고 있을까? 무소유의 참된 의미가 돈의 소유 여부와 관련이 있는지에 대한 설문조사에서는 지역별, 나이별, 남녀 성별, 재산의 많고 적음, 신앙의 깊고 얕음도 상관관계가 없음이 드러났다. 요컨대 불자들이 무소유의 의미를 돈의 소유 여부와 무관한 것으로 이해하고 있는 것이 드러났다고 하겠다. 여기에서도 신앙의 깊고 얕음이 별로 영향을 미치고 있지 않다는 사실은 여전히 주목된다. 불교의 가르침이 무소유의 의미를 불자들에게 심화하지 못하고 있다고 볼 수도 있는 것이다.

그러나 인하대 한국학연구소 인문한국(HK) 교수 정종현은 2015년 8월 20일자 〈한겨레신문〉의 「법정스님 '무소유', 욕망의 70년대에 던진 근원적 화두」라는 기사에서 출판문화협회의 독서경향 조사(〈매일경제〉 1979. 1. 10)에 따라, 당시 연령, 지역, 성별에 관계없이 많이 읽힌 국내서적이 『난장이가 쏘아올린 작은 공』과 더불어 법정 스님의 『서있는 사람들』(1978)이었다는 사실을 언급하면서, 조금 앞서 법정 스님의 대표 수필집 『무소유』(1976)도 출간되었고 이 수필집에 실린 에세이들이 "스님의 유언으로 절판될 때까지 꾸준히 재간행되며 사랑받아왔다"는 점을 강조한다. 그는 이 기사에서 법정 스님의 『무소유』가 이처럼 우리나라 독서문화에 끼친 영향이 지대함을 밝히면서 그 중요성에 대해서도 다음과 같이 매우 적극적으로 이야기한다.

> "한국 사회의 구조적 모순은 집단적인 변혁운동을 통해서만 해결할 수 있다고 믿었던 청년 시절, 나는 개인의 수양을 강조하는 수필집 『무소유』의 내용이 불만족스러웠다. 하지만 강남 개발, 부동산 투기 등 욕망의 시대에 제기된 '무소유'의 철학은 어쩌면 변혁운동만큼이나 근원적이고 급진적인 사유일지도 모른다."(정종현, 2015)[4]

곧 그는 집단적인 변혁운동과 개인의 수양을 대조시키면서 당시에는 『무소유』가 사회적 차원에서 한계가 있는 책이었다고 느꼈지만 되

---

4 정종현, "법정스님 '무소유', 욕망의 70년대에 던진 근원적 화두," 「한겨레신문」 2015년 8월 21일자. http://www.hani.co.kr/arti/culture/book/705391.html. 2018년 4월 3일에 검색.

돌아보면 "욕망의 시대"에 근원적이고 급진적인 사유로 주목된다고 밝힌다. 그는 이 기사에서 법정 스님에 대하여 "그는 서슬 퍼런 박정희 유신정권에 대항한 '헌법 개정 백만인 청원 운동'의 발기인 30명 중 하나였다"라는 사실을 강조하면서 법정 스님의『무소유』가 단순히 개인 '힐링' 차원의 책이 아니라 중요한 의미에서 사회적이고 실천적인 함의를 담고 있는 책임을 부각시킨다. 이러한 법정 스님의 저서가 지니는 영향력을 감안한다면, 사찰에서 직접적으로 돈에 대한 언급이 드물다고 하더라도 무소유에 대한 불교의 가르침이 불자들의 돈에 관한 욕망에 일정 부분 영향을 미쳐왔다고 할 수도 있을 것이다. 다시 말해서, 돈과 불자들의 관계는 사찰 현장보다 포괄적으로 접근해야 한다고 할 수도 있다.

IV. 신앙생활의 정도와 물질적 축복의 상관성

여기에서 유의할 사항으로 돈이 많은 것이 부처님의 가피라고 생각하는 인식에서 재산별로 유의미한 차이가 발견되었다. 곧 재산이 많을수록 돈이 많은 것이 부처님의 가피라고 생각하는 인식이 커지는 것이 발견되었다. 이 부분에서는 "돈이 많은 것이 부처님의 가피라고 생각하는지에 대한 인식과 재산 사이에는 유의적인 상관관계가 없다"를 귀무가설로 설정하였다.

<표 5-5> 돈이 많은 것이 부처님의 가피라고 생각하는지에 대한 인식과
재산의 상관관계 상관분석표

		재산
돈이 많은 것이 부처님의 가피라고 생각하는지에 대한 인식	Pearson 상관계수	.157
	유의수준(양쪽)	.012
	N	256

설문조사에 대한 통계분석 결과 위의 표에서와 같이 상관관계가 0.05 수준에서 유의하며, p-value(=유의확률[양쪽])가 0.012로 유의수준 0.05보다 작으므로 귀무가설을 기각하고 대립가설을 채택한다. 따라서 돈이 많은 것이 부처님의 가피라고 생각하는지에 대한 인식과 재산 사이에는 통계학적으로 유의적인 상관관계가 존재한다고 주장할 수 있다. 그리고 실제로 이 두 개의 변수 간에 피어슨 상관계수는 0.157이다. 따라서 재산이 많은 사람은 일반적으로 돈이 많은 것이 부처님의 가피라고 생각하는 인식이 커진다고 할 수 있다.

다시 말해서, 재산이 많은 사람들은 자신들이 재산이 많다는 것이 부처님에 의하여 정당화된다고 인식하고 있다고 하겠다. 반면에 재산이 많지 않은 사람들은 자신들의 처지가 부처님의 가피가 없어서라고 인식하고 있지는 않다는 것을 보여준다고 할 수 있기에, 재산이 많은 사람들과 재산이 적은 사람들 사이에 인식의 괴리가 드러나고 있다고 할 수 있다.

또한 아래의 표에서와 같이 주목되는 사항으로서 돈이 많은 것이 부처님의 가피라고 생각하는 것은 신앙의 깊이와도 상관이 있다는 것이 드러났다. 사찰에서 돈에 대한 언급이 거의 없다는 앞의 설문조사 통계

분석 결과와 대조해볼 때 이러한 상관관계는 특히 주목된다. 이 통계분석에서는 "신앙의 깊이와 돈이 많은 것이 부처님의 가피라고 생각하는 것은 상관관계가 없다"를 귀무가설로 설정하였다.

〈표 5-6〉 돈이 많은 것이 부처님의 가피라고 생각하는지에 대한 인식과
신앙 깊이의 상관관계 기술통계

	평균	표준 편차	N
신앙 깊이	3.3423	.74459	271
돈이 많은 것이 부처님의 가피라고 생각하는지에 대한 인식	2.9255	.97557	282

〈표 5-7〉 돈이 많은 것이 부처님의 가피라고 생각하는지에 대한 인식과
신앙 깊이의 상관관계 상관분석표

		신앙 깊이
돈이 많은 것이 부처님의 가피라고 생각하는지에 대한 인식	Pearson 상관계수	.209
	유의수준(양쪽)	.001
	N	266

위의 표에서와 같이 상관관계가 0.01 수준에서 유의하며, 상관분석 결과 p-value(0.001)가 유의수준 0.05보다 작으므로 귀무가설을 기각할 수 있다. Pearson 상관계수가 0.209이므로, 신앙의 깊이와 돈이 많은 것이 부처님의 가피라고 생각하는 것은 양의 상관관계가 있다고 할 수 있다. 즉, 신앙의 깊이가 깊을수록 돈이 많은 것이 부처님의 가피

라고 생각하는 인식이 커진다고 하겠다. 곧 불자들은 신앙이 깊어질수록 돈이 많다는 것이 부처님에 의하여 정당화된다고 인식하는 것으로 볼 수 있겠다.

또한 이와 관련하여 신앙의 깊이가 깊을수록 신앙생활의 성실성에 따르는 물질적 풍요에 대한 욕구도 증가하는 것으로 드러났다. 여기에서는 "신앙의 깊이와 물질적 풍요도는 상관관계가 없다"를 귀무가설로 설정하였다.

〈표 5-8〉 신앙생활의 성실도에 따른 물질적 풍요도에 대한 욕구와
신앙 깊이의 상관관계 기술통계

	평균	표준편차	N
신앙 깊이	3.3423	.74459	271
신앙생활의 성실도에 따른 물질적 풍요도에 대한 욕구	2.7250	.71046	280

〈표 5-9〉 신앙생활의 성실도에 따른 물질적 풍요도에 대한 욕구와
신앙 깊이의 상관관계 상관분석표

		신앙 깊이
신앙생활의 성실도에 따른 물질적 풍요도에 대한 욕구	Pearson 상관계수	.186
	유의수준(양쪽)	.002
	N	261

위의 표에서 상관관계가 0.01 수준에서 유의하며, 상관분석 결과

p-value(0.002)가 유의수준 0.05보다 작으므로 귀무가설을 기각할 수 있다. p-value가 거의 0에 근접하므로 상관관계는 매우 유의하다고 할 수 있다. 게다가 Pearson 상관계수가 0.186이므로 신앙의 깊이와 물질적 풍요도는 양의 상관관계가 있다고 할 수 있다. 즉, 신앙의 깊이가 깊을수록 신앙생활의 성실도에 따른 물질적 풍요도에 대한 욕구가 커진다고 할 수 있다.

요컨대 이 설문조사 통계분석에서는 신앙의 깊이가 깊을수록 신앙생활의 성실성에 따르는 물질적 풍요에 대한 욕구가 커진다는 결과가 나왔다. 이처럼 신앙의 깊이가 깊을수록 신앙생활을 성실히 하면 물질적 풍요를 기대하게 되는 정도가 높아지고 있음은 주목할 만한 결과라고 해야 할 것이다. 앞에서도 언급했듯이 사찰에서 돈에 대한 언급이 거의 없음에도 이러한 결과가 나온다는 것은 불자들의 신앙생활 문화에 이러한 태도를 함양하는 어떤 별도의 기제가 있는 데에서 비롯한다고 볼 수 있을 것이다.

V. 신앙생활과 보시

신앙생활과 보시의 중요도 관계는 나이별, 재산별, 직업별로는 차이가 없다는 것이 드러났다. 그러나 신앙생활과 보시 관계는 신앙의 깊이에 따라서 차이가 있다는 것이 드러났다. 곧, 보시의 중요도는 신앙이 깊을수록 높다는 것이다. 이 설문조사 통계에서는 "신앙의 깊이와 보시의 상관성은 상관관계가 없다"를 귀무가설로 설정하였다.

<표 5-10> 보시의 상관성과 신앙 깊이에 대한 기술통계

	평균	표준 편차	N
신앙 깊이	3.3423	.74459	271
보시의 상관성	2.7065	.64311	246

<표 5-11> 보시의 상관성과 신앙 깊이에 대한 상관분석표

		신앙 깊이
	Pearson 상관계수	.162
보시의 상관성	유의수준(양쪽)	.013
	N	233

위의 표에서 상관관계는 0.05 수준에서 유의하며, 상관분석 결과 p-value(0.013)는 유의수준 0.05보다 작으므로 귀무가설을 기각할 수 있다. Pearson 상관계수가 0.162이므로, 신앙의 깊이와 보시의 상관성은 양의 상관관계가 있다고 할 수 있다. 즉, 신앙의 깊이가 깊을수록 보시의 상관성은 커진다고 할 수 있다. 이러한 결과는 신앙의 깊이와 가난한 사람들을 구제하는 일의 적극성 사이에 별로 상관관계가 없다는 분석결과와 대조하여볼 때 심각하게 바라봐야 할 면이 있다고 하겠다. 신앙의 깊이가 깊어질수록 보시에 대한 의식은 높아지는 데 반하여 가난한 사람들에 대한 적극적인 구제 의식은 그렇지 않다면, 불자들의 보시에 대한 의식이 이타적인 차원으로 나가고 있지 못하다는 것으로 해석해야 할 것인가? 그렇게 속단하기는 이르다. '사찰의 재정운영'에 대한 다음의 설문조사 통계분석을 살펴볼 필요가 있다.

VI. 사찰의 재정운영

현재 사찰의 돈이 가장 많이 사용되고 있는 분야는 '사찰운영'으로 드러났고, 다음으로 사찰건축, 사찰행사, 포교, 사회봉사, 교육 순으로 나타나는 것을 확인할 수 있었다. 사찰의 돈이 현재 가장 많이 사용되고 있는 분야를 파악하고, 또 사용되어야 하는 분야에 대한 인식을 알아보기 위해 빈도분석을 아래와 같이 표로 나타내고, 그 분석을 토대로 막대그래프를 작성하였다.

〈표 5-12〉 사찰의 재정운영 현황 빈도분석과 막대그래프

	빈도	올바른 퍼센트
사찰운영	131	49.6
사찰행사	32	12.1
사찰건축	64	24.2
포교	15	5.7
교육	6	2.3
사회봉사	16	6.1
총계	264	100.0

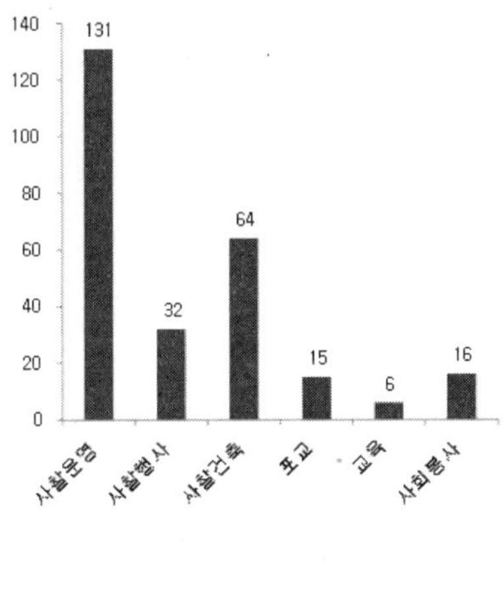

위의 표에서 현재 사찰의 돈이 가장 많이 사용되고 있는 분야는 '사찰운영'으로 드러나고, 다음으로는 사찰건축, 사찰행사, 포교, 사회봉사, 교육 순으로 나타남을 확인할 수 있다.

<표 5-13> 사찰의 재정운영 지향 빈도분석과 막대그래프

	빈도	올바른 퍼센트
사찰운영	65	25.4
사찰행사	17	6.6
사찰건축	29	11.3
포교	47	18.4
교육	32	12.5
사회봉사	66	25.8
총계	256	100.0

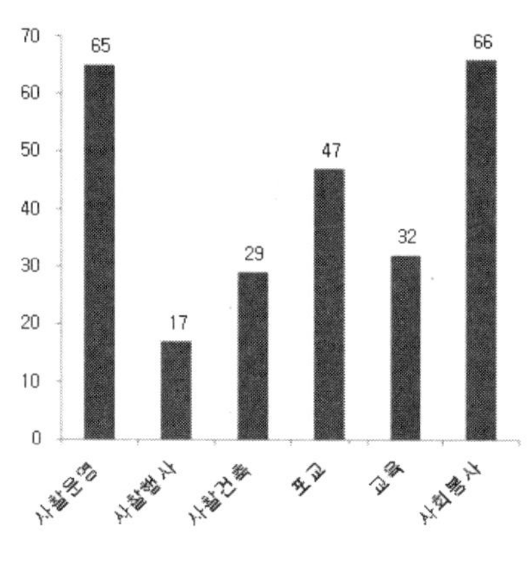

위의 표에서 앞으로 사찰의 돈이 가장 많이 사용되어야 하는 분야에 대해서 '사회봉사' 분야가 일순위로 주목되고, 비슷한 빈도로 사찰운영 이 뒤를 잇고 있다. 그 다음으로 포교, 교육, 사찰건축, 사찰행사가 차례 로 응답을 이루었음을 알 수 있다. 곧 현황과 당위 사이에 상당한 괴리 가 있는 것을 볼 수 있다. 이러한 괴리는 왜 나타나는 것일까? 불자들 자신의 태도에서 현실과 이상 사이의 괴리일지, 아니면 불자들의 바람 대로 사찰운영이 현실적으로 이루어지지 않는 데에 다른 문제가 개입 되고 있는지 여부에 대한 심층적인 추가 조사가 필요하다고 할 수 있겠 다. 어떤 경우이든 불자들의 바람을 어떻게 현실화할 수 있을지에 대한 고민과 모색이 필요하다고 할 것이다.

사찰의 재정운영 집행권에 대해서는 아래의 표에서와 같이 지역별 로 차이가 없이 공식적 논의와 공개가 제일 높았고, 그 다음이 주지스님 혼자 결정하고 집행내역을 공개하는 것이 두 번째로 높았다.

<표 5-14> 사찰에서 돈의 집행 결정

	거주지			총계
	서울시	인천시	경기도	
1. 주지스님 혼자서 결정하고 집행내역 비공개	22	0	11	33
	15.1%	0.0%	14.9%	14.7%
2. 주지스님 혼자서 결정하고 집행내역 공개	26	2	12	40
	17.8%	50.0%	16.2%	17.9%
3. 신도들과 공식적으로 논의하고 집행내역 공개	84	2	39	125
	57.5%	50.0%	52.7%	55.8%
4. 신도들과 비공식적으로 논의하고 집행내역 비공개	14	0	12	26
	9.6%	0.0%	16.2%	11.6%
총계	146	4	74	224
	100.0%	100.0%	100.0%	100.0%

위의 표에 따르면, 모든 지역에서 돈의 집행 결정과정에서 주지스님이 신도들과 공식적으로 논의하고 집행내역을 공개한다는 응답이 제일 높다. 그 뒤로는 주지스님 혼자서 결정하고 집행내역을 공개한다는 응답이 지역에 관계없이 두 번째로 높다.

이러한 통계결과를 어떻게 해석해야 할까? 우리는 우선 사찰의 재정운영이 적어도 공식적으로는 상당히 투명하다는 것을 인정할 수 있을 것이다. 여기에서 두 번째로 높은 "주지스님 혼자서 결정하고 집행내역을 공개한다"라는 응답에서 "주지스님 혼자서"라는 표현 때문에 다소 독단적이라고 인식할 수도 있는데, 일반적으로 소규모의 열악한 재정을 운영하는 사찰의 현실도 감안해야 할 것이다.5

---

5 한 스님과의 인터뷰에서, 사찰 재정내역을 일일이 신도들과 논의하지 않는 이유로 신도들

VII. 직업선택과 불교신앙

본 조사에서는 또한 직업선택에서 불교신앙의 영향도 상당히 있는 것을 볼 수 있었다. 직업선택과 불교신앙의 상관관계에 대해서는 "신앙의 깊이와 직업선택에서 불교신앙의 영향은 서로 상관관계가 없다"를 귀무가설로 설정하였다.

〈표 5-15〉 직업선택에서 불교신앙의 영향과 신앙 깊이의 상관관계기술통계

	평균	표준 편차	N
신앙 깊이	3.3423	.74459	271
직업선택에서 불교신앙의 영향	3.0804	.88989	280

〈표 5-16〉 직업선택에서 불교신앙의 영향과 신앙깊이의 상관관계 상관분석표

		신앙 깊이
직업선택에서 불교신앙의 영향	Pearson 상관계수	.286
	유의수준(양쪽)	.000
	N	262

위의 표에서 상관관계가 0.01 수준에서 유의하며, 상관분석 결과 p-value(0.000)는 유의수준 0.05보다 작으므로 귀무가설을 기각할 수 있다(p-value 값이 거의 0에 근사하므로 매우 유의한 결과라고 할 수 있

에게 부담을 주기 싫어서라는 답변이 나오기도 하였다.

다). Pearson 상관계수가 0.286이므로 신앙의 깊이와 직업선택에서 불교신앙의 영향은 양의 상관관계가 있다고 할 수 있다. 즉, 신앙이 깊으면 깊을수록 직업선택에서 불교신앙의 영향은 커진다고 할 수 있다.

요컨대 불자들에게 직업이 단순히 돈을 버는 활동이 아니라 신앙의 실천이라는 인식이 있는 것이다. 좀 더 구체적으로 직업선택에 어떠한 영향을 미치는지에 대하여 추후에 더욱 세분화된 조사연구가 필요한 항목이라고 할 수 있겠다.

VIII. 나가는 말

본 설문조사 연구에서는 설문조사 결과를 토대로 불교 재가자들의 신앙 및 신앙생활과 돈의 상관성이 지역, 나이, 성별, 재산, 직업, 신앙 깊이에 따라 제한된 정도로나마 다양한 편차를 보이고 있음을 살펴볼 수 있었다. 나아가 불교가 제시하는 돈에 관한 교리가 실제로 불교 재가자들의 삶과 사찰운영에 여러 차원에서 비록 제한된 정도이기는 하지만 상당 부분 영향을 미치고 있는 것을 알 수 있었다.

요컨대 2차년도 연구는 '무소유'의 길을 제시해온 불교가 어떻게 첨예한 자본주의 사회에 한편으로 적응하면서 다른 한편으로 재가자들의 돈에 대한 태도에서 어떤 식으로 응용되거나 변용되어 실천되어오고 있는지 불교 재가자들의 설문조사 분석을 통해 구체적으로 규명할 수 있었다.

전반적으로 불교 사찰 법회에서 돈에 대한 언급이 드물다는 것은 자본주의 사회에 소극적으로 적응하는 방식의 일환이라고 할 수도 있을 것이다. 그러나 이러한 소극적 태도는 불자들이 신앙이 깊어지더라도 돈에 대하여 불교적으로 심층적인 태도를 체득하지 못하는 결과로 이어지고 있다고도 할 수 있다. 다만 법회에서 언급이 드물다고 하더라도 불자들은 신앙의 깊이에 따라서 돈에 대한 관념이 여러 면에서 영향을 받고 있음을 살펴볼 수 있었다.

불교는 불자들의 생활 전반을 적극적으로 통제하는 종교가 아니라는 점에서 불교가 불자들의 돈 문제를 포괄적으로 다룰 필요가 없다고 할 수도 있겠으나, 포괄적으로 삶의 가치관을 제시할 필요가 있을 수 있다는 점에서 아쉬운 면이 있다고 할 수도 있을 것이다.

그렇다고 하더라도 통계적으로 주목되는 결과를 보면, 신앙이 성숙할수록 보시에 대한 의식도 높아지는 것을 볼 수 있었다. 또한 현재 사찰운영에 치중되고 있는 사찰재정을 봉사활동에 쓰도록 하자는 욕구가 상당한 것을 확인할 수 있었다. 이러한 현실과 바람의 차이를 어떻게 해석할 수 있을까? 사찰 재정운영이 투명하고 불자들의 합의하에 이루어진다고 한다면, 문제는 어디에 있을까? 그 차이를 어떻게 좁힐 것인가에 대한 모색이 필요하다고 할 수 있겠다.

여기에서 무소유가 돈의 소유 여부와 어떠한 관계를 가져야 하는지에 대해서 다시 의문을 제기해볼 필요가 있다. 추후에 질문을 더 세분화해서 설문조사를 할 필요도 있겠거니와, 무소유가 실제 우리의 경제생활에 대하여 규범적인 윤리적 지침으로 구체화될 필요가 있는 것이다. 특히 서두에 언급했듯이 과식과 다이어트의 아이러니한 조합을 조장하는 대량소비사회는 새로운 소비윤리를 통하여 바람직한 방향으로 개선될 필요가 있다.

유발 하라리는 최근 저서에서 바람직함의 여부와 무관하게 21세기 인류가 추구하게 될 가치로 불멸, 행복, 신성을 거론한다(Harari, [2016] 2017). 오늘날 자본의 과학기술에 대한 엄청난 투자가 과거에는 신의 영역이거나 운명의 영역으로 받아들였던 죽음을 실제로 극복할 수 있는 문제로 보게 되면서 불멸이 현실에서 추구할 수 있는 과제로 인식되기에 이르렀다는 것이다. 과학의 눈부신 발달은 행복과 신성에 있어서도 이전의 종교가 내세에서나 얻을 수 있는 것으로 바라보던 차원을 넘어서서 현세에서 이룰 수 있는 것으로 바라보게 만들고 있다. 불교를 포함하여 인도의 종교에서 추구하는 해탈이나 열반도 과학기술적으로 접근되기에 이른 것이다.

그러나 이러한 자본과 과학기술의 결합이 어두운 그림자를 드리우는 것은 그 혜택이 인류에게 보편적으로 돌아가는 것이 아니라는 점에 있다. 하라리는 자동차가 등장하면서 이동수단으로서 말이 사라졌듯이 미래 사회에 엘리트가 아닌 인간들은 용도 폐기되어 사라지거나 상당히 비참한 상황에 처해질 수 있음을 경고한다. 서두에서 빈부의 양극화가 현대 자본주의 사회에서는 상대적 차원의 문제라는 점을 언급했으나, 미래 사회에서 그 상대성은 결코 무시할 수 없는 심각한 차별을 초래할 수 있는 것이다. 소수의 엘리트는 자본과 과학기술의 도움을 받아 초인간적인 존재로 업그레이드되어서 불멸과 행복과 신성을 누리게 되는 반면에, 나머지 인간들은 인간의 능력을 넘어서는 인공지능 앞에서 무력한 유기체로 도태되어버릴 위험이 있다는 것이다. 물론 인공지능에 대하여 그렇게 위협적인 존재로 보는 것을 과장이라고 생각하는 학자도 있다(이대열, 2017). 그러나 19세기 초의 기계파괴운동인 러다이트 운동의 상황과 달리 인공지능 및 생명과학의 눈부신 발달은 미래의 상황을 낙관만 할 수는 없게 하고 있음도 인정해야 할 것이다.

이러한 자본과 과학기술의 결합으로 인한 빈부 양극화의 극단적인 폐해 가능성에 대하여 불교는 어떠한 대안을 제시할 수 있을 것인가? 불교가 불교적인 자본주의 윤리에 대하여 한층 더 심각하게 고뇌해야 할 상황이라고 할 수 있을 것이다.

참고문헌

류제동. 2016. "지구촌 맥락에서 한국불교 돈 담론의 지형도에 대한 시론적 고찰."
『종교는 돈을 어떻게 가르치는가』. 성공회대학교 신학연구원(편). 서울:
동연출판사, 127-156.

이대열. 2017. 『지능의 탄생: RNA에서 인공지능까지』. 서울: 바다출판사.

정종현. "법정스님 '무소유', 욕망의 70년대에 던진 근원적 화두." 「한겨레신문」
2015년 8월 21일자. http://www.hani.co.kr/arti/culture/book/
705391.html. 2018년 4월 3일에 검색.

Harari, Yuval Noah. [2014]2015. *Sapiens: A Brief History of Humankind*.
London: Random House Company. 『사피엔스』. 조현욱(역). 파주:
김영사.

______. [2016]2017. *Homo Deus: A Brief History of Tomo- rrow*. New York:
HarperCollins Publishers Inc. 『호모 데우스: 미래의 역사』. 김명주
(역). 파주: 김영사.

원불교의 돈의 논리 지형도 탐사

김 명 희

성공회대학교

I. 들어가는 말

2015년도 일반공동연구지원 사업으로 진행된 〈'돈'과 종교: 소비자본주의 시대의 종교지형도 그리기〉의 2차년도 연구는 1차년도의 연구 결과("원불교의 '물질개벽'을 통해 본 돈의 논리")[1]를 기반으로 원불교의 돈의 논리가 물질만능주의와 무한경쟁사회에서 어떻게 작용하는지 4개 교당—이리교당, 서울강남교당, 서울안암교당, 서울원남교당—의 교도들을 중심으로 탐색하였다. 구체적으로 오늘날 돈을 매개로 형성된

---

1 1차년도 결과물은 논문 및 책으로 출판됨(김명희, 2016, "원불교의 '물질개벽'을 통해 본 '돈'의 논리,"『원불교사상과 종교문화』제69집, 115-144; 권진관 외 공저, 성공회대학교 신학연구원 엮음, 2016,『종교는 돈을 어떻게 가르치는가』, 서울: 동연).

한국사회의 경쟁구도 속에서 소태산 대종사의 경제관이 원불교 교당과 신자들의 삶에 어떠한 내·외적 변화를 가져왔는지 설문조사를 통해 탐구하였다.

이를 위해 원불교 신자 대상으로 총 43문항의 '돈'과 신앙의 관계 인식에 대한 설문지를 작성하였으며, 지역적 분포를 고려해 원불교 4개 교당을 선정(서울 강남: 강남교당, 서울 강북: 안암 및 원남교당, 익산: 이리교당), 설문조사를 실시하였다. 수거한 설문지를 성균관대학교 통계분석팀에게 의뢰해 56쪽에 달하는 분석결과를 입수했다.[2] 이것을 토대로 지역, 나이, 성별, 재산, 직업, 신앙 깊이에 따라 '돈의 논리의 지형도'가 어떻게 변하는지 탐색하였다. 또한 소태산이 주창한 물질개벽의 돈의 논리가 실제로 원불교 신자들과 교당에 어떤 영향을 미치는지 고찰하였다. 이를 위해 원불교 신자들을 대상으로 설문조사를 하였으며, 설문 분석결과를 토대로 원불교의 돈의 논리가 어떻게 자본주의 및 시장사회에 개입하는지 규명하였다.

본 논문은 먼저 1차년도에 밝힌 '원불교의 돈의 논리'에 대해 간단히 기술한다. 이어서 원불교의 돈의 논리가 신자들의 생활과 의식구조에 어떻게 반영되고 있는지 설문조사를 통해 고찰한다. 설문분석 결과를 토대로 오늘날 원불교의 돈의 논리 지형도를 탐색한다. 마지막으로 신앙이 돈의 논리 지형도 변형에 기여할 수 있음을 제시한다.

---

2 논문에는 56쪽의 분석결과 중 필요한 것만 선정해 실었다.

II. 원불교의 돈의 논리에 대한 설문분석

"원불교의 돈의 논리 지형도 탐사"를 위해 크게 여섯 주제에 대해 설문조사를 하였다: 1. 신앙관, 2. 신앙과 '돈'의 상관성, 3. 신앙(교당) 생활과 '돈'의 상관성, 4. 교당의 '돈' 사용 문제, 5. 원불교 가르침이 사회에 미치는 영향, 6. 원불교의 가르침이 소비자본주의(물질만능주의)의 치유책이 될 수 있는가?

2017년 3월에서 4월까지 실시한 설문조사에 총 181명이 참여했다. 지역으로는 원불교의 총본산을 고려해 익산(이리교당)을 선택했고, 그 외에 서울권으로 강남(강남교당) 및 강북(안암 및 원남교당)을 조사하였다. 설문조사는 나이, 성별, 학력, 직업, 거주지, 자산규모, 신앙생활 기간, 신앙충실도 등으로 분류해 분석하였다. 다음은 설문 분석결과를 토대로 원불교의 돈의 논리 지형도를 탐색한다.

1. 원불교의 돈의 논리[3]

1) 이타적 가치 창출로서 '돈'

원불교는 물질개벽의 표어 아래 돈의 순기능과 긍정적 기능을 위해 근검절약을 통한 자발적 가난과 직업과 노동을 통한 돈의 긍정적 기능을 추구한다. 특히 원불교는 돈의 '이타적 가치 창출' 기능을 강조한다. 자기만을 위한 노동(직업)이 될 때 거기에는 돈이 부정적으로 기능한다

---

3 '원불교의 돈의 논리'에 대한 자세한 연구 내용은 1차년도 연구결과물(김명희 2016)을 참조하기 바란다. 여기 2차년도 논문에서는 1차년도 연구내용을 '이타적 가치 창출로서 돈'과 '인간 존엄성 회복으로서 돈'으로 간단히 요약해 소개한다.

는 것이다. 따라서 원불교의 창시자 소태산(少太山 大宗師 朴重彬, 1891-1943)은 돈은 절대적 가치로가 아닌 수단으로 기능해야 한다고 역설한다. 돈이 절대적 가치로 기능하는 데서 배금주의가 생산된다는 것이다. 그러므로 소태산은 돈의 이타적 가치 창출을 위해 물질개벽을 주장한다. 특히 사요(四要)와 사은(四恩) 교리를 통해 '돈'이 자유와 평등, 공공선을 실현하는 수단으로 사용되어야 할 것을 주장한다(김명희, 2016, 133).

2) 인간 존엄성 회복으로서 '돈'

사요(四要)교리와 사은(四恩)사상은 물질개벽의 중심원리다. 원불교는 사요교리와 사은사상을 통해 불평등 문제를 해결하고, 평등세계를 실현할 수 있다고 주장한다. 자본주의 사회에서 물질만능주의로 인한 인간소외와 공동선의 붕괴 위험을 사요교리와 사은사상을 통해서 극복할 수 있다는 것이다.

사은(四恩)—천지은, 부모은, 동포은, 법률은—을 통한 공생공존의 상생관계는 이기주의적 부의 축적이 아닌, 또한 물질의 부정적 기능이 아닌, 사회의 공동선을 위한 물질의 선(善)순환적 기능을 가능케 한다. 원불교는 사요실천론을 통해서도 평등세계를 위한 사회개혁을 할 수 있다고 주장한다. 상대적 빈곤이 사라진 평등세계다. 사요에 의해 인권평등, 지식평등, 교육평등, 생활평등이 실현된다. 특히 자력양성(自力養成)은 경제적 자립을 통해 불평등과 차별을 척결하는 것을 목표로 삼는다. 원불교는 개인의 자력을 중요시한다. 이를 위해 개인의 경제적 자립이 우선시된다. 경제적 자립을 위해 필요한 게 직업이다. 직업을 통해 생활 속에서 영육쌍전할 수 있도록 촉구한다. 직업은 자력양성을 가능케 하고 마침내 인권평등을 이뤄낸다.

사은사상과 사요교리는 인간이 자유와 평등을 확립하기 위한 공공선의 지표들이다. 이에 따르면 돈은 사회의 배제자(排除者)와 약자를 보호하고 은혜를 베푸는 수단으로 사용되어야 한다. 돈은 공공선을 가능케 하는 수단이다(김명희, 2016, 134-138).

소태산의 물질개벽은 인간의 존엄성 회복이 목적이다. 물질개벽의 중심교리인 사요와 사은은 인간의 자유와 평등을 실현하고, 이타행의 가치를 추구하게 한다. 인간의 자유와 평등, 이타행의 가치 실현을 위해 무엇보다도 우선시되는 게 직업을 통한 경제적 자립이다. 이런 점에서 원불교에서 '돈'은 인간의 자유와 평등, 이타적 삶을 위한 '수단'으로써 기능한다.

2. 설문분석 결과 및 해석

1) '돈'과 '물질개벽'에 대한 언급

원불교의 돈의 논리 지형도를 탐사하기 위해 우선 교당에서 '돈' 혹은 '물질개벽'에 관해 얼마나 자주 듣는지에 대한 문항을 만들어 조사하였다.

〈표 6-1〉 교당 내 '돈'의 언급

(단위: 퍼센트)

	거의 매주마다	한 달에 1, 2회	1년에 1,2회	교당건축 등 큰돈이 있을 때마다	전혀 없음	총계
이리교당	0.0	21.4	32.1	17.9	28.6	100
강남교당	2.5	12.5	25.0	50.0	10.0	100
안암교당 원남교당	10.1	30.4	18.8	26.1	14.6	100

이리교당에서는 1년에 1,2회 돈에 대해 언급한다는 응답자가 32.1%로 가장 많았고, 21.4%는 한 달에 1,2회 언급한다고 응답했다. 서울 강남교당에서는 교당건축 등 큰돈을 필요로 할 때마다 돈에 대해 언급한다는 응답자가 50%로 가장 많았다. 그것은 2016년 2월에 준공한 강남교당의 건축 과정에서 돈에 대해 자주 언급한 것으로 추정된다. 이어 25.0%가 1년에 1,2회 돈에 대해 듣는다고 응답했다. 반면에 강북 안암 및 원남교당에서는 한 달에 1,2회(30.4%) 정도 돈에 대해 언급한 것으로 조사됐다. 그리고 '교당건축 등 큰돈이 있을 때마다 돈에 대해 듣는다'는 응답자는 26.1%로 두 번째로 많았다. 세 지역 중에서 '돈'에 대해 가장 많이 언급한 교당은 강남교당(90%)이며, 두 번째가 안암 및 원남교당(85.4%)이고 이리교당(71.4%)이 그 뒤를 이었다. 모든 지역의 교당에서 돈을 언급하고 있지만, 서울에 있는 교당이 익산보다 좀 더 많이 강조하였다. 하지만 4개 교당 모두 '거의 매주마다 듣는다'는 응답률은 가장 낮았다. 서울의 강남과 강북교당은 이리교당에 비해 '교당건축' 관련해서 돈에 대해 듣는다는 응답자 수가 많은 것으로 나타났다.

〈표 6-2〉 소태산의 '물질개벽'에 관해 법회 때 들은 횟수(지역별 교차분석표)

(단위: 퍼센트)

	자주 듣는다	가끔 듣는다
익산	70.2	29.8
서울강남	70.0	30.0
서울강북	76.1	23.9
총계	72.6	27.4

〈표 6-3〉 소태산의 '물질개벽'과 개인의 물질적 축복과의 연관성(지역별 교차분석표)

(단위: 퍼센트)

	그렇다	아니다	잘 모르겠다	총계
익산	64.3	17.8	17.9	100
서울강남	35.9	33.3	30.8	100
서울강북	49.3	28.2	22.5	100
총계	51.2	25.9	22.9	100

〈표 6-2〉에서 보듯이, 소태산 대종사의 물질개벽과 관련한 신앙과 돈의 상관성에 대한 물음에서는 이리지역, 서울강북지역 모두 물질개벽에 대해 '자주 듣는다'고 응답했다(평균 72.6%: 익산 70.2%, 서울강남 70.0%, 서울강북 76.1%). 또한 〈표 6-3〉에 따르면, 모든 지역에서 '물질개벽이 개인의 물질적 축복과 연관됨'을 들었다고 응답했다(평균 51.2%: 익산 64.3%, 서울강남 35.9%, 서울강북 49.3%). 물질개벽이 개인의 물질적 축복과 연관이 있다는 응답률은 이리교당이 64.3%로 가장 높았고, 서울강남교당은 35.9%로 세 지역 중 가장 낮은 응답률을 보였

다. 강남교당은 긍정적 대답(35.9%)과 부정적 대답(33.3%)이 거의 동일하며, 잘 모르겠다고 응답한 사람도 30.8%로 앞의 두 응답률과 비슷한 양상을 보였다. 모른다는 응답률이 다른 두 교당보다 높은 것은 많은 신자들이 자주, 규칙적으로 교당 법회에 참여하지 않은 결과일 수도 있다. 이리교당의 '잘 모르겠다'는 응답률이 세 지역 교당 중 가장 낮은 (17.9%) 것은 교도들의 규칙적 법회 참여율이 높기 때문일 것으로 추측된다.

결론적으로 '돈'에 대해 모든 교당은 자주(매주)는 아니지만 적어도 한 달에 한두 번, 혹은 일 년에 한두 번 언급한 것으로 조사됐고, 서울지역은 교당신축이나 큰돈이 필요할 때마다 돈에 대해 자주 언급한 것으로 조사됐다.

다음은 교당 내 돈에 대한 언급과 관련해 각 지역의 교도들은 돈의 이타적 가치 창출에 대해 어떻게 인식하는지 설문조사한 것을 토대로 탐구한다.

2) 이타적 가치 창출로서 '돈'

(1) 사회구제를 위한 '돈'

'돈을 어떻게 사용해야 하는지에 대한 인식' 조사(〈표 6-4〉 참조)에서 익산, 서울강북, 서울강남 지역 모두 '종교에 구애받지 않고 가난한 이웃을 도와줌으로써 사회에 환원해야 한다'는 데 가장 높은 응답률을 보였다. 특히 세 지역 교당 중 서울강북 교당이 45.7%로 가장 높았다. 종교를 초월해 가난한 이웃을 도와야 한다는 이타행은 원불교가 추구하는 사대진리사상—"진리는 하나, 세계도 하나, 인류는 한 가족, 세상은 한 일터, 개척하자 하나의 세계"—및 종교연합운동과도 무관하지 않

다.4 초종교적 사회구제는 다른 종교에서는 보기 드문 원불교만의 특징
이기도 하다.

'교당 내 가난한 교도들을 도와야 한다'는 항목은 세 지역 중 이리교
당이 가장 높은 응답률(57.2%)을 보였다. 두 번째로 높은 응답률을 보
인 곳은 서울강북이다(33.3%). 서울강남은 9.5%로 가장 낮다. 이 차이
점은 지역의 경제수준을 반영한 듯하다. 익산지역의 소득수준이 서울
지역보다 대체로 낮기 때문에 이리교당 교도들은 교당의 돈이 교당 내
가난한 사람들을 위해 우선적으로 사용되어야 한다고 생각한 것 같다.
반면에 강남교당은 소득수준이 타 지역보다 비교적 높기 때문에 교당
내 이웃구제에 대해서는 세 지역 중 가장 낮은 응답률을 보였다. 서울에
서도 소득수준이 상대적으로 낮은 강북이 강남보다 교당 내 구제에 큰
관심을 보였다.

익산과 서울강남, 서울강북 지역 모두 교당의 돈은 교당 내외를 막
론하고 사회구제를 위해 사용해야 한다는 데 뜻을 같이했다. 소득수준
이 높은 지역일수록 교당 밖과 초종교적 사회구제에 더 많은 관심을 가
졌고, 소득수준이 낮은 지역은 교당 내 사회구제가 우선시됐다. '교당
운영에만 써야 한다'고 응답한 사람은 어느 교당에도 없었다.

연령대별로는 20대부터 80대까지 고르게 '가난한 이웃을 종교에 구
애받지 않고 도와줌으로써 사회에 환원해야 한다'(이하, 사회에 환원)고
응답했다(71.1%). 그중에서도 60대(86.2%)와 40대(85.7%)가 사회 환

---

4 원불교의 사대진리사상(四大眞理思想)과 종교연합운동이 종교 간 대화의 토대라는 것
  과 이타행을 추구한다는 것에 대해 다음의 글을 참조하길 바란다: 김명희, 2014, "대산
  김대거 종사의 종교간 대화 – 원효의 체상용(體相用) 대화원리를 중심으로,"『원불교사
  상과 종교문화』제61집, 149-197.

<표 6-4> 교당의 돈 사용(지역별 교차분석표)

(단위: 퍼센트)

	사회에 환원	교당 내 구제	기타
익산	30.2	57.2	32.0
서울강남	24.1	9.5	32.0
서울강북	45.7	33.3	36.0
총계	100	100	100

원에 대해 가장 큰 관심을 보였다. 전 연령대 평균 13.1%만이 '가난한 교도들을 도와줌으로써 교당 내에서 소진해야 한다'(이하, 교당 내 구제)에 응답했다. 80대는 '사회에 환원'에 대해 연령대 중 가장 낮은 응답률(44.4%)을[5] 보인 반면, '교당 내 구제'에 대해서는 가장 높은 응답률(44.4%)을[6] 보였다.

교당의 돈을 어떻게 사용해야 하는지에 대해서는 남녀 모두 가난한 이웃을 종교에 구애받지 않고 도와줌으로써 사회에 환원해야 한다는 데 동의했다(합 71.1%: 남 64.3%, 여 75.7%). '교당 내 구제'에 대해서는 13.3%(남 12.9%, 여 13.6%)만이 동의했다. 남성과 여성에 따라 교당의 돈을 어떻게 사용해야 하는가에 대한 인식의 차이는 없었다.

교당의 돈 사용에 대해서는 재산 정도와는 크게 상관없이 사회에 환원해야 한다고 인식했다. 신앙의 깊이에 따라서 교당의 돈 사용에 대한 인식은 다르게 나타났다. 신앙이 깊을수록 사회에 환원해야 한다는 응

---

5 사회에 환원: 20대(70.0%), 30대(57.7%), 40대(85.7%), 50대(75.0%), 60대(86.2%), 70대(62.5%), 80대(44.4%).
6 교당 내 사용: 20대(20.0%), 30대(15.4%), 40대(0.0%), 50대(5.6%), 60대(6.9%), 70대(18.8%), 80대(44.4%)

답자가 많았다. 이 결과는 주목할 만하다. 즉 신앙이 교도들의 이타행에 영향을 미치고 있다는 뜻이다.

결론적으로 원불교의 물질개벽이 추구하는바 돈의 이타적 가치 창출 기능에 대해 교도들이 대체로 동의 및 필요성을 인식하고 있었다. 지역, 연령, 성별, 재산에 상관없이 대부분 종교에 구애 받지 않고 가난한 이웃을 도와야 한다는 데 세 지역 교당 모두 높은 응답률을 보였다. 이것은 원불교 교도들에게 돈이 '이타적 가치 창출' 도구로 인식되고 있음을 시사한다. 신앙을 통해 물질세계를 변화시키고자 한 원불교의 창교 정신—"물질이 개벽되니 정신을 개벽하자"—을 엿볼 수 있었다.

(2) 교당의 헌금

"헌금이 가장 많이 사용되고 있는 분야는 어디라고 생각하십니까?"[7] 라는 실제적 질문에 교당운영에 헌금이 가장 많이 사용된다고 응답했고, 교당유지비, 교당행사 그리고 사회봉사 순으로 의견이 많았다(〈표 6-5〉). "헌금이 가장 많이 사용되어야 하는 분야는 어디라고 생각하십니까?"[8]란 질문에는 교당운영(24.5%)에 쓰여야 한다는 응답이 가장 많았고, 사회봉사(16.5%), 교당 유지비(15.7%) 순으로 의견이 많았다. 이어 포교(11.8%), 교육(11.2%), 교당행사(7.4%)가 그 다음 순위를 차지했다.

---

7 질문: 헌금이 가장 많이 사용되고 있는 분야는 어디라고 생각하시는지요? 가장 많은 순서대로 3개만 번호를 선택해 써주십시오.
　① 교당운영(인건비 포함) ② 포교 ③ 교육 ④ 사회봉사 ⑤ 교당행사 ⑥ 교당건축
　⑦ 교당 유지비 ⑧ 기도비 ⑨ 육영장학비 ⑩ 봉공회비 ⑪ 기타 ________
8 질문: 헌금이 가장 많이 사용되어야 하는 분야는 어디라고 생각하시는지요? 가장 많은 순서대로 3개만 번호를 선택해 써 주십시오.
　① 교당운영(인건비 포함) ② 포교 ③ 교육 ④ 사회봉사 ⑤ 교당행사 ⑥ 교당건축
　⑦ 교당 유지비 ⑧ 기도비 ⑨ 육영장학비 ⑩ 봉공회비 ⑪ 기타 ________

<표 6-5> 헌금이 가장 많이 사용되고 있는 분야

(단위: 퍼센트)

교당 운영 (인건비 포함)	포교	교육	사회 봉사	교당 행사	교당 건축	교당 유지	기도	육영 장학	봉공 회비	기타	총계
26.9	7.0	6.6	10.0	13.7	6.8	18.9	1.2	4.6	2.6	1.7	100

이 분석을 통해 얻은 결론은 현재 헌금이 많이 사용되고 있는 분야와 많이 사용되어야 하는 분야가 어느 정도 구성원들 사이에서 일치하고 있다는 점이다. 헌금이 가장 많이 사용되고 있는 분야도, 또 사용되어야 하는 분야도 첫 번째가 교당운영(인건비 포함, 26.9%/ 24.5%)이었으며, 두 번째가 교당유지(18.9%/15.7%)였다. 반면에 헌금이 사용되고 있는 세 번째, 네 번째 순위가 교당행사(13.7%) 및 사회봉사(10.0%)였다. 헌금이 많이 사용될 분야에서는 사회봉사(16.5%)가 세 번째로 응답자가 많았고, 교당행사는 7.4%의 적은 수만 응답했다. 즉 교당행사에는 교도들의 바람과 달리 헌금이 많이 지출되고 있는 것으로 조사됐다. 두 질문 모두 헌금 사용에서 사회봉사에 대한 관심도는 낮은 응답률을 보였다.

앞서 조사한 '사회구제'에 대한 인식도에서는 세 지역 교당 모두 가난한 이웃을 도와야 한다고 응답했으나, 실제로 교당의 돈이 가장 많이 지출되고 있는 분야는 교당운영(인건비 포함)과 교당유지였다. 사회봉사는 그 뒤를 이었다. 이를 통해 이타적 가치 창출로서 돈에 대한 가르침이 교당의 현실에서는 실천되지 않고 있음을 알 수 있었다. 앞서 살펴본 "교당은 돈을 어떻게 써야 하는가?"에 대한 개인 인식 조사에서는

'사회에 환원'과 '교당 내 구제'에 가장 높은 응답률을 보인 반면, 실제로 교당의 돈 사용은 교당운영과 교당유지에 편중되어 있었다. 돈 사용에 대한 개인의 인식과 교당의 실제 사이 차이가 주목된다. 이것은 교당이 풀어야 할 과제이기도 하다. 교도들에게는 이타적 가치 창출로서 돈 사용을 주장하면서, 교당에서는 이를 실천하지 못하고 있다.

교당의 돈(헌금, 예산) 사용의 투명성에 대해서는 지역에 관계없이 자신의 교당에서는 교당 전체교도에게 예산 및 집행 내용을 공개한다고 응답하였다. '전혀 공개하지 않는다'는 응답자는 모든 지역에서 가장 적게 나타났다. 원불교 교당의 돈 사용이 비교적 투명함을 알 수 있다.

(3) 개인 소득의 사용

"당신은 소득을 원불교의 가르침에 따라 사용하고 있다고 생각하십니까?"란 질문에 대해 다양한 조사결과를 얻을 수 있었다(〈표 6-6〉).

〈표 6-6〉 원불교의 가르침에 따른 소득의 사용 여부(지역별 교차분석표)

(단위: 퍼센트)

	전혀 아니다	아니다	모르겠다	그렇다	매우 그렇다	총계
익산	3.5	14.0	28.1	49.1	5.3	100
서울강남	0.0	10.3	17.9	66.7	5.1	100
서울강북	2.9	10.1	26.1	55.1	5.8	100
총계	2.4	11.5	24.8	55.8	5.5	100

지역별로는, 이리지역, 서울 강남지역, 서울 강북지역 모두 "소득을

원불교의 가르침에 따라 사용하는가?"에 대해 반수 이상이 '그렇다'고 응답하였다(총 55.8%). '매우 그렇다'(총 5.5%)와 '그렇다'(총 55.8%)를 합치면 61.3%의 교도들이 원불교의 가르침에 따라 소득을 사용하는 것으로 나타났다. 두 번째로 많은 응답은 세 지역 모두 '모르겠다'였다(총 24.8%). '전혀 아니다'(2.4%)와 '아니다'(11.5%) 둘을 합한 응답자 수가 적지 않은 것도 눈에 띈다. 서울강남교당은 '전혀 아니다'고 응답한 사람이 없었다.

20대부터 80대까지 "소득을 원불교의 가르침에 따라 사용하고 있는가?"라는 질문에는 '그렇다'(53.7%)고 가장 많이 응답했다. 2위가 '모르겠다'(27.7%)였고, 3위가 '아니다'(11.1%), 4위가 '매우 그렇다'(5.6%), 5위가 '전혀 아니다'(2.5%)였다.

재산과 원불교의 가르침에 따른 소득의 사용에서는 상호연관성이 적은 것으로 나타났다. 주목할 만한 것은 재산 상, 중, 하 소유자 모두가 "소득을 원불교 가르침에 따라 사용하고 있는가?"라는 질문에 '그렇다'고 가장 많이 응답했다는 점이다.[9] '그렇다'와 '매우 그렇다'를 합치면 '재산 하'는 41.2%, '재산 중'은 34.5%, '재산 상'은 24.3%의 긍정적 응답률을 보였다. 반면에 '전혀 아니다'와 '아니다'를 합치면 '재산 하'는 8.2%, '재산 중'은 6.9%, '재산 상'은 4.9%가 재산과 소득을 원불교의 가르침에 따라 사용하지 않는다고 답했다. '모르겠다'는 응답[10]은 '그렇다'의 뒤를 이어 두 번째로 높은 응답률을 보였다. 결론적으로 재산에 상관없이 대체로 많은 교도가 소득을 원불교의 가르침에 맞게 사용한다고 생각했다. 신앙의 깊이와 원불교의 가르침에 따른 소득의 사용은

---

9 '그렇다'고 답한 재산 하: 37.5%, 재산 중: 31.4%, 재산 상: 22.1%.
10 '모르겠다'고 답한 재산 하: 18.5%, 재산 중: 15.5%, 재산 상: 10.9%

양의 상관관계가 있다고 조사됐다(〈표 6-7〉 참조).

귀무가설: "신앙 깊이와 원불교의 가르침이 사회에 미치는 영향에 대한 인식은 서로 상관관계가 없다."

〈표 6-7〉 소득을 원불교의 가르침에 따라 사용한 여부

		신앙 깊이
원불교의 가르침으로 인한 소득	Pearson 상관계수	.332*
	유의수준(양쪽)	.000
	N	170

* 상관이 0.01 수준에서 유의하다(양쪽).

▶ 결과: 상관분석 결과 p-value가 유의수준 0.05보다 작으므로 귀무가설을 기각할 수 있다. Pearson 상관계수가 0.332이므로 신앙의 깊이와 원불교의 가르침에 따른 소득은 양의 상관관계가 있다고 할 수 있다.

직업별 조사에 따르면 직업별로 원불교의 가르침에 따라 소득을 실천하는 비율이 다르게 나타났다. 대체로 전문/경영 관리직이나 사무직, 주부 등이 소득을 원불교의 가르침에 따라 사용하는 것으로 나타났다. 이들은 "소득을 원불교의 가르침에 따라 사용하고 있는가?"라는 질문에 '그렇다'고 가장 많이 응답했다('그렇다'고 한 총 응답자 94명 중 주부가 18명, 사무직이 17명, 전문/경영관리직이 16명으로 반수 이상 차지).[11] 주목

---

11 '그렇다'와 '매우 그렇다'를 합하면, 총 응답자 104명 중 주부 23명, 전문/경영관리직 18명, 사무직 17명으로 58명이 긍정적으로 응답했다.

할 만한 점은 가정의 재정을 담당하는 주부가 높은 응답률을 보이며 소득을 원불교의 가르침에 따라 사용하는 것으로 나타났다. 모든 직업의 평균 응답자 수는 '그렇다'가 가장 많은 것으로 나타났다(응답자 174명 중 94명). 2위가 '모르겠다'였다(응답자 174명 중 47명). '아니다'와 '전혀 아니다'는 응답자 174명 중 23명을 차지했다. 농/임/어업의 종사자만 유일하게 원불교의 가르침에 따른 소득 사용에서 긍정적 응답자가 없었다. 이들은 '전혀 아니다'와 '모르겠다'에 응답했다.

결론적으로, 대체로 원불교 교도들은 개인소득을 원불교의 가르침에 따라 사용하고 있는 것으로 나타났다. 반면에 '모르겠다'고 응답한 사람도 많다. 모른다고 답한 사람의 수가 의외로 많은 것은 '원불교의 돈에 대한 가르침'이 소극적인데서 연유한 것이 아닐까 추정한다. 소태산은 '물질이 개벽되니 정신을 개벽하자'는 원불교 창교 표어 아래 절대빈곤을 퇴치하려 영육쌍전(靈肉雙全)의 교리를 가르치고 실천하는 데 힘썼다. 그런데 오늘날 교당들은 원불교 초기 소태산의 '물질개벽과 정신개벽'의 유지(維持)를 가르침과 실천을 통해 잇지 못하고 있는 것은 아닐까? 교도들은 삶의 현장에서 물질개벽의 '돈'의 논리를 따르고자 힘쓰는데, 교당은 그렇지 못한 것은 아닐까? 소태산의 가르침과 교당의 실천 사이 괴리는 원불교가 풀어야 할 몫이다.

3) 자력양성으로서 '직업'

사회개혁원리로서 사요교리(四要敎理)[12]의 첫 번째 원리인 자력양

---

12 사요(四要)는 원불교에서 사회현실 문제를 다루는 사회교리로 소태산 대종사는 사요교리를 통해 자본주의 사회에서 발생하는 불평등의 문제를 해결하고자 했다. 사요교리는 다음의 네 가지로 구성된다: 자력양성, 지자본위, 타자녀교육, 공도자 숭배(김명희, 2016,

성은 개인의 경제적 자립이 목적이다. 이를 통해 인간의 주체성과 자율성이 확립된다. 소태산 대종사는 자력양성을 위해 중요한 것이 '직업'이라고 역설한다.[13] 소태산에게 직업은 단순히 돈을 벌기 위한 수단이 아니다. 직업은 불평등과 차별 척결의 수단으로 중요한 역할을 한다. 개인은 직업을 통해 경제적 자립을 확보할 수 있고, 평등사회의 일원이 될 수 있다. 따라서 직업은 인간의 '자유와 평등'을 실현할 수 있는 중요한 수단이다. 또한 직업은 인간을 주체적·자율적 존재로 만들어 '자력양성'을 돕는다. 소태산은 직업을 통해 생활 속에서 영육쌍전을 실현할수 있다고 역설한다. 이렇듯 원불교는 직업을 신의 소명이라고 주장한 기독교의 종교개혁가 루터나 칼뱅처럼 직업의 중요성에 대해 강조한다. 직업을 통해 인간의 기본권이 보장될 수 있기 때문이다(김명희. 2016, 137-138). 이처럼 신앙과 직업은 긴밀한 관계를 갖는다. 다음은 신앙과 관련해 원불교 신자들의 '직업'에 대한 인식을 조사한 결과다.

익산과 서울강남은 직업선택에서 신앙이 중간 정도 영향을 미치는 것으로 나타났으며, 직업이 '소명'이라는 인식 정도도 중간이었다(익산 54.4%, 서울강남 53.7%). 반면에 서울 강북지역은 직업선택에서 신앙이 매우 영향을 미친다고 생각하였고, 직업을 '소명'이라고 하는 것에 대해 전적으로 동의하였다(서울강북 60.6%).

그 밖에 나이가 많을수록 직업을 선택하는 데 신앙이 중요하다고 생각했다. 성별로는 남성이 직업선택에 신앙이 중간 정도 영향을 미친다고 응답했으며, 직업이 '소명'이라는 것에 대해서는 '보통 정도'의 응답률을 보였다. 반면에 여성은 직업선택에 신앙이 매우 큰 영향을 미친

136-140 참조).

13 『대종경』 제1서품, 24.

다고 생각하였고, 직업이 '소명'이라는 것에 대해 전적으로 동의하였다.

〈표 6-8〉 직업선택 × 지역별 교차분석표

(단위: 퍼센트)

	익산	서울강남	서울강북	총계
직업선택 하	12.3	2.4	5.6	7.1
직업선택 중	54.4	53.7	33.8	45.6
직업선택 상	33.3	43.9	60.6	47.3
총계	100	100	100	100

〈표 6-9〉 상관분석표[14]

		신앙의 깊이
	Pearson 상관계수	.431*
직업선택	유의수준(양쪽)	.000
	N	168

* 상관이 0.01 수준에서 유의하다(양쪽).

▶ 해석: 피어슨 상관계수가 0.431이므로 신앙의 깊이와 '직업은 소명이다 & 직업을 선택하는 데 있어서 신앙의 영향력'에 대한 인식 사이

---

14 〈표 6-9〉 상관분석표는 다음의 두 문항에 대한 응답을 분석한 것이다.
질문 1: 소태산 대종사님께서 직업을 '소명'으로 말한 것에 대해 어떻게 생각하십니까?
　　　 ① 매우 동의한다 ② 동의한다 ③ 보통이다 ④ 동의하지 않는다
　　　 ⑤ 매우 동의하지 않는다 ⑥ 잘 모르겠다
질문 2: 귀하께서 직업을 선택하는 데 있어서 신앙이 중요한 영향을 끼친다고 생각하십니까?
　　　 ① 매우 그렇다 ② 그렇다 ③ 보통이다 ④ 그렇지 않다 ⑤ 매우 그렇지 않다

에는 양의 상관관계가 있다고 할 수 있다.

원불교도의 '재산'과 '직업은 소명이다 & 직업을 선택하는 데 있어서 신앙의 영향력'에 대한 인식 사이에는 상관성이 없는 것으로 나타났다. 그러나 〈표 6-9〉에서 보듯이 '신앙의 깊이'와 '직업은 소명이다 & 직업을 선택하는 데 있어서 신앙의 영향력'에 대한 인식 사이에는 양의 상관관계가 있는 것으로 분석됐다. 결론적으로, 소명으로서 직업을 선택할 때 재산은 크게 영향력을 미치지 않지만, '신앙'은 직업선택에 중요한 역할을 하는 것으로 조사됐다. 이 결과는 소태산이 물질개벽과 함께 강조했던 직업소명관과 일치한다.

직업별로 '직업은 소명이다 & 직업을 선택하는 데 있어서 신앙의 영향력'에 대한 인식은 차이가 있었다(〈표 6-10〉). 전문/경영관리직(응답자 27명 중 27명 모두)과 사무직(응답자 21명 중 21명 모두) 종사자들은 직업선택에 신앙의 영향력이 크다고 응답했다. 흥미로운 점은 주부 또한 38명 중 36명이 직업은 소명이며, 직업선택에 신앙이 영향을 미친다고 응답했다. 그러나 농/임/어업 종사자나 학생은 직업소명의식이 가장 낮았다. 이것은 우리나라의 사회현실이 반영된 결과로 보인다. 원불교 초기에는 1차 산업(농/임/어업) 종사자가 대부분이었고, 소태산은 이들을 사회의 주요 노동력으로 존중했다. 그러나 오늘날 1차 산업은 다른 직업에 비해 선호도가 낮다. 우리나라 학생의 경우는 행복지수가 가장 낮은 계층에 속한다. 그리고 이들에게 미래를 보장해줄 '직업'은 불투명하기만 하다. 이런 이유에서 1차 산업과 학생들의 '직업소명'에 대한 인식이 가장 낮았던 것은 아닐까 추정한다.

<표 6-10> 직업은 소명이다[15] & 직업을 선택하는 데 신앙의 영향력[16]에 대한 인식조사 교차분석표

	하	중	상	총계
전문/경영관리직	0	10	17	27
사무직	0	11	10	21
생산/기술직	1	6	4	11
판매/서비스직	1	3	6	10
자영업	1	4	7	12
농/임/어업	1	0	1	2
학생	4	17	1	22
주부	2	18	18	38
무직	2	8	11	21
기타	1	6	8	15
총계	13	83	83	179

4) 원불교의 가르침이 소비자본주의(물질만능주의)의 치유책이 될 수 있는가?

"원불교의 가르침이 사회의 경제위기에 도움을 줄 수 있는가?"라는

---

15 질문: 소태산 대종사님께서 직업을 '소명'으로 말한 것에 대해 어떻게 생각하십니까?
　　　　① 매우 동의한다 ② 동의한다 ③ 보통이다 ④ 동의하지 않는다
　　　　⑤ 매우 동의하지 않는다 ⑥ 잘 모르겠다
16 질문: 귀하께서 직업을 선택하는 데 있어서 신앙이 중요한 영향을 끼친다고 생각하십니까?
　　　　① 매우 그렇다 ② 그렇다 ③ 보통이다 ④ 그렇지 않다 ⑤ 매우 그렇지 않다

질문에 대해 지역별, 나이별, 재산별, 직업별로는 유의한 차이가 없었다. 대부분 '도움을 줄 수 있다'고 응답했다. 또한 신앙의 깊이에 따라 원불교의 가르침이 사회경제 위기에 도움을 줄 수 있다고 응답했다.

"원불교가 사회의 경제문제를 해결하기 위해서는 어떤 방법이 가장 좋을까요?"란 질문에 가장 많은 응답자 수를 보인 것은 "사회교리를 통해 모든 교도 공동체가 의식적으로 행동해야 한다"(48.0%)였다. 두 번째는 "개개인의 노력이 필요하다"(22.7%)였으며, 세 번째가 "(병원, 학교, 복지단체 등) 기관으로서 원불교/교당이 사회에 일자리를 제공해주어야 한다"(12.0%)는 것이었고, 네 번째는 "정치인들에게 영향력을 행사하여 일자리 정책에 반영하도록 한다"(10.0%)였다. 다섯 번째는 "책이나 교육 같은 매체들을 이용하여 인식시킨다"(4.7%)였고, 마지막으로 기타(2.7%)였다(〈표 6-11〉).

〈표 6-11〉 원불교의 사회경제문제 해결방법

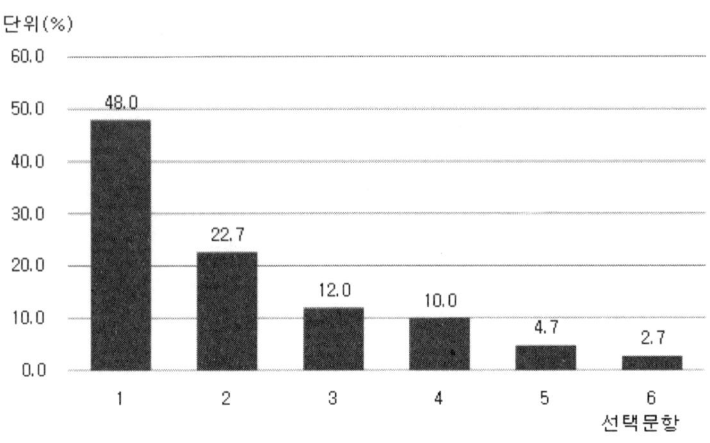

① 개개인의 노력이 필요하다.
② (병원, 학교, 복지단체 등) 기관으로서 원불교/교당이 사회에 일자리를
   제공해주어야 한다.
③ 정치인들에게 영향력을 행사하여 일자리 정책에 반영하도록 한다.
④ 사회교리를 통해 모든 교도 공동체가 의식적으로 행동해야 한다.
⑤ 책이나 교육과 같은 매체들을 이용하여 인식시킨다.
⑥ 기타 _______________________________________

결론적으로 원불교 대부분의 교도들이 원불교의 가르침이 우리 사회의 경제문제에 도움을 줄 수 있다고 인식했다. 이것은 원불교가 창교(創教)시부터 주창한 '물질개벽'의 가르침에 기인한다. 사요사상·사은교리로 자력양성과 사회개혁을 시도했던 원불교가 오늘날 우리나라의 사회 및 경제에 물질개벽의 원리로 여전히 중요한 역할을 할 수 있다고 믿는 것이다. 그래서 교도들은 한국의 사회 및 경제문제 해결을 위해 원불교 사회교리를 토대로 모든 교도 공동체가 의식적으로 행동해야 한다고 역설한다. 즉 책이나 교육 같은 '이론'이 아닌, 사회교리의 공동체적 실천과 개인의 노력을 통한 '행동'만이 사회 및 경제문제를 해결할 수 있다는 것이다. 결국 교도들은 원불교의 가르침이 소비자본주의(물질만능주의)의 치유책이 될 수 있다고 확신했다.

3. 신앙으로 '돈'의 지형도 바꾸기

원불교의 물질개벽 원리에 따르면, '돈'은 이타적 가치 창출과 인간 존엄성 회복의 '수단'으로 기능할 때 의미가 있다. '돈'은 개인의 탐욕을 위한 도구가 아니다. 존재와 분리된 소유로서 '돈'은 신분 고하를 막론

하고 새로운 존재를 탄생시키는 순기능을 한다. 독일의 사회학자 게오르그 짐멜(Georg Simmel, 1858-1918)이 주장하듯 양적 소유로서 돈은 인간의 자유와 삶과 인격을 보장한다(Simmel, [2009]2014, 173). 소태산이 원불교를 창교할 당시 가난한 소작농이나 하층민들에게 돈의 소유를 외쳤던 것은 돈이 그들의 자유와 인권을 보장해줄 유일한 수단이라고 생각했기 때문이다. 그리하여 원불교 초기 교도들은 목적으로서 '돈'이 아닌, 수단으로서 '돈'을 추구했다. 이것은 건전한 노동과 저축, 근검절약을 통해 실현될 수 있었고, '돈'의 논리 지형도를 '물질개벽'의 원리를 통해 새롭게 바꿀 수 있었다(김명희, 2016, 115-144 참조).

이렇듯 원불교 초기 '돈'은 인간 존엄성 확립을 위한 순기능 역할을 했고, 지역 사회에도 긍정적 영향을 미쳤다. 그렇다면 오늘날 소비자본주의 시대를 사는 원불교 신자들에게 소태산이 가르친 '돈'의 순기능이 여전히 작동되고 있는가? 이 물음에 대한 답을 얻기 위해 신앙생활과 물질축복의 상관성에 대한 교도들의 인식을 조사했다. 신앙생활의 성실도에 따른 물질적 축복의 비례성을 묻는 질문에서 재산의 많고 적음에 상관없이 많은 교도가 신앙생활이 물질적 축복과 상관 있다고 응답했다. '그렇다'와 '매우 그렇다'를 합치면 재산 정도에 상관없이 60% 이상이 신앙생활과 물질적 축복이 밀접한 관련이 있다고 생각했다(〈표 6-12〉).

질문은 "신앙생활을 성실히 하면 물질적 축복도 따른다고 생각하십니까?"였다. 설문 응답자의 반수 이상이 재산의 많고 적음에 상관없이, 그리고 신앙이 깊을수록 신앙생활의 성실도에 따라 물질적 축복이 주어진다고 생각했다(〈표 6-12〉).

<표 6-12> 신앙생활의 성실도에 따른 물질적 축복의 비례성 교차분석표

(단위: 명)

	그렇지 않다	보통이다	그렇다	매우 그렇다	총계
재산 하	8	15	32	14	69
재산 중	5	17	27	10	59
재산 상	0	12	19	8	39
총계	13	44	78	32	167

이 설문 결과는 두 가지 예측을 가능케 한다. 첫째, 오늘날 원불교 신자들이 신앙의 목적을 물질적 축복에 두는 것은 아닐까 하는 것이다. 즉 물질적 축복이 신앙생활의 목적이 되는 경우다. 만약 그렇다면, 이 것은 원불교가 추구하는 물질개벽의 목적과 일치하지 않는다. 둘째, 신 앙과 물질적 축복을 연관시키는 것은 물질개벽을 통한 인권회복과 사 회구제/이타적 실천을 위한 것은 아닐까 하는 것이다.

전자든 후자든 명백한 것은, 신앙이 물질적 축복에 깊이 관여하고 있으며, '돈'의 지형도에 중요한 기준이 되고 있다는 점이다. 올바른 신 앙인이라면 후자의 목적으로 물질적 축복을 추구할 것이다. 여기서는 물질개벽의 원리에 따른 '돈'의 순기능만 존재한다. 때문에 '신앙'은 '돈' 의 논리 지형도를 이타적 가치 창출과 인간 존엄성의 형태로 변형시킬 수 있는 핵심요소라고 할 수 있다. 바른 신앙만이 물질적 축복을 목적이 아닌 수단으로 사용할 수 있게 한다. 이를 상관분석하면 아래의 <표 6-13>과 같다.

▶ 귀무가설: 신앙의 깊이와 신앙생활의 성실도에 따른 물질적 축 복의 비례성은 통계학적으로 서로 상관관계가 있다.

<표 6-13> 신앙의 깊이와 신앙생활의 성실도에 따른 물질적 축복의 비례성 상관분석표

		신앙 깊이
신앙과 돈	Pearson 상관계수	.293*
	유의수준(양쪽)	.000
	N	175

* 상관이 0.01 수준에서 유의하다(양쪽).

▶ 해석 : 상관분석 결과 p-value가 유의수준 0.05보다 작으므로 귀무가설을 기각할 수 있다. Pearson 상관계수가 0.293이므로 신앙의 깊이와 신앙생활의 성실도에 따른 물질적 축복의 비례성은 양의 상관관계가 있다고 할 수 있다.

설문 결과, 신앙이 깊을수록 개인과 교당의 '돈'이 사회에 환원되어야 한다고 응답했다. 또한 교도들은 그들의 소득을 원불교의 가르침에 따라 사용하고 있으며, 직업의 선택과 소명도 신앙과 밀접하다고 응답했다. 이처럼 신앙은 '돈의 지형도'에 중심 역할을 한다. 문제는 순기능으로서 '돈'에 대한 교도들의 인식과는 달리, 교당은 '돈'을 주로 교당운영비와 교당유지비로 지출하고 있다는 것이다. 교도들은 돈의 이타행(利他行)의 지형도를, 교당은 자리행(自利行)의 지형도를 그리는 듯하다. 소태산이 외친 "물질이 개벽되니 정신도 개벽하자"는 표어처럼, 신앙으로서 '정신개벽'이 '돈의 논리 지형도'를 다시 개혁할 때인 것 같다. 이 연구는 다음의 과제로 넘긴다.

III. 나가는 말

창교시 부터 '물질개벽'을 내세웠던 원불교는 '돈'을 인간의 존엄성을 회복하는 데 '수단'으로 여겼다. 동시대를 살았던 독일의 사회학자 게오르그 짐멜(G. Simmel, 1858-1918)과 막스 베버(M. Weber, 1864-1920)와 같이 소태산(박중빈, 1891-1943)도 자본주의 시대의 '돈'의 의미와 역할에 대해 지대한 관심을 가졌다. 그뿐만 아니라 소태산은 베버와 같이 직업의 소중함도 강조했다. 직업은 자립경제(자력양성)를 위한 첫 번째 조건이다. 소태산은 인간의 자유와 평등, 인간답게 살 권리를 회복할 통로를 '돈'에서 찾았다. 물질개벽은 '돈'이 인간으로 하여금 이타행의 가치를 추구하게 하고, 인간의 자유와 평등을 확보하는 '수단'이라고 주창한다.

설문조사 결과 원불교 신자 대부분은 '돈'의 이타적 가치 창출에 대해 비교적 높은 인식을 보였다. 소태산의 가르침에 따라 '돈'이 사회에 환원되어야 한다고 생각했으며, 실제로 생활 속에서 그것을 실천하고 있다고 응답했다. 또한 교도들은 교당의 헌금도 사회구제를 위해 사용되어야 한다고 주장했다. 다시 말해서, 교도들이 희망한 '돈'의 지형도는 '이타행'을 위한 것이었다. 그러나 교당의 헌금은 이타행(사회봉사)을 실천하기 위한 '수단'이 아닌, 교당 자체를 위한 '목적'[17]으로 사용되고 있었다. 특히 교당은 교당건축을 위해 '돈'에 대해 자주 언급하고 있었으며, 교당운영 및 교당행사를 위해 상당한 돈을 지출하고 있었다.

---

17 짐멜과 베버에게 '수단으로서 돈'과 '양적 소유로서 돈'은 돈의 긍정적 기능을 한다. 반면에 '목적으로서 돈'은 돈의 부정적 기능을 한다(김명희, 2016, 130).

자본주의의 무한경쟁 시장사회에서 원불교 초기 소태산의 물질개벽에서 보여준 '수단으로서 돈'의 지형도가 '목적으로서 돈'의 지형도로 대치(代置)되는 듯했다. 원불교의 가르침이 소비자본주의의 치유책이 될 수 있다는 교도들의 바람과는 달리, 교당 현장에서는 소비자본주의를 조장하는 목적으로서 '돈'의 지형도가 만들어지고 있었다.

이번 설문조사를 통해 '신앙'이 '돈'의 논리 지형도를 바꾸어놓을 수 있다는 가능성을 발견했다. 목적으로서 '돈'의 지형도에서 이타행과 인간 존엄성을 위한 수단으로서 '돈'의 지형도로 변화다. 이를 위해 100여 년 전 소태산은 "물질이 개벽되니, 정신을 개벽하자"고 제창했다. 이제 원불교는 '정신개벽'으로 소비자본주의시대 '돈'의 지형도를 새롭게 그려야 한다. 자리행(自利行)의 돈의 지형도에서 이타행(利他行)의 돈의 지형도로 전환을 위해 힘써야 한다.

참고문헌

1. 원전

『대종경』

2. 논저

권진관 외 공저. 성공회대학교 신학연구원 엮음. 2016.『종교는 돈을 어떻게 가르치는가』. 서울: 동연.

김명희. 2014. "대산 김대거 종사의 종교간 대화 – 원효의 체상용(體相用) 대화원리를 중심으로."『원불교사상과 종교문화』61, 149-197.

______. 2016. "원불교의 '물질개벽'을 통해 본 '돈'의 논리."『원불교사상과 종교문화』69, 115-144.

Simmel, Georg. [2009]2014. *Philosophie des Geldes*.『돈이란 무엇인가』. 김덕영 옮김. 서울: 도서출판 길.

신앙과 돈
— 신앙의 금전화(Moneyfication)에 대한 성찰

권 진 관

전 성공회대학교 신학과 교수

I. 서론: 문제제기와 연구 범위

대부분의 개신교 교회들이 다양한 방식으로 헌금을 걷는다. 어떤 교회는 헌금명에 코드를 붙여서 온라인으로 입금하게 한다. 교회가 온라인 은행을 닮아가고 있다. 교인들이 순서표를 들고 헌금을 줄서서 내는 모습들을 여의도의 대형교회에서 볼 수 있다.

한국의 한 대형교회는 장로나 권사를 임명할 때 감사헌금을 강요했다는 보도가 최근에 나왔다. 장로는 3천만 원 권사는 3백만 원을 요구했다는 것인데, 이러한 헌금 강요는 한국 개신교회에서는 불문율로 되어서 임직된 교인들은 임직 때에 별도로 많은 헌금을 내야 할 뿐 아니라, 계속해서 고액의 헌금을 내야 하는 압박 속에 있다. 이것은 이 대형 교회만이 아니라 거의 모든 교회의 불문율로 되어 있다. 신앙이 높을수록 돈을 많이 내야 한다는 얘기가 되는데, 신앙의 정도가 헌금 액수를 결정하며, 거꾸로, 헌금을 많이 내는 사람은 신앙이 높은 것으로 인정받는다. 이러한 개신교의 모습은 점차로 다른 종교로 파급되어가고 있다는 느낌이 든다.

이 글에서 연구자는 종교가 돈에 의해서 얼마나 침윤되어 있는가를 묻고자 한다. 나아가서 돈에 의해서 침윤된 종교가 돈이 지배하는 이 세상, 특히 신자유주의 경제체제의 이 세상을 어떻게 떠받치고 있는가를 묻고자 한다. 이 글은 돈이 종교 속에 침투해 들어가 종교를 자기의 종교로 만들어놓고 있는 오늘의 종교들의 상태 특히 기독교의 상태에 더욱 관심을 가지려고 한다. 그만큼 한국의 기독교는 한국 사회, 정치, 경제를 규정하는 데에 큰 역할을 해왔기 때문이다. 이 글에서 연구자는 돈이란 무엇인가를 논의할 때, 특히 돈이 종교적 신과 비슷한 기능을 수행하고 있는 것에 주목하고자 한다. 그리하여 이 글에서는 돈이 신성을 가지고 있다는 가설을 세우려고 한다. 그리고 그 가설이 진실될수록 돈은 우리 사회의 신성을 가진 존재로 종교와 경쟁할 뿐 아니라, 종교를 지배하기까지 하는 존재라고까지 말할 수 있을 것이다. 이 글은 돈의 신성성의 가설에 충실할 것이다. 그리고 그 가설의 측면에서 돈과 종교의 관련성을 논의하려고 한다.

이 글은 지난 1년 동안 '돈과 종교' 연구팀이 공동으로 각 종교들의 교인들을 대상으로 설문조사하여 나온 결과물들을 참조하여 되도록 종합적으로 돈과 종교의 관계적 현주소를 분석해보고자 한다. 대상 종교로 그리스도교(개신교, 가톨릭 포함), 불교, 원불교에 집중될 것이며, 이 종교들 속에서 돈의 침윤상태를 점검하려고 한다. 먼저 밝힐 것은 설문 조사 결과들은 돈과 종교에 관련하여 어떤 획기적인 새로운 사실을 발견하지는 못하였다는 것이다. 다만 기존에 가지고 있었던 생각들과 어느 정도 일치하는 결과들을 발견하였다. 그러나 의미 있게 보인 것은 개신교 특히 돈과 관련된 개신교의 한 운동으로서 '왕의 재정'의 경우를 제외하면, 다른 종교들의 교인들은 돈에 관하여 상식적인 생각을 하고 있음을 발견할 수 있었다. 즉 목적이 아닌 수단으로서 돈의 성격을 잘 알고 있었고 그것을 삶 속에서 잘 적용시키고 있었다. 돈을 움키는 것이 아니라, 그것으로 자기의 삶을 살고, 나아가서 이웃들을 돕는 것이 종교인들의 자세라는 것을 대부분 잘 알고 있었다.

그럼에도 불구하고 왜 종교에서 돈이 문제시되는가? 오늘날 일부 종교, 특히 개신교의 경우 돈이 종교를 지배하는 모습을 자주 볼 수 있기 때문이다. 대형교회를 부자 간에 세습을 한다든지, 교회건물을 수천억을 들여 짓는데 공공의 도로마저 점용한 것에 대해, 대법원에서 불법으로 판결한 사실에서도 확인할 수 있듯이, 개신교 교회들이 물질적 영화에 집착하는 모습이 확인되고 있다. 돈의 논리가 종교를 지배하고 있는 모습이다. 개신교는 한국의 가장 큰 종교로 인정받는다. 2015년도 통계청 자료에 의하면, 한국 내 개신교 인구를 총 967만 6000명(19.7%), 개신교 다음으로는 불교가 761만 9000명(15.5%)으로 두 번째로 많았다. 이어 천주교(389만 명 · 7.9%), 원불교(8만 4000명)의 순이다(윤승용, 2017). 전통적으로 개신교는 한국사회에서 반공 보수세력의 근거지로 자리 잡고 있다. 북미의 보수적인 선교사들이 들어와 한국의 개신교회를 시작하였던 역사, 한국전쟁 후의 해외 원조기간 동안에 북미에서 주로 도착하는 원조물자를 나누어주는 역할을 개신교회가 주로 하였던 것, 그리고 개신교의 지도세력이 북한의 공산체제의 기독교 탄압을 피하여 내려오면서 반공세력의 주축이 되었던 것 등이 작용하여 한국사회의 정치적 보수와 반공의 보루로 자리매김을 함으로써 한국사회 전반에 막강한 영향력을 발휘해왔다. 이승만 정부 기간과 그 이후 한국의 정치 엘리트들 다수가 개신교인들이었다. 최근 이명박 정부에는 모 대형교회의 개신교 교인들이 대거 정부 요직에 자리를 잡았었다. 박근혜 전 대통령의 탄핵과 구속 과정에서 이를 가장 앞장서서 반대했던 소위 '태극기 부대'의 중심에는 개신교회의 목사와 신도들이 있었다. 그리고 '태극기 부대'의 뒤에는 기독교 근본주의자들, 보수주의자들이 포진해 있다. 이들은 북한과의 적대적인 관계를 유지하면서 반공주의와 친미주의를 앞세우고 있다. 그런데 이러한 보수적 개신교회의 일각에서는 신앙을 물화 혹은 금전화하는 일이 일어나고 있다. 개신교회의 대다수가 그러한 것은 아니지만, 그러한 움직임의 전염력이 강해서 알지 못하는 사이에 개신교의 상당부분에 영향을 미치는 것으로 나타난다. 이러한 일들이 겹쳐져서 이제 개신교는 사회의 소금이 아니라, 사회의 걱정거리로 전락하지 않나 하는 우려가 일어나고 있다. 부정축재로 나라 전체를 뒤집어놓은 최태민, 최순실 사건도 돈과 종교의 관련 속에서 짚어야 할 현상이다. 이들이 개신교의 일원으로 활동했던 것, 그리고 이들을 비호하고 있는 세력이 개신교라는 것은 그만큼 개신교가 돈 문제에 약한 존재임을 반증해주고 있다.

돈이 세상을 지배할 수 있도록 만드는 데에 가장 큰 기여를 한 것은 자본주의이다. 그러나 이러한 자본주의가 성장하기 이전에 이미 근대의 개인주의적 주체가 나타났다. 이 개인주의적인 주체의 가장 중요한

특징은 소유적(possessive)이라는 것이다. 소유가 그대로 존재가 된
다. 소유와 존재의 미분리와 동일화가 그 특징이다. 소유가 클수록 존
재도 커진다. 이러한 소유욕의 주체의 탄생과 자본주의가 만나면서 돈
과 자본이 물신화된다. 이 점에 대해서 간략하게 분석해보자.

II. 탐욕적 개인으로서 주체

근대적인 개인주의적 주체의 전형을 출발시킨 철학자는 프랑스 근
대 철학자 르네 데카르트(René Decartes)이다. 르네 데카르트의 주체
와 객체의 이분법에 기초한 새로운 주체의 탄생은 곧 소유욕이 강한 개
인들을 탄생시켰다. 이 주체는 오직 비판적으로 객관의 사물을 판단하
는 사고하는 자아이며, 몸을 가진 자아가 아니라 오직 정신적 자아이다.
이러한 정신으로서의 자아(ego)는 다른 사람들과 신체적인 연결 관계
안에서 서로 영향을 주고받으며 존재하는 그런 존재가 아니라, 철저히
고립된 개인으로서의 정신이다. 이러한 정신으로서의 자아는 사물을
판단하는 존재인데, 특히나 모든 사물을 그 효용의 관점에서 객관적으
로 계산할 수 있는 사물로 변형할 수 있는 자아를 말한다(Duchrow and
Hinkelammert, 2012, 103).

이러한 자아는 만들어진 자아이다. 근대성에 의해서 만들어진 자아
는 사물을 재단하는 정신으로 간주되었다. 이러한 정신으로서의 주체
성은 유럽 근대철학의 아버지라고 하는 데카르트에 의해서 수립되었고
널리 보급되었다. 자아는 현재의 자본주의 하에서 기능적 메커니즘에
서 비롯되는 합리적이고 효율적인 행위를 하는 자아이다. 그런데 이러

한 자아는 현실체제에 순응하면서 돈이 지배하고 있는 질서를 의식적으로든 무의식적으로든 따르는, 돈과 자본을 추구하는 탐욕적 개인이다. 현대의 합리주의적 메커니즘에 무비판적으로 순응하다보면 이웃의 소외와 고통에 대해서는 무관심해지고, 자연환경 파괴에 대해서도 책임적이지 않을 수 있다. 왜냐하면 자아는 오직 개인의 자기 확장을 위한 합리적이고 효율적인 목적-수단 관계의 행위를 통해 물질적 소유의 확대에 매진 할 것이기 때문이다.

그러나 이러한 개인들이 새로운 주체로 나타나야 한다. 오늘날의 합리와 효율을 강조하는 자본주의하에서 파괴되는 인간과 자연의 생명을 보면서 우리는 합리와 효율의 현대성이 오히려 실재를 잘못 보는 하나의 "그릇된" 세계관, 사고방식이며 오히려 불합리한 것이라고 규정해야 할 것이다. 합리성을 표방하는 현대성은 오히려 불합리한 것이다. 도구적 합리성은 오히려 세상을 획일적으로 환원하는 무서운 불합리성을 잉태하고 있는 것이다(Duchrow and Hinkelammert, 2012, 125ff). 이러한 합리성의 외피를 가진 불합리성을 극복하기 위해서 우리는 소위 불합리한 것처럼 보이는 "어머니 지구"와 같은 시적인 언어, 신화적이고 종교적인 언어를 되살릴 필요가 있다. 그렇기 때문에 이야기와 신화, 예술, 종교 속에 나타나는 인류의 지혜를 복원할 필요가 있으며, 이것들이 오늘날에 던지는 의미들을 재조명할 필요가 있다. 합리주의자들은 이러한 언어들을 불합리하고 신화적이라고 하지만, 오히려 그들이 또 다른 불합리한 신화에 사로잡혀 있다.

요컨대 오늘날의 인류 문명은 합리와 효율을 중심으로 하는 세계관에 사로잡혀 있고, 이것은 그것을 체현한 제국을 정점으로 한 채 서열화되어 있다. 그러므로 그 안에 존재하는 인간들은 그에 순응하는 주체성을 갖는다. 이러한 인류 문명을 극복하고 문제를 해결하기 위해서는 새로운 인간, 즉 새로운 행동을 하는 주체가 형성되어야 한다. 주체란 경험 이전에 이미 형성된 것이 아니라, 경험 이후로 만들어진다. 그리고 주체는 자기성찰을 하는 자아를 가리킨다. '종교와 돈'의 문제에서도 가장 중요한 것은 돈과 종교 사이에 실존하고 있는 우리 주체들, 종교인들의 의식 상태는 무엇인가 하는 질문일 것이다.

이제 돈과 종교의 관계가 종교인들의 의식과 무의식 안에서 어떻게 작동하고 있는지 구체적인 사례로 논의해보려고 한다. 이러한 본론에 들어가기 전에 돈의 종교성, 신성성에 대하여 논의해보자.

III. 돈의 신성화(Deification of Money)

유대계 독일 문학평론가인 발터 벤야민(Walter Benjamin)은 종교가 된 자본주의가 가지는 파괴적인 성격을 다음과 같이 제시하였다. 즉, 1) 자본주의는 컬트(예식) 종교이며, 신학을 갖고 있지 않다. 2) 컬트는 영구하며, 주일도 없고 주중도 없다. 3) 이것은 자비나 속량도 없는, 빚지게 하는(indebting) 종교이다. 4) 빚지게 하는 신은 비밀 뒤에 숨겨져 있어야 한다(Duchrow and Hinkelammert, 2012, 25).

자본주의는 빚을 졌으면 빚을 갚아야만 하는 체제이다. 여기에서 벗어날 수 없는 것이다. 캔터베리의 안셀름은 죄책 즉 채무가 있으면 그 값을 치러야 하는 법칙은 절대적인 것이어서 하나님도 지켜야 한다고 주장하였고, 그리하여 인간이 지은 빚(죄책)을 갚기 위해서 하나님의 아들인 그리스도를 죽여야 한다는 교리를 펼쳤다. 이것은 트렌트 공의

회에서 로마 가톨릭교회의 정통교리가 되었다. 이러한 원리는 자본주의 원리와 일치한다. 그러나 예수는 채권이 채무자를 파괴한다면, 채권자의 법적인 권리는 폐기되어야 한다고 가르쳤다(Duchrow and Hinkelammert, 2012. 66). 주기도문의 예수의 가르침은 이러하다: "우리가 우리의 채무자를 용서하듯이 우리의 채무를 사하여 주옵소서."

돈이 자본으로 변하면, 자본으로서의 돈은 인간의 욕심을 부추겨서 더 큰 욕심을 낳는다. 욕심은 인간을 돈의 노예로 만든다. 이것이 자본주의의 작용이며, 자본주의는 자본화된 돈을 우상화한다. 자본주의는 인간의 자기 이해관계를 인간의 욕심과 결부시킴으로써 자기 이해관계는 곧 욕심의 추구라고 등식화하는 잘못을 저질렀다. 그리하여 자기 이해(self-interest)를 욕심의 두카(dukkha) 즉 어둠과 동일시하는 우를 범함으로써 결국 인간 자신을 파괴하기에 이른다(Duchrow and Hinkelammert, 2012, 81). 이런 면에서 돈은 마성을 갖고 있다.

그러나 돈에 신성이 있다고 보는 것은 돈이 가져다주는 만능적인 힘 때문이다. 돈은 전능한 지위를 가지고 있다. 아름다운 집을 살 수 있게 하고, 좋은 배우자를 선택할 수 있는 가능성을 높여주고, 건강을 위해 필요한 것을 구할 수 있게 해준다. 돈은 그것을 많이 가진 사람의 존엄성을 높여준다. 『돈의 철학』(*Philosophie des Geldes*)의 저자 게오르그 짐멜(Georg Simmel)에 따르면, "신 관념의 본질은 세계 내의 모든 다양성과 모순이 그 안에서 통일된다는 것이요, '대립되는 것의 일치'에 있다. 이러한 신 관념의 반향으로서 평화와 안정을 비롯한 무한히 풍부한 감정들이 솟아 나온다고 할 때, 돈이 유발하는 감정도 이것과 심리적인 유사성이 있다"(게오르그 짐멜, 1983, 303). 종교로 얻을 수 있는 만족이나 마음의 평화의 대부분을 돈이 가져다줄 수 있기 때문이다. 대부분의 세계종교들이 돈을 경계하는 것은 돈의 신과의 유사성 즉, 인간의 모든 측면에서 해줄 수 있는 아주 큰 능력, 전능의 요소 때문일 것이다. 돈은 "세계의 세속적인 신"이라고 할 수 있다(게오르그 짐멜, 305). 많은 돈을 가진 사람은 돈을 통해 많은 자유를 보장받는다. 마르크스는 "금은 영혼을 천국으로 가게 할 수도 있다"는 콜럼버스의 말을 인용하면서, 근대사회에서 돈은 "기독교의 성배"처럼 보인다고 하였다(마르크스, 2016, 255).

그리하여 돈과 신은 유사하지만 돈과 신은 양립할 수 없는 것으로 간주되기도 한다. "이러한 돈과 종교의 유사성으로 인한 위험 때문에, 악마와 돈에 대한 유일한 안전판은 그것을 멀리하는 것이요, 아예 그 관계를 배제하는 것뿐이라고 생각했다"(게오르그 짐멜, 325). 돈의 포기가 최종적인 가치가 되었다. 예로, 초기 불교, 프란체스코파 수도회에서 이를 볼 수 있다(짐멜, 326). 이자를 죄악시한 이슬람이나 고대와 중세의 기독교가 그 예라고 하겠다. 더구나 돈이 가져오는 해결 능력이 언제나 완벽한 것은 아니다. 돈 때문에 오히려 인간관계가 무너지고, 행복한 삶이 해체되는 경우가 많기 때문이다. 돈은 유용하고 좋을 수 있는데 그것이 일으키는 욕심이 삶을 몰락시킨다. 더 나아가서, 모든 가치를 돈으로 획일화한 가치매기기가 사물을 돈에 종속되게 만든다. 그리하여 돈으로 환산할 수 없는 삶의 풍부한 측면을 지나칠 수 있다. 사물들에는 돈으로 표현될 수 없는 부분이 있다는 것을 간과한다. 그리하여 인간의 고유한 가치와 삶의 다양한 가치, 종교적·예술적 가치, 생명의 가치를 파괴할 수 있다.

이 연구자는 만물이 돈으로 환산되고 있는 현상을 1차 연구년도에서 다음과 같이 밝힌 바 있다.

자본주의 하에서는 돈으로 모든 것을 교환할 수 있도록 만들어간다. 이명박 정부 하에서 우리나라는 자연적인 것들을 포함하여 많은 공적인 사물들을 돈으로 교환하거나 환산하도록 만들었다. 4대강 사업을 통해서 얻어질 수 있는 것들을 돈으로 환산하였다. 아라뱃길이 개통되면 하루에 얼마의 가치를 생산해낼 수 있다고 선전했다. 모든 것을 돈으로 환산했다. 그러면 사람들은 그 사업이 얼마나 도움을 주는가를 쉽게 이해하게 되었다. 이명박 정부는 공적인 것들, 땅, 강, 산 등을 돈으로 환산하고, 그것을 변형하여 더 많은 돈을 창출할 수 있다고 주장하였고 사람들은 그것을 무비판적으로 받아들였다. 이리하여 점점 더 돈의 가치로 공적인 것, 자연적인 환경의 가치를 결정하게 되었다. 사랑, 들의 백합꽃, 들꽃 등은 돈으로 환산할 수 없다. 그러나 오늘날 이러한 것들도 정원을 만들어주는 것으로, 결혼시장에서 모두 돈으로 환산되고 있다. 인왕산에 있는 소나무를 옛날에는 그저 아름답고 향기롭다고만 보았다. 그러나 그것 한 그루가 몇 백 아니 몇 천씩 팔리는 것을 보면서 우리는 인왕산에 있는 소나무를 값비싼 것으로 보게 되며 돈으로 환산해서본다. 이것이 이명박 정부 이후의, 아니 신자유주의적 세계화된 자본주의 시대의 모습이다(권진관 외, 2016, 114).

마르크스는 말하기를, 모든 것이 상품화되어 돈을 축적하는 수단이 되고 말았다. 모든 것이 상품화된다. 토지도 상품화되고, 노동력도 상품화되어 돈으로 환산되고 자본화되었다(Duchrow and Hinkelammert, 2012, 24). 자본은 돈의 축적물로서 자기 증식을 목적으로 한다. 모든 것이 자본의 흐름에 종속된다.

종교적인 요소들도 상품화된다. 청빈과 거룩함이 오히려 돈을 불러

들인다는 아이러니는 차치하더라도 기도나 신앙이 돈으로 환산된다. 성서의 말씀도 돈과 재물을 해석의 키(key)로 하여 이해한다. 청빈, 금욕, 거룩함을 중시하는 수도원이 부자가 되는 것은 큰 아이러니라 할 수 있다. 전 세계적으로 부를 누리는 집단은 종교집단이며, 그중 로마 가톨릭은 가장 큰 부를 가지고 있다. 로마 가톨릭의 거룩한 이미지와 성직자들의 가정이 없는 독신주의의 청빈이 오히려 돈을 끌어들이는 요인이 되고 있는 데에 비하여, 개신교에서는 좀 더 노골적으로 이른바 '돈의 복음'을 전파한다. 오늘날의 대표적인 현상은 '왕의 재정'일 것이다. 교회에 헌금을 얼마나 많이 내느냐로 믿음의 양이 결정된다. 이러한 현상은 불교에서도 마찬가지이다. 불교 사찰에서는 흔히 백일기도를 해주는 데 얼마, 천일기도를 해주는 데 얼마를 책정한다. 종교적 주관적인 행위마저도 돈으로 환산되고 있는 것이다.

IV. 종교적 신앙의 금전화 과정

1. 개신교의 '왕의 재정'의 경우

이 주제에 대해서 특별히 '왕의 재정'을 논의하고자 한다. 그 중심인물인 김미진이란 사람은 누구인가? 20대 어릴 때부터 돈을 벌기 시작했고, 사업에 어느 정도 성공하였다고 한다. 그러다가 모두 망해버렸고, 먹을 것조차 없었다고 한다. 아이의 분유를 살 돈마저도 없었다고 하니 얼마나 어려웠는지를 알 수 있다. 그러다가 하나님이 특별히 계시하고 시키셔서 뉴질랜드의 자연산 영양제 사장과 만나게 되고, 그 뉴질

랜드인의 도움으로 영양제 사업을 하여 50억의 자산가가 되었다고 한다. 이숙진은 '왕의 재정'에 대해서 자세히 연구하였고, 그것이 한국의 개신교회 교인들에 미치는 영향들을 통계조사로 연구하였다(이숙진, 권진관 외, 2016, 28-34).

김미진의 '왕의 재정' 부흥회 6회에서는 속부(俗富)는 죄인이며, 성부(聖富, 거룩한 부자)는 의인이다. 세상의 속부는 회개하여 성부가 된다. 성부(聖富)는 돈을 버는 방법과 쓰는 방법이 하나님의 방법이라고 한다. 하나님의 방법을 하면 놀라울 정도로 넘치게 돈을 벌게 된다고 하면서, 어떻게 헌금할 것인가를 가르친다. 교회에 돈을 많이 바치면 하나님은 많이 되돌려준다. 이것이 하나님의 원칙이다. 청중들의 면모를 보면 대체로 중하 규모 교회의 중하층 사람들인 것이 확인된다. 그러니까 부유한 대형교회에서는 잘 통하지 않는다는 것을 알 수 있다. 대형교회의 부자들에게는 '왕의 재정'이 잘 맞지 않는다. '왕의 재정'은 빚진 자들과 같이 사회에서 하위층에 속한 사람들에게 잘 맞는 듯하다.

십일조를 하면 축복이고, 하지 않으면 저주라고 주장하면서 십일조를 강조한다. 어떤 신학자가 십일조를 비방하는 것에 대해서, "천지가 다 나의 것"이라는 시편의 말씀을 인용하면서, 십일조는 더 큰 축복을 위한 것으로, 하늘 문을 열어주고 축복하기 위한 하나님의 방법이라고 강변한다. 말라기 3장 10절에서, "너희는 온전한 십일조를 창고에 들여놓아, 내 집에 먹을거리가 넉넉하게 하여라. 이렇게 바치는 일로 나를 시험하여, 내가 하늘 문을 열고서, 너희가 쌓을 곳이 없도록 복을 붓지 않나 보아라"라고 말씀했듯이 십일조가 축복의 길이라고 한다. 십일조를 안 내는 사람은 '도둑'이라고까지 부른다. 먼저 내야 더 돌려받는 것이 하나님의 법칙이라고 한다. 누가복음 6장 38절: "남에게 주어라. 그러면 하나님께서도 너희에게 주실 것이니, 되를 누르고 흔들어서, 넘치도록 후하게 되어, 너희 품에 안겨 주실 것이다. 너희가 되질하여 주는 그 되로 너희에게 도로 되어서 주실 것이다." 고린도후서 9장 7절: "하나님께서는 기쁜 마음으로 내는 사람을 사랑하십니다." 이렇게 주면 하늘 은행에 저축되어서 하나님은 이자율을 높게 쳐준다. 마태복음 6장 19-20절의 말씀처럼, 재물을 땅에 쌓지 말라. 속부처럼 재물을 쌓지 말라, 그러면 놀라운 방법으로 없어진다. 오직 너희를 위하여 하늘에 쌓으라고 가르친다.

김미진은 하나님의 나라는 비밀이라고 하면서, "믿는 우리들만 아는 비밀"을 다음과 같이 말한다. 하늘나라 비밀은 좋은 땅에 씨를 심으면 30배, 60배, 100배 수확을 얻는다는 비밀이다.

김미진의 '왕의 재정'이 갖고 있는 신학적 문제점은 예수의 십자가, 정치적인 행위 등에 대해서는 무관심하며, 하나님을 정의로운 하나님으로 보지 않고 부자 하나님으로 본다는 점이다. 정의를 관계의 정의로 보지를 않고 돈의 흐름(악인으로부터 의인으로)으로 본다. 그리고 성서를 재물의 관점에서 본다. 특히 십일조를 중심으로 하는 성서를 재조명하며, 이와 관련된 텍스트를 문자 그대로 믿는다. 즉 텍스트를 금전화(moneyfication)한다.

'왕의 재정'의 주요한 테제들은 다음과 같다(이숙진, 권진관 외, 2016, 28). 거룩한 부자는 하나님의 나라 확장을 위해 꼭 필요하다. 그리고 재물에 충실해야 한다. 그것은 하늘은행에 맞기는 것으로부터 출발한다. 하느님의 프로젝트는 하늘은행인데, 하늘은행의 이자율은 30배, 60배, 100배의 이자율이다. 땅의 은행은 1%대에 불과한 것에 비해 하늘은행의 이자는 3000% 이자율이다. 그러므로 하늘은행에 저축하면

30배, 60배 열매를 얻는 땅이다(막 4:8). 그러나 거룩한 신앙인은 부자이지만 가난하게 살아야 한다. 성부는 곧 성빈이 되어야 한다. 예수를 믿으면(예수의 말씀을 믿으면) 부자가 될 수밖에 없다. 왜냐하면 심판하시는 하나님은 속부를 망하게 하고 그 돈을 성부에게 옮겨주기 때문이다.

레위기 27장 30절, 민수기 18장 24절 등의 말씀에 의거하면 10의 하나는 하나님의 것이고 거룩한 것이므로 교회에 십일조를 내야 한다. 그리고 십일조를 하는 것이 부자가 되며 성부가 되는 길이다. 십일조를 하고 나면 무슨 일을 해도 괜찮다. 즉 돈을 버는 과정은 문제되지 않는다(이것이 돈을 버는 과정에서도 깨끗해야 한다는 청부론과 다르다고 청부론자들이 말하지만, 실상은 그 현실 과정에서는 이론과 같이 되지 않는다고 보아야 한다). 남들을 돌보는 일을 하되, 그것은 자기가 번 돈에서 한다. 즉 공동으로 모아서 조직적으로 사용하는 것에는 무관심하다. 신앙인의 개인적인 결정에 모든 것을 맡긴다. 그러나 십일조를 하고 이웃을 돕는다면 돈이 저절로 벌릴까? 잠언 19장 17절을 인용하면서, 가난한 자를 불쌍히 여기는 것은 여호와께 꾸어드리는 것이므로 가난한 자를 도우면 하나님께서 몇 배로 갚아주신다고 한다. 또한 이것을 시편 41장 1-2편에 기대어 강조한다. 그런데 이것도 모든 일을 돈으로 환산하는 해석 방법이라는 것이 드러난다. 결론적으로 김미진은 성서 말씀을 돈화(moneyfication) 혹은 금전화하여 해석한다. 그리하여 돈과 부에 대한 관심을 고취한다. 신앙과 돈을 직결시킨다. 그러나 특히 시편 41장 1편의 말씀은 민중신학이나 해방신학에서 가장 선호하는 텍스트이다. "가난하고 힘없는 사람을 이해하는 사람은 복이 있다. 재난이 닥칠 때에 주께서 그를 구해 주신다." 이러한 말씀에 근거한 신앙이 사회적 신앙으로 발전되지 않고, 이 말씀을 부자가 되는 방도로 바꾸어놓는다는 것이 특징이라고 하겠다.

그런데 신앙과 돈은 직결되지 않는다. 상호 무관하다. 그리고 현실이 그것을 허락하지 않는다. 신앙이 깊다고 돈이 벌리는 것은 아니기 때문이다. 그리고 돈을 내면 돈이 벌린다는 것도 억지요 모순이다. 돈을 내주면 가난하게 되지 부유하게 되지는 않는다는 것이 상식이요 법칙이다. 나누어주면 성빈이 된다. 그런데 여기에서는 돈을 내주면 부유하게 된다고 주장한다. 이러한 모순을 극복하는 방법이 무엇일까? 근본적으로 낙관주의이다. 말씀을 그대로 믿으면 다 해결된다. 말씀의 문자주의적 믿음이다. 그런데 실제로 돈을 벌기 위해서 무엇을 해야 하는가? 그것을 어떻게 아는가? 김미진은 하나님이 직접 말씀해주신다고 하고, 밤에 꿈에서 말씀해주신다고 했는데 그런 경험이 어떻게 가능한가? 김미진처럼 되어야 하는데 그게 되기 쉬운 일인가?

모순을 극복하게 하는 방법은 하나님의 직접계시이다. 하나님이 직접 말씀하시고 개입하셔서 기적처럼 원하는 대로 이루어진다고 한다. 이러한 옛날 동화식의 신 출현에 대해서 그것의 사실성과 진실성을 입증하려는 시도는 전연 없다. 그냥 그것을 전제로 받아들이고 있다. 그러나 신학에서는 대부분의 직접계시는 사실은 자기 자신의 생각이나 욕망의 표현이라는 것으로 확인되고 있으며, 그리스도의 계시 이후에는 간접계시, 즉 말씀을 통한 계시만 있을 뿐이라고 가르친다.

이러한 모순은 실제의 삶에서 해결될 수 없는 것이라 결국은 '왕의 재정'은 현실에 적용되지 않는다. 그러나 이러한 방식을 따르도록 하기 위해 공포분위기를 조성한다. 예를 들어, 하나님은 속부에게 벌을 내리시며, 속부의 부를 다 몰수해간다는 말을 반복한다. 그렇다면 오늘날 대부분의 기업인들(속부들)은 다 돈을 잃게 된다는 말인가? 그렇지는 않다. 잘 나가는 기업인들이 그렇게 쉽게 망하지 않으며 재벌들은 결코 무너지지 않는다. 그러므로 김미진의 주장을 일반화할 수 없다. 김미진은 자기의 주장을 정당화하기 위해 성서의 구절들을 동원하고, 가끔은 성서에 기초하여 공포감을 조성한다. 즉, 속부들은 하나님이 좋아하지 않으므로 결국 심판을 받는다고. '왕의 재정'은 약자와 강자 모두에게 교회를 위해 헌금과 십일조를 강요한다. 교권주의자들에게는 듣기 좋은 메시지일지 몰라도, 그것이 성서에 부합한다고는 말할 수 없다.

2. 개신교 근본주의의 경우

이 연구에서는 주로 그리스도교(개신교, 가톨릭 포함), 불교, 원불교에서의 돈의 침윤과정을 살필 때, 개신교의 경우는 소위 '왕의 재정'이라고 하는 운동을 특징적인 예로 들었다. 이와 더불어 연구자는 개신교 계열의 근본주의와 돈의 관계를 논의하려고 한다. '왕의 재정'도 개신교 근본주의의 일종이라고 할 수 있다. 개신교가 다른 종교들에 비해서 왜 더 돈에 집착하고, 신자유주의적 자본주의에 더 호응하고 있는지에 대한 대답을 신익상의 종교개혁(특히 루터와 칼뱅의 소명론)과 개신교 근본주의에 대한 연구에서 밝히고 있다(한국사회와 종교학, 2017, 17).

신익상은 프로테스탄트가 저항이라는 의미를 가진다면, 프로테스탄트 즉 개신교는 무엇에 저항하고 무엇을 개혁하고 있는가 묻는다. 그런데 그에 따르면, 가톨릭교회에 대한 저항 혹은 개혁은 자본주의적 질서에 순응하게 만드는 멘탈리티를 형성했다. 예를 든다면, 칼뱅은 루터의 세속적 직업에 대한 긍정을 더욱 강화하여 세속적 직업을 '부름' 혹은 '소명'으로 간주함으로써 성실히 돈을 버는 것과 모으는 것을 소명과 연결하고 정당화하면서 신자들이 자본주의 질서에 잘 결합되도록 신학적 근거를 제공해주었다(한국사회와 종교학, 2017, 19). 가톨릭 교회질서에 예속되어 있는 신자들을 해방하기 위해서 조장된 개신교의 개인주의는 부(wealth)에 대해서, 특히 부의 사회적 공동체적 책임에 대해서 묻지 않는 경향이 있어서, 개인주의적 자본주의를 확산시킬 수 있었다. 신익상은 개신교적 개인주의가 자본주의를 발전 확산시켰고, 나아가서는 보수적 혹은 근본주의적 기독교를 형성하는 데에 일조했다고 본다. 그리하여 그는 돈과 시장경제와 관련하여 한국 개신교의 근본주의자들 및 보수주의자들에 대해서 이렇게 논하고 있다. "이들은 신의 축복을 자유시장경제 내에서의 풍요와 일치시킴으로써 자신들이 처한 정치경제체제를 정당화하고 그 구조적 모순은 은폐한다"(권진관 외, 2016, 65). 이들은 "평균적으로" 볼 때, "신의 축복을 자본주의적 시장경제의 이상에 일치시키"고 있다(한국사회와 종교학, 2017, 19). 그러므로, 이들은 이미 위에서 논의한바, 돈으로 매개된 모든 것을 욕망하는 탐욕적 개인들로서, 이러한 개인들을 창조한 것은 근대적 계몽주의(데카르트 등)와 종교개혁이라고 말할 수 있다. 둘 다 소유적·탐욕적(po-ssessive) 개인들을 만드는 데에 일조했으며. 이러한 탐욕적 개인은 자본주의가 시작되면서 본격적으로 양산되었다.

신익상은 "청빈에서 청부(淸富)로, 그것도 모자라 성부(聖富)"마저 외치고 있는 한국 교회에게 "'돈'이 구원에 이르는 좋은 수단"이 되었다고 말한다(권진관 외, 2016, 72). 특히 일부 칼뱅주의자들이 열심히 일해서 성공하게 되면 그것이 선택받음(elected)의 증거가 된다고 하는 사상은 곧 "시장경제의 보상체계를 바탕으로 구원을 이해"하게 만들었다고 보았다(권진관 외, 2016, 72). 구원은 물질적인 부와 성공으로 가늠되고, 하나님이 사랑하면 부자가 된다는 논리가 성립하였다. 이러한 논리는 적어도 개신교 안에서는 많이 팽배하며, 그것의 시대적 표현은 삼박자 구원론, 청부론, 성부론 등이라고 말할 수 있겠다. 이러한 개신교 일각에서의 물질적, 세상적 보상으로서 구원관은 이전에도 그랬지만 오늘날 더욱더 개신교 안에서 신앙을 돈과 연결시키게 했다고 지적할 수 있다. 이에 비해서 같은 그리스도교 계열인 가톨릭교회에는 이러한 경향이 아직은 미미하다고 말할 수 있다. 이 점에 대해서는 김혜경의 연구에서 확인할 수 있다.

3. 가톨릭의 경우

가톨릭은 루터와 칼뱅의 개인주의 신앙과 삶에서 거리가 있는 전통을 신도들에게 전해왔다. 물론 현재의 가톨릭교도들이 자본주의적인 탐욕적 소유욕적인 개인들과 전연 다른 존재라고 말하기는 어려울 것이다. 왜냐하면 그들도 돈이 중심이 된 자본주의사회에서 적응하며 살고 있기 때문이다. 그러나 가톨릭 내부를 들여다보면, 개신교 일부에서 볼 수 있는 돈에 집착하는 태도가 잘 보이지 않는다. 개신교는 개교회주의와 개인주의가 팽배해 있어서 섹트적 혹은 컬트적인 집단이 나올 수 있는 가능성이 매우 높다. 순복음의 조용기 목사도 그렇고, 최태민과 같은 이도 개신교 속에서 활동했고, '왕의 재정'의 김미진도 개신교 안에서 활약 중이다. 이들은 소위 교단이나 종교의 통제를 받지 않고 자신들의 신자를 확보해 자기 영역을 확대해왔다. 그러나 가톨릭에서는 이러한 움직임이 거의 나타날 수 없다. 중앙통제적인 체계 속에서 이탈 행위를 할 소지를 허락하지 않는다.

그러나 김혜경에 따르면, 가톨릭도 중산층화되었고, 이로 인해 돈과 종교의 관계에서 주목할 만한 내용이 있다고 한다. 가톨릭교회는 중산층화되고 있는데 교인들의 중산층화 정도가 개신교회보다도 더 뚜렷하고, 불교보다는 훨씬 뚜렷하다(권진관 외, 2016, 89). 따라서 교황을 비롯한 가톨릭교회의 고위지도부에서는 교도들이 중산층화되고 돈을 탐욕하는 개인주의적인 인간들로 변화되고 있는 것에 대해서 강한 문제제기를 하고 있으며 사회문서를 통해서 이를 막으려고 노력하고 있다. 가톨릭교회는 인간보다 돈을 더 중시하고, 돈을 최고의 가치로 생각하는 것이 모든 사회문제의 원인이라고 보고 있다(권진관 외, 2016, 83-4). 그럼에도 한국의 상황에서 가톨릭교회 일반은 점점 더 중산층화되어가고 있다. 위계와 예식과 건물과 성물들, 그리고 음악으로부터 오는 거룩함이 가톨릭교회에 중산층 신자들을 끌어들이고 있다. 중산층끼리의 '즐거운 자리'로 변화되어 가고 있다.

그러나 가톨릭 교인들은 교회가 사회문제에 개입하는 것을 지지하는 비율이 높으며 사회적으로 진보가 더 많다. 신앙인으로서 가난한 사람들을 구제하는 일에 개인으로나 단체로 적극적이어야 한다고 생각하는 긍정적인 답변이 90% 이상으로 부정적인 답변에 비해 월등히 높게 나왔다(한국사회와 종교학, 2017, 11-12). 이로써 가톨릭 신자들은 대체로 진보적이라고 할 수 있다. 이러한 진보적인 태도는 가톨릭교회의 사회교리나 교황 프란치스코의 사목방향에서 영향을 많이 받은 것이다(한국사회와 종교학, 2017, 17). 마지막으로, 가톨릭 교인들은 돈이 갖고 있는 특별한 성격(예를 들어, 신앙과 돈과의 관계성)에 대해서 교회가 지속적으로 교육해야 한다는 생각을 갖고 있는 것으로 나타났다(한국사회와 종교학, 2017, 16).

4. 불교의 경우

다음으로, 불자들이 갖고 있는 돈에 대한 생각을 살펴보려고 한다.
금강경에서의 가르침을 보면, 그 가르침이 돈에 관해서는 매우 간접적
이다. 제4장 묘행무주분에서는 다음과 같은 말씀이 나온다. "만약에 보
살이 자취를 남기고자 하는 상(相)에 머무르지 않고 보시를 하면 그 복
덕은 가히 헤아릴 수 없을 것"이다(최대림, 1990/95, 45). 이러한 보시를
무주상보시(無住相布施)라고 한다. 무주상보시는 돈이나 재물로 보시
하되, 그것에 대해서 일체의 집착이나 마음을 두지 않는 것을 말한다.
그야말로, "너는 자선을 베풀 때에는, 오른손이 하는 일을 왼손이 모르
게 하여, 네 자선 행위를 숨겨두어라. 그리하면, 남모르게 숨어서 보시
는 네 아버지께서 너에게 갚아 주실 것이다"(마태 6:3-4)와 같은 뜻이라
고 하겠다. 돈이나 재물의 보시는 중요하지만, 그것에 마음을 두어서는
안 된다는 말은 종교에서의 돈의 위치를 극명하게 보여준다. 돈이 도대
체 무엇인데 이토록 돈을 주는 것(보시, 자선)에 대해서 엄하게 주의를
주는 것인가? 그것은 현실의 불자들에게 돈이 불교의 신앙과 깊게 연관
되고 있기 때문이다. 류제동은 불교신자들에 대한 설문조사에서 이러
한 결론을 얻었다. 그는 "신앙의 깊이가 깊을수록 신앙생황의 성실도에
따른 물질적 풍요도에 대한 욕구가 커진다는 결과가 나왔다"고 한다(한
국사회와 종교학, 2017, 32). 그의 설문조사에 따르면 물질적인 보시의
중요도는 신앙이 깊을수록 높다고 나왔다(한국사회와 종교학, 2017, 32).
봉사활동(보시)에 사찰의 재정을 더 많이 써야 한다는 불자들의 바람은
신앙의 성숙을 보여주는 측면이 있는 것이다. 결국 신앙은 보시에 의해
서 표현된다고 하겠다. 그런데 보시는 물질적으로 표현된다. 특히 돈으

로 표현되는바 신앙의 양은 결국 보시의 양으로 가늠된다는 아이러니가 성립한다. 이러한 봉사로서 보시에 있는 긍정적인 요소 외에, 신앙과 돈 사이의 유기적인 고리가 보시를 통해서 성립하는 모순이 존재한다. 신앙과 돈 사이의 유기적인 고리를 끊기 위해서 무주상보시의 가르침이 나온 것이다. 그리고 무주상보시의 관점에서 볼 때, 돈은 결국 상이 없는, 실체가 아닌 것으로 간주될 수 있으며, 이러한 관점에서 돈과 신앙 사이의 유기적인 고리를 끊을 수 있지 않겠는가 생각한다.

달마(達磨) 대사를 만난 양무제(梁武帝, 464-549)가 물었다고 한다. "내가 오리(五里)에 작은 절 하나, 십리에 큰 절 하나씩을 짓고 수많은 승려를 만들어 불사(佛事)를 이루었는데 공덕이 얼마나 될까요?" "소무공덕(所無功德)!" 아무 공덕도 없다고 했다. 남을 위해서 봉사하고 돕는 것은 좋은데 그러나 그것도 비운 마음에서 해야 한다는 뜻이다. 일체의 집착, 즉 돈과 신앙 사이의 연관성을 부정하는 것이 불교의 공, 비움의 사상이 아닐까 한다. 그럼에도 작금의 불교 사찰들을 보면 신앙을 돈으로 환산하는 경우를 흔히 볼 수 있다. 백일기도, 천일기도를 위해서 일정한 액수의 돈을 내게 한다든지 하는 것은 돈을 요구한 것이라기보다 신앙의 정성을 물질로 표현한 것에 불과하다고 볼 수 있을까? 이러한 현상은 샤머니즘에서 치성을 드릴 때 더 많은 물질을 바치도록 요구하는 것과 비슷한 것은 아닌가? 그것은 재물 자체보다는 신앙의 정성을 보기 위함이라는 것과 같을 것이다. 그러나 이 속에서 돈과 신앙의 유기적인 연결이 다시 확인된다. 아마 불교 파트에서 성찰된 돈과 신앙의 관계에서 돈의 본질과 신앙의 본질에 대한 성찰의 단초를 열 수 있다고 생각한다. 이러한 성찰은 다음의 원불교 경우와 연관해서 이루어져야 할 것이다. 왜냐하면 원불교는 돈과 신앙의 관계를 아예 인정하고 들어

가기 때문이다. 차기 연도 연구에서 더 파고들어야 할 과제이다.

5. 원불교의 경우

불교와 그리스도교와 달리, 원불교는 처음부터 돈과 신앙의 관계를 인정하고 들어갔다. 원불교는 처음부터 돈을 적극적으로 받아들였으므로 오히려 돈에 대해서 자유로울 수 있었다. 원불교는 일제 강점기의 암울한 시대인 1916년 소태산 박중빈에 의해서 창시된 한국적 신불교 운동이었다. 20세기 초 서양 제국주의의 움직임이 일어나고 있는 동안 우리나라는 제국주의의 희생양이 되고 있었다. 가난과 억압과 차별의 아픔 속에서 오직 민족에게 힘이 될 수 있는 길이 무엇인가를 생각했던 소태산은 "물질이 개벽되니 정신을 개벽하자"고 외치면서 동시대인들을 모았다. 그가 물질개벽을 중시하고, 근검절약하여 물질적 자립운동을 벌여나갔던 것은 하나의 종교적 운동이자 민족운동이었다고 하겠다. 그러므로 비록 막스 베버의 "프로테스탄티즘의 윤리와 자본주의 정신"과 약간의 유사성이 있다고 하더라도 소태산의 물질개벽 사상은 막스 베버의 자본주의적이고 제국주의적인 견해와는 전연 다른 입장에 있는 피압박국, 약소국 민중의 생존을 위한 저항적인 것이었다.

김명희에 따르면, 물질과 정신은 함께 변화해야 하는데, 물질세계는 개벽되고 있는데 정신은 개벽되지 못한 현실에서 소태산은 정신을 개조하여 물질계를 변화시켜야 한다고 생각했다. 조선인들은 물질의 지배를 받고 물질의 노예가 되어 고통을 받게 되었다. 이러한 상황에서 소태산은 '정신을 개벽하자'는 표어를 걸었다. 종교의 가르침이 물질생활을 포함한 총체적인 인간 삶을 구원하려고 하였다(권진관 외, 2016,

163). 소태산은 정신이 물질에 속박되어서는 안 된다고 했다. 오히려 정신이 물질을 규제하는 주체가 되어야 한다. 이러한 주장은 막스 베버의 사상과 얼추 유사하다. 그러나 당시의 암울했던 시대에 개인과 사회, 국가를 '도탄'으로부터 구하기 위한 생각에서 비롯된 소태산의 사상은 베버의 그것과 큰 차이가 있다.

소태산은 "물질의 세력이 커감에 따라 사람의 정신은 점점 물질의 노예가 되어가고 있다"고 개탄한다(권진관 외, 2016, 163). "신(身)낙원"은 인간의 "주체성과 인권"이 회복되는 세상이며 "물질이 아닌 인간이 중심이 되는 세계"이다(권진관 외, 2016, 163). 그러한 세계에서는 경제적 자립과 평등이 이루어지는데, 이를 위해서 노동과 불법을 일치시키고, 영육쌍전(靈肉雙全), 불법시생활(佛法是生活), 생활시불법을 대중화하였다.

원불교의 교당들에서 돈을 어떻게 사용해야 하는가에 대한 조사연구한 바에 따르면, 서울강북이나 이리(현재명은 익산) 지역의 교당들은 "가난한 이웃 혹은 가난한 교도들을 돕는 데 사용되어야 한다는 데 일치점을 보였다." 모든 교도를 볼 때, 71.1%의 교도가 종교에 구애받지 않고 이웃을 도와야 한다는 데에 표를 던졌다(한국사회와 종교학, 2017, 38). 다른 종교에 대해서 매우 열려 있고, 사회적으로는 진보적인 태도를 취한다. 특히 신앙이 깊을수록 교회의 돈을 사회에 환원해야 한다는 응답자가 많았다(한국사회와 종교학, 2017, 38). 이것을 볼 때 원불교는 지속적으로 돈의 정의로운 사용에 대하여 교인들을 의식화하고 있는 것을 알 수 있다.

그럼에도 교당의 돈 지출이 어떻게 되고 있느냐, 혹은 어떻게 지출하는 것이 좋으냐는 질문에서는 의외로 교당운영비, 교당유지비, 교당행사비의 비중이 높고 이에 비해서 사회봉사에 쓰는 지출은 낮은 것으로 나온 것을 볼 때, 교회적인 돈 사용에서 사회봉사에 대한 관심도는 낮은 편이라는 모순된 결과가 나왔다(한국사회와 종교학, 2017, 38). 이러한 원불교 교도들 안의 모순에 대해, 김명희는 소태산의 수단으로서 돈이 오늘날 자본주의의 원리에 따른 목적으로서 돈으로, 적어도 교회적으로는 서서히 대치되고 있는 게 아닌가 하는 문제제기를 하고 있다 (한국사회와 종교학, 2017, 41). 그러나 이것은 곧 개인인 교인들에게도 영향을 미칠 것이라는 예측도 가능하다. 그리하여, 개인과 집단체계로서의 종교 사이에 있을 수 있는 간극에 대해서도 다음 연구의 주제가 될 수 있겠다는 생각이다.

V. 결론

지금까지 논의를 종합 정리하면, 한국의 각 종교 신앙인들이 돈에 대한 자세가 무엇인가 살피고자 할 때 일정한 관점으로 수렴되고 있다고 하겠다. 즉 한국의 종교, 특히 종교적 신앙은 일정하게 돈화, 즉 금전화되어가는 과정에 있다고 말할 수 있다. 그중 가장 강하게 나타나고 있는 종교는 단연 개신교이며, 개신교회의 대형교회는 물론 중소형교회에까지도 신앙의 돈화 혹은 금전화의 현상이 심화되어가고 있음을 발견하게 되었다. 이러한 개신교가 한국의 가장 큰 종교라고 할 때, 개신교가 이미 자본주의화된 한국사회 전체에 신자유주의적 자본주의화를 더욱 가속화할 소지가 있을 뿐 아니라, 다른 종교들에게도 이러한 영향력을 확장할 수 있는 소지가 크다고 하겠다. 실제로 불교나 가톨릭의 신앙과 삶의 일부에서 금전화되어가고 있는 것은 개신교의 영향일 수도 있겠다고 생각한다.

결국 돈과 신앙의 관계에서 가장 중요한 것은 신앙인 주체가 어떻게 이 문제에 접근하느냐의 문제이다. 지금의 주체 상황, 특히 신자유주의 시장경제 질서에 종속된 소비자본주의하에서의 주체의 상황은 일률화되어가는 경향이 있다. 돈의 유무로 주체의 상황이 판단되고 있다. 돈으로의 획일화, 돈만으로 삶의 모든 의미를 가늠하는 시대가 되고 있다. 이 속에서 종교적 주체는 이것을 되돌리는 일을 해야 한다. 돈이 아니라 공동체적 연대, 자연의 신비와 아름다음, 햇볕의 밝음과 따스함, 바다의 드넓음과 풍성함, 산의 신선함 그리고 친화성, 이웃의 따스함, 커피와 차의 풍족감, 학문의 깊이, 예술의 아름다움 등등 이 모든 것에게 향하는 마음을 주체 안에서 회복해야 한다. 가상화폐 열풍에서 보듯이 '평균적' 주체들이 돈과 재물로만 향하고 있다면, 이제 이것을 새로운 다양함(신의 선물들)으로 방향을 돌려야 한다. 신앙은 보이는 재물을 바라는 것이 아니라, 보이지 않는 하나님의 다양한 선물들을 보는 것이 아닌가 생각한다(히브리서 11장 1절, "믿음은 바라는 것의 확증이요, 보이지 않는 것의 확신이다. Faith is the assurance of things hoped for, the conviction of things not seen").

한국의 종교들을 들여다볼 때, 신앙생활과 교회활동을 열심히 하는 교인일수록 자신의 부에 대한 열망을 신앙적으로 정당화하고, 가난을 비롯한 경제적 위기는 개인의 노력(자기계발, 자기관리, 신앙생활 등)으로 극복 가능하다는 답변이 압도적으로 높은 것을 보게 된다. 이제 각 종교들은 좀 더 공동체적인 주체, 공동선을 의식하고 실천하는 주체를 길러내기 위해서 새로운 체제를 형성해야 한다. 특히 오늘날 한국 개신교의 교회공간은 신자유주의의 자기계발적 주체의 형성 장치로 작동하고 있는 것을 반성하면서, 새로운 자연친화적이며 공동체적인 연대의 주체 형성을 위한 체제 형성에 박차를 가해야 한다.

이제 위에서 논의한 것들에서 실마리들을 찾아서 다음 연구과제의 이슈들을 발굴해보자.

1) 불교와 원불교를 성찰하면서, 좀 추상적일 것 같지만, 우리는 종교의 가르침에서 돈의 본질이 무엇이며, 돈과 신앙의 관계가 본질적으로 어떤 것이어야 하는가를 더욱 깊이 있게 성찰해야 하는 과제가 드러났다.

2) 그리고 신앙이란 개인의 문제인데, 그러나 신앙의 독특한 성격은 그것이 개인의 문제만은 아니며 오히려 집단으로서 교회, 즉 체계와 집단으로서 종교의 문제라는 것이다. 그리하여 신앙과 돈의 문제를 놓고 개신교가 주장했던 개인의 신앙과 가톨릭의 주장인 집단의 신앙 사이에서 우리의 신앙이 어떠해야 하는가에 대한 매우 심도 있는 논의가 있어야 할 것이다. 이것도 다음의 연구에서 중요한 이슈가 될 것이다.

참고문헌

『금강경』. 1990/95. 최대림 역주. 홍신문화사.

권진관 외. 2016.『종교는 돈을 어떻게 가르치는가』. 서울: 동연.

윤승용. "통계청의 '2015년 종교인구 조사' 결과를 보고 나서." 〈한국종교문화연
　　　구소〉 뉴스레터 452호, 20170111. kirc.or.kr.

게오르그 짐멜. 1983.『돈의 철학』. 안준섭 외 공역. 서울: 한길사.

카를 마르크스. 2016.『자본론: 정치경제학 비판』I. 김수행 역. 서울: 비봉.

「2017년 한국종교학대회 자료집」.

Duchrow, Ulrich and Franz J. Hinkelammert, 2012. *Transcending Greedy
　　　Money Interreligious Solidarity for Just Relations*. New York, NY:
　　　Palgrave, Macmillan.

부록

설문지

WHAT DO RELIGIOUS PEOPLE
THINK ABOUT MONEY?

'돈'과 신앙의 관계 인식에 대한 설문지
수도권 지역 개신교 대상

안녕하십니까? 한국연구재단 지원 〈돈과 종교〉 연구와 관련하여, 한국 개신교 성도들을 대상으로 설문조사를 실시하고자 합니다. 본 설문조사는 오늘날 기독교 신자들이 '돈'과 신앙의 관계를 어떻게 인식하고 있는지를 살펴보기 위한 자료로 연구 목적 이외에는 사용되지 않을 것입니다. **특별히 정답이 있는 것이 아니며, 선악이 구별되는 것이 아니므로 평소 생각하시는 대로 응답해주시면 됩니다.** 설문지와 관련한 문의사항이 있으신 분은 아래의 담당자에게 연락주시기 바랍니다.

I. 기본사항

나이	
성별	① 남자 ② 여자
결혼 여부	① 미혼 ② 기혼(동거 포함) ③ 기타(이혼, 사별 등)
학력	① 중졸이하 ② 고졸(중퇴포함) ③ 전문대졸(중퇴포함) ④ 대졸(중퇴포함) ⑤ 대학원졸 이상
거주지	서울/인천/경기도 ( )시/군/구

1. 현재 직업은 무엇인가요?

 ① 전문 · 경영관리직 ② 사무직 ③ 생산 · 기술직 ④ 판매 · 서비스직

 ⑤ 자영업 ⑥ 농 · 임 · 어업 ⑦ 학생 ⑧ 주부 ⑨ 무직/기타

1-1. (직장생활을 하시는 분만 답해주세요.) 정규직이신가요, 비정규직이신

가요?

 ① 정규직 ② 비정규직

1-2. 현재 함께 살고 계신 가족의 평균 월 소득은 어느 정도인가요?

 ① 150만 원 이하 ② 300만 원 이하 ③ 500만 원 이하

 ④ 700만 원 이하 ⑤ 1,000만 원 이하 ⑥ 1,000만 원 이상

1-3. 현재 함께 살고 계신 가족의 자산은 어느 정도인가요? (동산, 부동산

포함)

 ① 5천만 원 이하 ② 1억 원 이하 ③ 3억 원 이하 ④ 5억 원 이하

 ⑤ 10억 원 이하 ⑥ 10억 원 이상

2. 현재 함께 살고 계신 가족의 인원은 몇 명이신가요?   명

3. 신앙생활을 하신 지 얼마나 되셨습니까?

 ① 1년 이하 ② 1~5년 ③ 5~10년 ④ 10~20년 ⑤ 20년 이상

4. 공식적인 예배에 얼마나 자주 참석하십니까?

 ① 일주일에 7회 이상 ② 일주일에 3~6회 ③ 일주일에 1~2회

 ④ 한 달에 1~2회 ⑤ 1년에 1~2회

5. 교회 내에서 어떤 직분을 가지고 계신지요?

① 장로 ② 권사 ③ 안수집사 ④ 집사 ⑤ 권찰 ⑥ 없음

6. 현재 출석하고 계신 교회의 교파는 무엇인가요?

 ① 대한예수교 장로회(통합) ② 대한예수교 장로회(합동)

 ③ 대한예수교 장로회(고신) ④ 대한예수교 장로회(개혁)

 ⑤ 한국기독교 장로회 ⑥ 기독교 대한 감리회 ⑦ 대한 기독교 성결교회

 ⑧ 기독교 한국 침례회 ⑨ 대한 기독교 하나님의 성회 ⑩ 대한성공회

 ⑪ 독립교단 ⑫ 초교파

7. 현재 출석하고 계신 교회의 성도 수는 대략 몇 명이나 되나요?　 명

II. 신앙관에 대한 질문입니다.

8. 다른 종교나 가르침에도 진리가 있다고 생각하시는지요?

 ① 매우 그렇다 ② 그렇다 ③ 보통이다 ④ 그렇지 않다 ⑤ 매우 그렇지 않다

9. 다른 종교나 가르침에도 구원이 있다고 생각하시는지요?

 ① 매우 그렇다 ② 그렇다 ③ 보통이다 ④ 그렇지 않다 ⑤ 매우 그렇지 않다

10. 다른 종교나 가르침은 악하다고 생각하시는지요?

 ① 매우 그렇다 ② 그렇다 ③ 보통이다 ④ 그렇지 않다 ⑤ 매우 그렇지 않다

11. 성서는 하나님께서 영감으로 기록하신 것이기 때문에 전혀 잘못된 곳이

없다고 생각하시는지요?

① 매우 그렇다 ② 그렇다 ③ 보통이다 ④ 그렇지 않다 ⑤ 매우 그렇지 않다

12. '구원은 개인의 영혼 구원을 뜻한다'고 생각하시는지요?

① 매우 그렇다 ② 그렇다 ③ 보통이다 ④ 그렇지 않다 ⑤ 매우 그렇지 않다

13. 교회와 신앙인은 사회문제에 적극적으로 참여해야 한다고 생각하시는지요?

① 매우 그렇다 ② 그렇다 ③ 보통이다 ④ 그렇지 않다 ⑤ 매우 그렇지 않다

14. 자신의 신앙심이 깊다고 생각하시는지요?

① 매우 그렇다 ② 그렇다 ③ 보통이다 ④ 그렇지 않다 ⑤ 매우 그렇지 않다

III. 신앙과 '돈'의 관계에 대한 질문입니다.

15. 교회 내에서 '돈'이 언급되는 횟수는 얼마나 되나요?

① 거의 매 주마다 ② 한 달에 1, 2회 ③ 1년에 1, 2회

④ 교회 건축 등 큰돈이 드는 일이 있을 때마다 ⑤ 전혀 없음

15-1. 교회 내에서 주로 어떤 경로로 '돈'에 대한 말이 나오나요?

① 설교 ② 구역회나 속회 ③ 각종 회의 ④ 회중기도 ⑤ 신앙서적

⑥ 기타 (   )

15-2. 교회 내에서 '돈'은 긍정적으로 언급되는 편입니까?

① 매우 그렇다 ② 그렇다 ③ 보통이다 ④ 그렇지 않다 ⑤ 매우 그렇지 않다

15-3. 교회 내에서 '돈'이 언급될 때 가장 떠오르는 말을 2개만 골라주세요.

① 축복 ② 사회봉사 ③ 소명 ④ 선물 ⑤ 구원 ⑥ 천국 ⑦ 탐욕 ⑧ 선교

⑨ 회개 ⑩ 기타 (   )

16. '돈'에 대해 교회에서 배운 것이 있으면 생각나는 대로 적어 주십시오.

____

____

17. 교회에서 '돈'에 관한 가르침이 꼭 필요하다고 생각하시나요?
 ① 매우 그렇다 ② 그렇다 ③ 보통이다 ④ 그렇지 않다 ⑤ 매우 그렇지 않다

17-1. 왜 그렇게 생각하시나요?

____

18. 신앙생활을 성실히 하면 물질적 축복도 따른다고 생각하십니까?
 ① 매우 그렇다 ② 그렇다 ③ 보통이다 ④ 그렇지 않다 ⑤ 매우 그렇지 않다

19. '돈'에 대한 기도를 얼마나 자주 하시는지요?
 ① 매일 ② 일주일에 1, 2회 ③ 한 달에 1, 2회 ④ 1년에 1, 2회
 ⑤ 전혀 안 한다

20. 직업은 하나님께서 주신 소명이라고 생각하시나요?
 ① 매우 그렇다 ② 그렇다 ③ 보통이다 ④ 그렇지 않다 ⑤ 매우 그렇지 않다

21. 귀하께서 자신의 직업을 선택하는 데 있어 신앙이 중요한 영향을 미쳤는
지요?

① 매우 그렇다 ② 그렇다 ③ 보통이다 ④ 그렇지 않다 ⑤ 매우 그렇지 않다

22. 내가 일을 해서 거두는 소득은 하나님의 선물이라고 생각하시는지요?

 ① 매우 그렇다 ② 그렇다 ③ 보통이다 ④ 그렇지 않다 ⑤ 매우 그렇지 않다

IV. 교회생활과 '돈'의 관계에 대한 질문입니다.

23. '돈'이 부족하거나 없어서 교회에서 차별을 받아본 경험이 있으신지요?

 ① 매우 그렇다 ② 그렇다 ③ 보통이다 ④ 그렇지 않다 ⑤ 매우 그렇지 않다

24. '돈'의 많고 적음이 교회 활동에 영향을 미친다고 생각하십니까?

 ① 매우 그렇다 ② 그렇다 ③ 보통이다 ④ 그렇지 않다 ⑤ 매우 그렇지 않다

25. 신앙생활과 '돈'의 많고 적음은 서로 아무 상관이 없다고 생각하시나요?

 ① 매우 그렇다 ② 그렇다 ③ 보통이다 ④ 그렇지 않다 ⑤ 매우 그렇지 않다

25-1. 가난할수록 교회생활이 힘들고 불편하다고 생각하시나요?

 ① 매우 그렇다 ② 그렇다 ③ 보통이다 ④ 그렇지 않다 ⑤ 매우 그렇지 않다

25-2. 부유할수록 교회생활이 힘들지 않고 편하다고 생각하시나요?

 ① 매우 그렇다 ② 그렇다 ③ 보통이다 ④ 그렇지 않다 ⑤ 매우 그렇지 않다

26. 헌금을 하는 데 있어 주변의 눈치나 압박을 느끼시는지요?

 ① 매우 그렇다 ② 그렇다 ③ 보통이다 ④ 그렇지 않다 ⑤ 매우 그렇지 않다

27. 헌금을 반드시 해야 한다고 생각하시나요?

① 매우 그렇다 ② 그렇다 ③ 보통이다 ④ 그렇지 않다 ⑤ 매우 그렇지 않다

28. 헌금을 잘 해야 축복을 받을 수 있다고 생각하십니까?
 ① 매우 그렇다 ② 그렇다 ③ 보통이다 ④ 그렇지 않다 ⑤ 매우 그렇지 않다

28-1. 헌금을 잘 해야 복을 받는다는 가르침을 교회에서 받은 적이 있으신가요?
 ① 자주 배운다 ② 가끔 배운다 ③ 보통이다 ④ 별로 안 배운다
 ⑤ 전혀 안 배운다

28-2. 헌금을 잘 하지 않으면 벌을 받는다는 가르침을 교회에서 받은 적이 있으신가요?
 ① 자주 배운다 ② 가끔 배운다 ③ 보통이다 ④ 별로 안 배운다
 ⑤ 전혀 안 배운다

29. 헌금의 액수가 교회의 직분에 영향을 준다고 생각하시는지요?
 ① 매우 그렇다 ② 그렇다 ③ 보통이다 ④ 그렇지 않다 ⑤ 매우 그렇지 않다

V. 교회의 '돈'을 사용하는 문제에 대한 질문입니다.

30. 헌금이 가장 많이 사용되고 있는 분야는 어디라고 생각하시는지요?
 ① 교회운영(인건비 포함) ② 선교 ③ 교육 ④ 사회봉사 ⑤ 교회행사
 ⑥ 교회건축

31. 헌금이 가장 많이 사용되어야 하는 분야는 어디라고 생각하시는지요?
 ① 교회운영(인건비 포함) ② 선교 ③ 교육 ④ 사회봉사 ⑤ 교회행사

⑥ 교회건축

32. 헌금이 사회봉사에 사용될 경우, 선교와 전도를 목적으로 하는 것이 좋다
고 생각하시는지요?
 ① 매우 그렇다 ② 그렇다 ③ 보통이다 ④ 그렇지 않다 ⑤ 매우 그렇지 않다

VI. 정치관에 대한 질문입니다.

33. 귀하는 자신의 생각이 대체로 진보적이라고 생각하십니까?
 ① 매우 그렇다 ② 그렇다 ③ 보통이다 ④ 그렇지 않다 ⑤ 매우 그렇지 않다

34. 다음 중에서 지지하는 정당이 있으시면 골라주세요.
 ① 자유한국당(전 새누리당) ② 바른정당(전 새누리당) ③ 더불어민주당
 ④ 국민의당 ⑤ 정의당 ⑥ 녹색당 ⑦ 기타 ( ) ⑧ 관심 없다

35. 한반도의 평화를 위협하는 가장 주된 요인은 무엇이라고 생각하십니까?
 ① 북한의 핵개발 ② 남한의 친북세력 ③ 미국의 사드 배치 ④ 일본의 재무장
 ⑤ 중국의 영향력 확장 시도 ⑥ 정부의 무능력 ⑦ 모름/무응답

36. 미국과의 관계에 있어서 친미와 반미 중 어느 쪽에 찬성하시나요?
 ① 친미 입장에 찬성 ② 반미 입장에 찬성
 ③ 정치적인 문제로 종교가 대립하는 것은 옳지 않다 ④ 모름/무응답

VII. 경제관에 대한 질문입니다.

37. 가난한 사람이 가난한 이유를 다음 중에서 선택해 주세요(복수 선택 가능).

① 지능의 부족 ② 자기관리 능력의 부족 ③ 낮은 도덕성과 책임감

④ 낮은 교육수준 ⑤ 부족한 기술 및 경력 ⑥ 유전적 요인

⑦ 정부의 경제정책 실패 ⑧ 신자유주의 시장경제 ⑨ 불평등한 경제 구조

⑩ 해외 투기자본의 횡포 ⑪ 정부의 복지정책 실패 ⑫ 불합리한 세금 정책

⑬ 정부의 현실적인 일자리 창출 노력 부재 ⑭ 정부와 재벌의 부패

38. 가난을 극복할 수 있는 적절한 방법이라고 생각하시는 것을 선택해주세요(복수 선택 가능).

① 자기 개발 ② 근면하고 성실한 노력 ③ 도덕성과 책임감의 함양

④ 부패한 정부와 재벌의 개혁 ⑤ 정부의 적절한 시장 개입 ⑥ 조세 개혁

⑦ 복지정책 확대 ⑧ 기본소득 제도 도입 ⑨ 고학력과 전문적 기술 획득

⑩ 비정규직 문제 해결을 위한 정책적 노력 ⑪ 대기업 선호 취업준비 안 하기

39. 다음의 질문들에 가장 알맞다고 생각하시는 것을 〈보기〉에서 골라 답해 주세요.

> 〈보기〉
> ① 매우 그렇다 ② 그렇다 ③ 보통이다 ④ 그렇지 않다 ⑤ 매우 그렇지 않다

39-1. 정부는 시장의 자유를 지키기 위해 시장에 간섭하지 말아야 한다. (　)

39-2. 정당하게 돈을 벌었느냐의 유무와 상관없이 사유재산권은 보호받아

야 한다. ( )

39-3. 개인의 능력에 따른 자유로운 경쟁을 통해 임금에 차등이 있다면 바람직하다.( )

39-4. 경제가 발전하는 것이 복지정책보다 더 중요하다. ( )

40. 교회는 모두가 풍요로운 사회를 만드는 일에 적극적으로 참여해야 한다고 생각하시나요?

① 매우 그렇다 ② 그렇다 ③ 그렇지 않다 ④ 매우 그렇지 않다

⑤ 관심 없다

41. (위 39번 질문에 ①과 ②로 답하신 분만 대답해 주세요.) 모두가 풍요로운 사회를 만들기 위해서 교회와 신앙인이 가장 관심을 기울여야 할 일은 무엇이라고 생각하시는지요?

① 사회구제단체에 기부 및 후원 ② 교회를 통한 구제사업 확대

③ 사회개혁 ④ 개인의 자원봉사 ⑤ 국가와 사회를 위한 기도

'돈'(물질)과 신앙의 관계에 대한 인식 조사

안녕하십니까? 한국연구재단에서 지원하는 〈돈과 종교〉 공동 프로젝트와 관련한 교인대상 설문조사입니다. '돈'(물질)과 신앙 사이에서 어떤 고민을 하고 있는지 살펴보기 위한 자료로, 연구 목적 이외에는 사용하지 않을 것입니다. 정답이 있는 것이 아니므로 자유롭게 답하면 됩니다.

I. 신앙관과 '돈(물질)'에 대한 교회의 가르침에 관한 질문입니다.

1. 다른 종교나 가르침에도 구원이 있다고 생각하십니까?
 ① 매우 그렇다 ② 그렇다 ③ 보통이다 ④ 그렇지 않다 ⑤ 매우 그렇지 않다

2. 성경은 하나님의 영감(음성)을 받아 기록되었기에 오류가 전혀 없다고 생각하십니까?
 ① 매우 그렇다 ② 그렇다 ③ 보통이다 ④ 그렇지 않다 ⑤ 매우 그렇지 않다
2-1. (위 질문의 답이 ③, ④, ⑤ 경우) 그 이유는 무엇입니까?

____

3. '구원은 개인의 영혼 구원을 뜻한다'고 생각하십니까?
 ① 매우 그렇다 ② 그렇다 ③ 보통이다 ④ 그렇지 않다 ⑤ 매우 그렇지 않다

4. 교회와 신앙인은 사회문제에 적극적으로 참여해야 한다고 생각하십니까?

 ① 매우 그렇다 ② 그렇다 ③ 보통이다 ④ 그렇지 않다 ⑤ 매우 그렇지 않다

5. 귀하의 신앙심은 깊은 편이라고 생각하십니까?

 ① 매우 그렇다 ② 그렇다 ③ 보통이다 ④ 그렇지 않다 ⑤ 매우 그렇지 않다

6. '돈(물질)'에 대한 기도를 얼마나 자주 하십니까?

 ① 매일 ② 주 1~2회 ③ 월 1~2회 ④ 년 1~2회 ⑤ 전혀 안함

7. 아래 문장에 대한 귀하의 의견을 표에서 골라 번호로 적어주세요.

> ① 매우 그렇다 ② 그렇다 ③ 그렇지 않다 ④ 전혀 상관없다

7-1. 신앙생활을 성실히 하면 물질적 축복도 따른다. (　)

7-2. 십일조를 제대로 지키지 않으면, 물질의 축복은 받을 수 없다. (　)

7-3. 돈의 많고 적음과 하나님 축복의 많고 적음은 비례한다. (　)

7-4. 예수님을 믿으면 축복받아서 부자가 된다. (　)

7-5. 예수님을 닮으려면 부자여서는 안 된다. (　)

7-6. 돈은 신앙생활의 장애물이다. (　)

8. 예배 및 다양한 교회모임에서 '돈'이 언급되는 횟수는 어느 정도입니까?

 ① 거의 매주 ② 월 1~2회 ③ 년 1~2회 ④ 큰돈 들 때(교회건축 등)

 ⑤ 전혀 없음

8-1. 주로 어디에서 '돈'과 신앙의 관계에 대해 듣습니까?

 ① 설교 ② 구역회/속회 ③ 각종 회의 ④ 회중기도 ⑤ 신앙서적

⑥ 기타 (   )

8-2. 교회에서 '돈'이 언급될 때, 떠오르는 단어 2개만 선택하십시오.
 ①축복 ②봉사(자선) ③소명 ④선물 ⑤구원 ⑥천국 ⑦탐욕 ⑧선교
 ⑨기타 (   )

9. 교회에서 '돈(물질)'에 관한 가르침이 꼭 필요하다고 생각하십니까?
 ① 매우 그렇다 ② 그렇다 ③ 보통이다 ④ 그렇지 않다 ⑤ 매우 그렇지 않다
9-1. (위 질문의 답이 ①, ② 경우) 구체적으로 어떠한 가르침이 필요하십니까?
 ① 신앙인으로서 돈을 벌고 쓰는 법 ② 성경적 재정생활 (온전한 헌금)
 ③ 구제/자선 생활화 ④ 기타 (   )
9-2. '돈(물질)'에 대해 교회에서 배운 것이 있으면 생각나는 대로 적어 주십시오.

____

II. 교회/신앙생활과 '돈(물질)'의 관계에 대한 질문입니다.

10. 십일조는 반드시 해야 한다고 생각하십니까? (실제 십일조 생활 여부와는 상관없음)
 ① 매우 그렇다 ② 그렇다 ③ 보통이다 ④ 그렇지 않다 ⑤ 매우 그렇지 않다
10-1. 헌금을 많이 해야 축복을 받는다고 교회에서 들은 적이 있습니까?
 ① 자주 ② 가끔 ③ 보통 ④ 별로 ⑤ 전혀
10-2. 헌금을 잘 하지 않으면 벌을 받는다고 교회에서 들은 적이 있습니까?
 ① 자주 ② 가끔 ③ 보통 ④ 별로 ⑤ 전혀

11. 아래 문장에 대한 귀하의 의견을 표에서 골라 번호로 적어주세요.

① 매우 그렇다 ② 그렇다 ③ 그렇지 않다 ④ 전혀 아니다

11-1. 돈 때문에 교회에서 어떤 형태로든 차별당하는 것을 본 적이 있다. ( )

11-2. 가난할수록 교회생활이 힘들고 불편하다. ( )

11-3. 부유할수록 교회생활이 수월하다. ( )

11-4. 헌금 액수가 교회의 직분에 영향을 준다. ( )

11-5. 헌금을 하는데 교회에서 눈치나 압박을 느낀다. ( )

III. 헌금 관리와 사용에 관한 질문입니다.

12. 귀하의 소속교회에서는 헌금 총액과 그 사용처에 대하여 교인들에게 공개하고 있습니까?

 ① 상세한 항목까지 공개 ② 적당히 공개 ③ 전혀 공개되지 않음

 ④ 관심 없다

13. 교회 예산 및 집행에 관한 의사결정과정에 교인들이 어떤 방식으로든 참여해야 한다고 생각하십니까?

 ① 예 ② 아니오 ③ 모르겠다 ④ 상관없다

14. 헌금이 많이 사용되고 있는 곳은 어디라고 생각하십니까?

순서대로 3개만 (/ /)

 ① 교회운영(인건비 포함) ② 선교 ③ 교육 ④ 구제/자선

⑤ 교회행사 ⑥ 교회건축

14-1. 헌금이 많이 사용되어야 할 곳은 어디라고 생각하십니까?

순서대로 3개만(/ /)

① 교회운영(인건비 포함) ② 선교 ③ 교육 ④ 구제/자선

⑤ 교회행사 ⑥ 교회건축

15. 헌금 관리/사용과 관련하여 교회에 바라는 점이 있다면 적어 주십시오.

____

IV. 교회의 가르침과 사회의 상관성에 관한 질문입니다.

16. 직업은 하나님께서 주신 소명이라고 생각하십니까?

① 매우 그렇다 ② 그렇다 ③ 보통이다 ④ 그렇지 않다 ⑤ 매우 그렇지 않다

16-1. 귀하의 직업을 선택할 때 신앙의 영향이 컸습니까?

① 매우 그렇다 ② 그렇다 ③ 보통이다 ④ 그렇지 않다 ⑤ 매우 그렇지 않다

16-2. 신앙인이면 가져서는 안 될 직업이 있습니까?

① 예 ② 아니오

16-2-1. (위 질문의 답이 ① 경우) 어떤 종류의 직업입니까?

____

17. 일을 해서 얻는 소득은 하나님의 선물이라고 생각하십니까?

① 매우 그렇다 ② 그렇다 ③ 보통이다 ④ 그렇지 않다 ⑤ 매우 그렇지 않다

17-1. 귀하는 소득을 기독교의 가르침에 따라 사용하고 있다고 생각하십니까?

① 매우 그렇다 ② 그렇다 ③ 보통이다 ④ 그렇지 않다 ⑤ 매우 그렇지 않다

18. 가난한 사람이 경제적으로 힘든 이유를 3개만 선택하십시오.

 ① 불평등한 경제 구조 ② 자기관리 능력의 부족 ③ 낮은 도덕성과 책임감

 ④ 교육수준 ⑤ 부족한 기술 및 경력 ⑥ 빈곤 세습

 ⑦ 연약한 믿음과 신앙생활의 부족 ⑧ 신자유주의 시장경제 ⑨ 재벌의 독점

 ⑩ 정부의 현실적인 일자리 창출 노력 부재 ⑪ 정부의 복지정책 실패

 ⑫ 복음전도의 부족

18-1. 가난을 극복할 수 있는 적절한 방법 3개만 선택하십시오.

 ① 자기계발 ② 도덕성/책임감 함양 ③ 부자증세 ④ 복지정책 확대

 ⑤ 복음 전파 ⑥ 고학력과 전문기술 습득 ⑦ 비정규직 문제해결 정책

 ⑧ 눈높이 낮춘 직장구하기 ⑨ 확고한 믿음과 신앙생활 ⑩ 기본소득제 도입

19. 아래 문장에 대한 귀하의 의견을 표에서 골라 번호로 적어주세요.

<table><tr><td>① 매우 그렇다 ② 그렇다 ③ 보통이다 ④ 그렇지 않다 ⑤ 매우 그렇지 않다</td></tr></table>

19-1. 정부는 기업의 활동에 간섭하지 말아야 한다. ( )

19-2. 재벌은 축소/해체되어야 한다. ( )

19-3. 경제발전이 복지정책보다 중요하다. ( )

19-4. 능력에 따른 급여의 차이는 당연하다. ( )

20. '돈(물질)'에 대한 교회의 가르침이 국가의 경제위기 극복에 도움이 된다고 생각하십니까?

① 매우 도움된다 ② 도움된다 ③ 도움 안 된다 ④ 전혀 도움 안 된다
⑤ 잘 모르겠다

20-1. 교회와 신앙인은 경제위기 극복에 더 적극적인 도움을 주어야 한다고
생각하십니까?
① 매우 그렇다 ② 그렇다 ③ 그렇지 않다 ④ 매우 그렇지 않다
⑤ 관심 없다

20-2. 다음 중 교회와 신앙인이 가장 애써야 할 일은 무엇이라고 생각하십니
까?
① 교회를 통한 구제사업 확대 ② 사회구제단체에 기부 및 후원
③ 사회개혁 ④ 개인의 자원봉사 ⑤ 국가와 사회를 위한 기도
⑥ 복음의 전파

V. '왕의 재정'에 대한 질문입니다.

21. 왕의 재정에 대하여 어떻게 알게 되셨습니까?
① 교회모임 ② 지인 ③ 유튜브, SNS ④ 서적
⑤ 기타 ________________

22. '왕의 재정'에 대하여 대략 언제쯤 아셨습니까? __________년

23. '왕의 재정' 관련 세미나를 수강한 적이 있습니까?
① 예 ② 아니오

23-1. (위 질문의 답이 ② 경우) 〈왕의 재정세미나〉에 조만간 등록할 생각
이 있습니까?

① 예 ② 아니오

24. 〈왕의 재정학교〉관련 강연이나 동영상을 얼마나 자주 보십니까?

① 주 7회 이상 ② 주 3~6회 ③ 주 1~2회 ④ 월 1~2회

⑤ 년 1~2회 ⑥ 전혀 없다

24-1. 〈왕의 재정학교〉 워크북세트로 재정관리를 한 적이 있습니까?

① 예 ② 아니오

25. '왕의 재정'에서 말하는 네 유형 중 귀하께서는 현재 어디에 속하십니까?

① 성빈(聖貧) ② 속빈(俗貧) ③ 속부(俗富) ④ 성부(聖富)

26. 다음 칸에 ∨표 하십시오.

① 매우 그렇다 ② 그렇다 ③ 보통이다 ④ 그렇지 않다 ⑤ 전혀 그렇지 않다

	①	②	③	④	⑤
하나님의 재정원리를 철저하게 따르면 '차고 넘치는 부'를 얻는다.					
하나님나라 사업을 위한다면 재정원칙을 철저히 수행해야 한다.					
성경적 재정 원칙의 삶은 부흥의 열쇠이며 성부는 하나님나라의 확장을 위해서 반드시 필요하다.					
'부흥'은 개인적 차원의 물질적 풍요와 교회의 성장을 동시에 의미한다.					
십일조는 교회와 우리를 다 축복하시기 위한 하나님의 아이디어다.					
하나님 나라의 확장에서 돈은 중요하다.					

신앙을 실천하는데, 믿음, 헌신과 더불어 '돈'도 반드시 필요하다.					
왕의 재정에서 말하는 '청지기의 삶'과 '단순한 삶'은 훈련을 통해서만 살 수 있다.					
모든 물질의 공급자는 하나님이며 삶의 안정 역시 안정된 직장이 아니라 하나님으로부터 온다.					
누구든 재물에 대해 옳은 태도를 지니면, 보이지 않는 세계 가운데 무한하게 있는 재물을 하나님이 풍성하게 보낸다.					
주인을 맘몬에서 하나님으로 바꾸어야만 재물을 노예로 다룰 수 있다.					
삶의 안정 역시 안정된 직장이 아니라 하나님으로부터 온다.					
재물을 노예로 다루는 삶은 재물을 하늘은행에 맡겨 잘 관리하는 삶을 의미한다.					
재물을 하늘은행에 입금하면 반드시 배가 된다.					
하나님은 속부의 재물을 흔들어서 의인에게 옮기는 방식으로 재물을 이동시킨다.					

27. '왕의 재정'에 관심을 갖게 된 동기는 무엇입니까? 또 왕의 재정을 통하여 귀하의 삶이 변화된 부분이 있습니까? (간증/개인경험을 중심으로 자유롭게 작성해주십시오. 뒷면 사용가능)

※ 기본사항

나이	
성별	① 남자 ② 여자
결혼 여부	① 미혼 ② 기혼(동거 포함) ③ 기타(이혼, 사별 등)
학력	① 중졸이하 ② 고졸 ③ 대졸이상
거주지	(시) (구/동) * 시/구/동 까지만 적어도 됩니다.

1. 현재 직업(혹은 전직)은 무엇입니까?

 ① 전문직·관리직 ② 사무직 ③ 생산·기술직 ④ 판매·서비스직 ⑤ 자영업

 ⑥ 전업주부 ⑦ 농·임·어업 ⑧ 학생 ⑨ 무직/기타

1-1. (위 질문의 답이 ①,②,③,④ 경우) 고용형태는 어떻습니까?

 ① 정규직 ② 비정규직

1-2. 현재 가족의 평균 월 소득은 어느 정도입니까?

 ①150만원 이하 ②300~500만원 ③500~700만원 ④700~1000만원

 ⑤ 1000만원 이상

1-3. 현재 가족의 자산은 어느 정도입니까? (동산, 부동산 포함)

 ① 5천만 이하 ② 1억 이하 ③ 3억 이하 ④ 5억 이하 ⑤ 10억 이하

 ⑥ 10억 이상

2. 부양가족은 몇 명인가요?   명

3. 신앙생활을 한지 얼마나 되었습니까?

 ① 1년 이하 ② 1~5년 ③ 5~10년 ④ 10~20년 ⑤ 20년 이상

4. 교회모임(예배 포함)에 얼마나 자주 참석하십니까?

 ① 주 7회 이상 ② 주 3~7회 ③ 주 1~2회 ④ 월 1~2회 ⑤ 년 1~2회

5. 교회에서 어떤 직분을 맡고 있습니까?

 ① 장로 ② 권사 ③ 안수집사 ④ 집사 ⑤ 권찰 ⑥ 없음

6. 현재 출석하는 교회의 교파는 어디입니까? _______________________

7. 현재 출석하는 교회의 규모는 어느 정도입니까?

 ① 초대형(1만명 이상) ② 대형(2천명 이상) ③ 중형(2백명 이상)

 ④ 중소교회 ⑤ 미자립교회

8. 귀하의 정치적 입장은 어떻다고 생각하십니까?

 ① 매우 보수적 ② 약간 보수적 ③ 약간 진보적 ④ 매우 진보적

9. 다음 중에서 지지하는 정당이 있습니까?

 ① 새누리(자유한국당/바른정당) ② 민주당 ③ 국민의당 ④ 정의당

 ⑤ 녹색당 ⑥ 관심 없다

⟨'돈'과 신앙의 관계⟩ 인식에 대한
한국천주교회 신자 대상 설문조사

안녕하십니까? 한국연구재단 지원 ⟨돈과 종교⟩ 연구와 관련하여, 한국천주교회 신자들을 대상으로 설문조사를 실시하고자 합니다. 오늘날 천주교 신자들이 돈과 신앙 사이에서 어떤 고민을 하고 있는지를 살펴보기 위한 자료로, 연구 목적 이외에는 사용하지 않을 것입니다. **특별히 정답이 있는 것이 아니며, 선악이 구별되는 것이 아니므로 평소 생각하시는 대로 응답해주시면 됩니다.** 설문지와 관련한 문의사항이 있으신 분은 아래의 담당자에게 연락 주시기 바랍니다.

I. 기본사항

나이	
성별	① 남자 ② 여자
결혼 여부	① 미혼 ② 기혼(동거 포함) ③ 기타(이혼, 사별 등)
응답자의 학력	① 중졸이하 ② 고졸(중퇴 포함) ③ 전문대졸(중퇴 포함) ④ 대졸(중퇴 포함) ⑤ 대학원졸 이상
거주지	________시 ________구　／　________도 ________시(군)

1. 현재 직업은 무엇인가요?

 ① 전문·경영관리직 ② 사무직 ③ 생산·기술직 ④ 판매·서비스직

 ⑤ 자영업 ⑥ 농·임·어업 ⑦ 학생 ⑧ 주부 ⑨ 무직/기타

1-1. (1번 문항의 답이 ①②③④의 경우) 고용형태는 어떻습니까?

 ① 정규직 ② 비정규직

1-2. 현재 함께 살고 계신 가족의 월 평균 소득은 어느 정도인가요?

 ① 150만원 이하 ② 300만원 이하 ③ 500만원 이하

 ④ 700만원 이하 ⑤ 1000만원 이하 ⑥ 1000만원 이상

1-3. 현재 함께 살고 계신 가족의 자산은 어느 정도인가요? (동산, 부동산
포함)

 ① 5천만원 이하 ② 1억원 이하 ③ 3억원 이하 ④ 5억원 이하

 ⑤ 10억원 이하 ⑥ 10억원 이상

2. 현재 함께 살고 계신 가족의 인원은 몇 명이신가요?   명

3. 신앙생활을 하신 지 얼마나 되셨습니까?

 ① 1년 이하 ② 1~5년 ③ 5~10년 ④ 10~20년 ⑤ 20년 이상

4. 미사에 얼마나 자주 참석하십니까?

 ① 일주일에 7회 이상 ② 일주일에 3~6회 ③ 일주일에 1~2회

 ④ 한 달에 1~2회 ⑤ 1년에 1~2회

5. 본당에서 어떤 직분을 맡고 계신지요?

 ① 총구역장 ② 사목위원회 ③ 구역반장 ④ 단체 활동 봉사자 ⑤ 없음

II. 신앙관에 대한 질문입니다.

6. 다른 종교나 가르침에도 진리가 있다고 생각하시는지요?
 ① 매우 그렇다 ② 그렇다 ③ 보통이다 ④ 그렇지 않다 ⑤ 매우 그렇지 않다

7. 다른 종교나 가르침에도 구원이 있다고 생각하시는지요?
 ① 매우 그렇다 ② 그렇다 ③ 보통이다 ④ 그렇지 않다 ⑤ 매우 그렇지 않다

8. 다른 종교나 가르침에도 선함이 있다고 생각하시는지요?
 ① 매우 그렇다 ② 그렇다 ③ 보통이다 ④ 그렇지 않다 ⑤ 매우 그렇지 않다

9. 성경은 하느님으로부터 영감을 받아 기록된 것이므로 전혀 잘못된 곳이 없다고 생각하시는지요?
 ① 매우 그렇다 ② 그렇다 ③ 보통이다 ④ 그렇지 않다 ⑤ 매우 그렇지 않다

10. 개인의 믿음만으로 각자의 구원이 결정된다고 생각하시는지요?
 ① 매우 그렇다 ② 그렇다 ③ 보통이다 ④ 그렇지 않다 ⑤ 매우 그렇지 않다

11. 교회와 신앙인은 사회문제에 적극적으로 참여해야 한다고 생각하시는지요?
 ① 매우 그렇다 ② 그렇다 ③ 보통이다 ④ 그렇지 않다 ⑤ 매우 그렇지 않다

12. 자신의 신앙심이 깊다고 생각하시는지요?
 ① 매우 그렇다 ② 그렇다 ③ 보통이다 ④ 그렇지 않다 ⑤ 매우 그렇지 않다

III. 신앙과 '돈'의 관계에 대한 질문입니다.

13. 본당에서 '돈'이 언급되는 횟수는 얼마나 되나요?

　① 거의 매 주마다 ② 한 달에 1, 2회 ③ 1년에 1, 2회

　④ 교회 건축 등 큰돈이 드는 일이 있을 때마다 ⑤ 전혀 없음

13-1. 본당에서 '돈'이 언급될 때는 주로 어떤 경로로 말이 나오나요?

　① 강론(혹은 공지사항 시간에) ② 구역모임(단체모임) ③ 교리시간

　④ 본당행사 　⑤ 신앙서적 ⑥ 기타 (　　)

13-2. 본당에서 '돈'은 긍정적으로 언급되는 편입니까?

　① 매우 그렇다 ② 그렇다 ③ 보통이다 ④ 그렇지 않다 ⑤ 매우 그렇지 않다

13-3. 본당에서 '돈'이 언급될 때 가장 떠오르는 말을 2개만 골라주세요.

　① 축복 ② 사회봉사 ③ 소명 ④ 선물 ⑤ 구원 ⑥ 천국 ⑦ 탐욕 ⑧ 선교

　⑨ 회개 ⑩ 기타 (　　)

14. '돈'에 대해 본당에서 들은 것이 있으면 기억나는 대로 적어 주세요.

____

____

15. 본당에서 '돈'에 관한 가르침이 꼭 필요하다고 생각하시나요?

　① 매우 그렇다 ② 그렇다 ③ 보통이다 ④ 그렇지 않다 ⑤ 매우 그렇지 않다

15-1. 왜 그렇게 생각하시나요?

____

16. 신앙생활을 성실히 하면 물질적인 축복도 따른다고 생각하시나요?

 ① 매우 그렇다 ② 그렇다 ③ 보통이다 ④ 그렇지 않다 ⑤ 매우 그렇지 않다

17. '돈'에 대한 기도를 얼마나 자주 하시는지요?

 ① 매일 ② 일주일에 1, 2회 ③ 한 달에 1, 2회 ④ 1년에 1, 2회

 ⑤ 전혀 안 한다

18. 직업은 하느님께서 주신 소명이라고 생각하시나요?

 ① 매우 그렇다 ② 그렇다 ③ 보통이다 ④ 그렇지 않다 ⑤ 매우 그렇지 않다

18-1. 귀하는 자신의 직업을 선택할 때 신앙이 얼마나 중요한 영향을 미쳤습니까?

 ① 매우 그렇다 ② 그렇다 ③ 보통이다 ④ 그렇지 않다 ⑤ 매우 그렇지 않다

19. 내가 일을 해서 거두는 소득은 하느님의 선물이라고 생각하시는지요?

 ① 매우 그렇다 ② 그렇다 ③ 보통이다 ④ 그렇지 않다 ⑤ 매우 그렇지 않다

IV. 본당생활과 '돈'의 관계에 대한 질문입니다.

20. '돈'이 부족하거나 없어서 본당에서 차별을 받아본 경험이 있으신지요?

 ① 매우 그렇다 ② 그렇다 ③ 보통이다 ④ 그렇지 않다 ⑤ 매우 그렇지 않다

21. '돈'의 많고 적음이 본당활동에 영향을 미친다고 생각하십니까?

① 매우 그렇다 ② 그렇다 ③ 보통이다 ④ 그렇지 않다 ⑤ 매우 그렇지 않다

22. 신앙생활과 '돈'의 많고 적음은 서로 아무 상관이 없다고 생각하시나요?

① 매우 그렇다 ② 그렇다 ③ 보통이다 ④ 그렇지 않다 ⑤ 매우 그렇지 않다

22-1. 가난할수록 본당생활이 힘들고 불편하다고 생각하시나요?

① 매우 그렇다 ② 그렇다 ③ 보통이다 ④ 그렇지 않다 ⑤ 매우 그렇지 않다

22-2. 부유할수록 본당생활이 편하다고 생각하시나요?

① 매우 그렇다 ② 그렇다 ③ 보통이다 ④ 그렇지 않다 ⑤ 매우 그렇지 않다

23. 헌금(교무금)을 하는데 있어 주변의 눈치나 압박을 느끼시는지요?

① 매우 그렇다 ② 그렇다 ③ 보통이다 ④ 그렇지 않다 ⑤ 매우 그렇지 않다

24. 헌금(교무금)은 반드시 해야 한다고 생각하시나요?

① 매우 그렇다 ② 그렇다 ③ 보통이다 ④ 그렇지 않다 ⑤ 매우 그렇지 않다

25. 헌금(교무금)을 잘 해야 축복을 받을 수 있다고 생각하십니까?

① 매우 그렇다 ② 그렇다 ③ 보통이다 ④ 그렇지 않다 ⑤ 매우 그렇지 않다

25-1. 헌금(교무금)을 잘 해야 복을 받는다는 가르침을 본당에서 받은 적이 있으신가요?

① 자주 받았다 ② 가끔 받았다 ③ 보통이다 ④ 별로 안 받았다

⑤ 전혀 안 받았다

25-2. 헌금(교무금)을 잘 하지 않으면 벌을 받는다는 가르침을 본당에서 받은 적이 있으신가요?

① 자주 받았다 ② 가끔 받았다 ③ 보통이다 ④ 별로 안 받았다

⑤ 전혀 안 받았다

26. 헌금(교무금)의 액수가 본당에서 자신의 직분에 영향을 준다고 생각하
시는지요?
 ① 매우 그렇다 ② 그렇다 ③ 보통이다 ④ 그렇지 않다 ⑤ 매우 그렇지 않다

27. 본당의 예산 및 집행에 관한 의사 결정은 주로 누가 하고 있습니까?
 ① 본당신부님 ② 사목회의 ③ 본당신부님과 사목회의 함께
 ④ 본당신부님과 사목회의 및 각 단체장 함께

28. 본당의 예산 및 집행에 관한 의사 결정에 어떤 방식으로든 신자들이 참여
해야 한다고 생각하십니까?
 ① 매우 그렇다 ② 그렇다 ③ 모르겠다 ④ 그럴 필요 없다
 ⑤ 전혀 그럴 필요 없다

V. 본당에서 '돈'을 사용하는 문제에 관한 질문입니다.

29. 헌금(교무금)이 가장 많이 사용되고 있는 분야는 어디라고 생각하시는
지요?
 ① 본당운영(인건비 포함) ② 선교 ③ 교육 ④ 사회봉사 ⑤ 본당행사
 ⑥ 본당건축

30. 헌금(교무금)이 가장 많이 사용되어야 하는 분야는 어디라고 생각하시
는지요?

① 본당운영(인건비 포함) ② 선교 ③ 교육 ④ 사회봉사 ⑤ 본당행사
⑥ 본당건축

31. 헌금(교무금)이 사회봉사에 사용된다면 그 범위가 어떠해야 한다고 생
각하십니까?
 ① 본당 교우들 중에서 어려운 이웃 ② 교구 교우들 중에서 어려운 이웃
 ③ 한국교회의 교우들 중에서 어려운 이웃
 ④ 세계교회의 교우들 중에서 어려운 이웃 ⑤ 종교에 상관없이 어려운 이웃

* 아래는 '돈과 신앙의 관계' 안에서 개인의 정치관과 경제관이 어떤 상관성
을 가지는지에 대해 알아보기 위한 질문입니다.

32. 귀하의 정치관은 대체로 어떤 성향이라고 생각하십니까?
 ① 매우 보수적이다 ② 약간 보수적이다 ③ 약간 진보적이다
 ④ 매우 진보적이다

33. 다음 중에서 지지하는 정당이 있으면 골라주세요.
 ① 새누리당(자유한국당/바른정당) ② 더불어민주당 ③ 국민의당
 ④ 정의당 ⑤ 녹색당 ⑥ 기타 ( ) ⑦ 관심 없다

34. 한반도의 평화를 위협하는 가장 주된 요인은 무엇이라고 생각하십니까?
 ① 북한의 핵개발 ② 남한의 친북세력 ③ 미국의 사드 배치
 ④ 일본의 재무장\ ⑤ 중국의 영향력 확장 시도 ⑥ 정부의 무능력

⑦ 모름/무응답

35. 가난한 사람이 가난한 이유를 다음 중에서 선택해 주세요(복수 선택 가능).

① 지능의 부족 ② 자기관리 능력의 부족 ③ 낮은 도덕성과 책임감

④ 낮은 교육수준 ⑤ 부족한 기술 및 경력 ⑥ 유전적 요인

⑦ 정부의 경제정책 실패 ⑧ 신자유주의 시장경제 ⑨ 불평등한 경제 구조

⑩ 해외 투기자본의 횡포 ⑪ 정부의 복지정책 실패 ⑫ 불합리한 세금 정책

⑬ 정부의 현실적인 일자리 창출 노력 부재 ⑭ 정부와 재벌의 부패

36. 가난을 극복할 수 있는 적절한 방법이라고 생각하는 것을 선택해 주세요(복수 선택 가능).

① 자기 계발 ② 근면하고 성실한 노력 ③ 도덕성과 책임감의 함양

④ 부패한 정부와 재벌의 개혁 ⑤ 정부의 적절한 시장 개입 ⑥ 부자증세

⑦ 복지정책 확대 ⑧ 기본소득 제도 도입 ⑨ 고학력과 전문적 기술 획득

⑩ 비정규직 문제 해결을 위한 정책적 노력

⑪ 대기업 선호 취업준비 안 하기 ⑫ 정부의 일자리 창출 교육

37. 다음의 질문들에 가장 알맞다고 생각하는 것을 〈보기〉에서 골라 답해주세요.

> 〈보기〉
> ① 매우 그렇다 ② 그렇다 ③ 보통이다 ④ 그렇지 않다 ⑤ 매우 그렇지 않다

37-1. 정부는 기업 활동에 간섭하지 말아야 한다. (　)

37-2. 정당하게 돈을 벌었느냐의 유무와 상관없이 사유재산권은 보호받아야 한다. (   )

37-3. 개인의 능력에 따른 자유로운 경쟁을 통해 임금에 차등이 있다면 바람직하다.(   )

37-4. 경제가 발전하는 것이 복지정책보다 더 중요하다. (   )

38. 교회조직이나 단체는 가난한 사람들을 구제하는 일에 적극적이어야 한다고 생각하십니까?

 ① 매우 그렇다 ② 그렇다 ③ 그렇지 않다 ④ 매우 그렇지 않다 ⑤ 관심 없다

39. 신앙인으로서 개인으로도 가난한 사람들을 구제하는 일에 지금보다 적극적이어야 한다고 생각하십니까?

① 매우 그렇다 ② 그렇다 ③ 그렇지 않다 ④ 매우 그렇지 않다 ⑤ 관심 없다

40. 물질(돈)과 관련하여 교회에 바라는 점이 있다면 말씀해 주십시오.

____

____

| 불교 | ─ 류제동

'돈'과 신앙의 관계 인식에 대한 설문지

안녕하십니까? 한국연구재단 지원 〈돈과 종교〉 연구와 관련하여, 불자들을 대상으로 설문조사를 하고자 합니다. 본 설문조사는 오늘날 불교 신도들이 돈과 신앙 사이에서 어떤 고민을 하고 있는지를 살펴보기 위한 자료로 연구 목적 이외에는 사용하지 않을 것입니다. 특별히 정답이 있는 것이 아니며, 선악이 구별되는 것이 아니므로 평소 생각하시는 대로 응답해주시면 됩니다. 설문지와 관련한 문의사항이 있으신 분은 아래의 담당자에게 연락 주시기 바랍니다.

I. 기본사항

나이	
성별	① 남자 ② 여자
결혼 여부	① 미혼 ② 기혼(동거 포함) ③ 기타(이혼, 사별 등)
학력	① 중졸이하 ② 고졸(중퇴포함) ③ 전문대졸(중퇴포함) ④ 대졸(중퇴포함) ⑤ 대학원졸 이상
거주지	① 서울시 ( ) 구 ② 인천시 ( ) 구 ③ 경기도 ( ) 시

1. 현재 직업은 무엇인가요?

① 전문 · 경영관리직 ② 사무직 ③ 생산 · 기술직 ④ 판매 · 서비스직

⑤ 자영업 ⑥ 농·임·어업 ⑦ 학생 ⑧ 주부 ⑨ 무직/기타

2. 현재 함께 살고 계신 가족의 평균 월 소득은 어느 정도인가요?
 ① 150만원 이하 ② 300만원 이하 ③ 500만원 이하
 ④ 700만원 이하 ⑤ 1000만원 이상

3. 현재 함께 살고 계신 가족의 자산은 어느 정도인가요? (동산, 부동산 포함)
 ① 5천만원 이하 ② 1억원 이하 ③ 3억원 이하
 ④ 5억원 이하 ⑤ 10억원 이상

4. 현재 함께 살고 계신 가족의 인원은 몇 명이신가요?   명

5. 신행생활을 하신 지 얼마나 되셨습니까?
 ① 1년 이하 ② 1~5년 ③ 5~10년 ④ 10~20년 ⑤ 20년 이상

6. 법회에는 얼마나 자주 참석하십니까?
 ① 일주일에 1~2회 ② 한 달에 1~2회 ③ 계절마다 1~2회
 ④ 1년에 1~2회 ⑤ 드문드문

7. 사찰이나 불교 기관에서 과거나 현재에 맡은 직분이 있습니까?
 ① 있음 (   ) ② 없음

8. 현재 다니고 있는 사찰의 종단은 무엇인가요?(2개 이상 선택 가능)
 ① 조계종 ② 태고종 ③ 천태종 ④ 진각종 ⑤ 관음종 ⑥ 총화종

⑦ 보문종 ⑧ 총지종 ⑨ 원효종 ⑩ 일승종 ⑪ 기타 (　)

9. 현재 다니고 있는 사찰의 불자 수는 대략 몇 명이나 되나요?　명

II. 신앙관에 관한 질문입니다.

10. 다른 종교나 가르침에도 진리가 있다고 생각하십니까?
 ① 매우 그렇다 ② 그렇다 ③ 보통이다 ④ 그렇지 않다 ⑤ 매우 그렇지 않다

11. 다른 종교나 가르침에도 선함이 있다고 생각하시는지요?
 ① 매우 그렇다 ② 그렇다 ③ 보통이다 ④ 그렇지 않다 ⑤ 매우 그렇지 않다

12. 자신의 불심이 깊다고 생각하시는지요?
 ① 매우 그렇다 ② 그렇다 ③ 보통이다 ④ 그렇지 않다 ⑤ 매우 그렇지 않다

13. 불자는 사회문제에 적극적으로 참여해야 한다고 생각하시는지요?
 ① 매우 그렇다 ② 그렇다 ③ 보통이다 ④ 그렇지 않다 ⑤ 매우 그렇지 않다

III. 신앙과 '돈'의 관계에 대한 질문입니다.

14. 사찰 법회에서 스님이 '돈'을 언급하는 횟수는 얼마나 되나요?
 ① 한 달에 1, 2회 ② 분기마다 1, 2회 ③ 1년에 1, 2회
 ④ 사찰 보수 등 큰돈이 드는 일이 있을 때마다 ⑤ 전혀 없음

15. 사찰 내에서 '돈'은 긍정적으로 언급되는 편입니까?

 ① 매우 그렇다 ② 그렇다 ③ 보통이다 ④ 그렇지 않다 ⑤ 매우 그렇지 않다

16. 사찰 내에서 '돈'이 언급될 때 가장 떠오르는 말을 2개만 적어주세요.

 ① (   ) ② (   )

17. 사찰에서 '돈'에 관한 가르침이 꼭 필요하다고 생각하시나요?

 ① 매우 그렇다 ② 그렇다 ③ 보통이다 ④ 그렇지 않다 ⑤ 매우 그렇지 않다

18. 신앙생활을 성실히 하면 물질적 풍요도 따른다고 생각하십니까?

 ① 매우 그렇다 ② 그렇다 ③ 보통이다 ④ 그렇지 않다 ⑤ 매우 그렇지 않다

19. 돈이 많은 것이 부처님의 가피라고 생각하십니까?

 ① 매우 그렇다 ② 그렇다 ③ 보통이다 ④ 그렇지 않다 ⑤ 매우 그렇지 않다

20. 돈에 관한 기도를 얼마나 자주 하십니까?

 ① 매일 ② 매주 ③ 생각날 때마다 ④ 거의 안 하는 편 ⑤ 전혀 안 한다

21. 직업은 자비를 실천하기 위한 수단이라고 생각하시나요?

 ① 매우 그렇다 ② 그렇다 ③ 보통이다 ④ 그렇지 않다 ⑤ 매우 그렇지 않다

22. 본인의 직업 선택에 불교신앙이 중요한 영향을 끼친다고 생각하십니까?

 ① 매우 그렇다 ② 그렇다 ③ 보통이다 ④ 그렇지 않다 ⑤ 매우 그렇지 않다

IV. 신행생활과 '돈'의 관계에 대한 질문입니다.

23. '돈'의 많고 적음이 불자 활동에 영향을 미친다고 생각하십니까?

 ① 매우 그렇다 ② 그렇다 ③ 보통이다 ④ 그렇지 않다 ⑤ 매우 그렇지 않다

24. 가난할수록 신행생활이 힘들고 불편하다고 생각하시나요?

 ① 매우 그렇다 ② 그렇다 ③ 보통이다 ④ 그렇지 않다 ⑤ 매우 그렇지 않다

25. 보시를 할 때 주변의 눈치나 압박을 느끼시는지요?

 ① 매우 그렇다 ② 그렇다 ③ 보통이다 ④ 그렇지 않다 ⑤ 매우 그렇지 않다

26. 보시를 반드시 해야 한다고 생각하시나요?

 ① 매우 그렇다 ② 그렇다 ③ 보통이다 ④ 그렇지 않다 ⑤ 매우 그렇지 않다

27. 보시를 잘 해야 복을 받을 수 있다고 생각하십니까?

 ① 매우 그렇다 ② 그렇다 ③ 보통이다 ④ 그렇지 않다 ⑤ 매우 그렇지 않다

28. 보시를 잘 해야 복을 받는다는 가르침을 사찰에서 받은 적이 있으신가요?

 ① 일주일에 1~2회 ② 한 달에 1~2회 ③ 계절마다 1~2회 ④ 1년에 1~2회
 ⑤ 드문드문

29. 보시 액수가 사찰 내에서 본인의 역할에 영향을 준다고 생각하시는지요?

 ① 매우 그렇다 ② 그렇다 ③ 보통이다 ④ 그렇지 않다 ⑤ 매우 그렇지 않다

Ⅴ. 사찰의 '돈'을 사용하는 문제에 대한 질문입니다.

30. 사찰의 돈이 가장 많이 사용되고 있는 분야는 어디라고 생각하시는지요?
 ① 사찰운영(인건비 포함) ② 사찰행사 ③ 사찰건축 ④ 포교 ⑤ 교육
 ⑥ 사회봉사

31. 사찰의 돈이 가장 많이 사용되어야 하는 분야는 어디라고 생각하시는지요?
 ① 사찰운영(인건비 포함) ② 사찰행사 ③ 사찰건축 ④ 포교 ⑤ 교육
 ⑥ 사회봉사

32. 사찰운영 인건비에서 어떤 인원이 가장 비중이 큰지요?
 ① 주지 ② 소속 승려 ③ 종무원

33. 사찰에서 돈의 집행 결정권이 누구에게 있는지요?
 ① 주지스님 혼자서 결정하고 집행내역 비공개
 ② 주지스님 혼자서 결정하고 집행내역 공개
 ③ 신도들과 공식적으로 논의하고 집행내역 공개
 ④ 신도들과 비공식적으로 논의하고 집행내역 비공개

34. 출가수행자가 사찰 재정을 직접 관리하는 것과 재가자가 관리하는 것 중 어느 편이 좋다고 생각하는지요?
 ① 출가수행자 ② 재가자

35. '무소유'의 참된 의미는 돈(재산)의 소유 여부와 관계가 있다고 생각하십
니까?

 ① 매우 그렇다 ② 그렇다 ③ 보통이다 ④ 그렇지 않다 ⑤ 매우 그렇지 않다

36. 돈이 사회봉사에 사용된다면 어떤 식으로 사용되는 것이 가장 좋을까요?
 ① 포교와 상관없이 어려운 이웃돕기 ② 포교를 위해 어려운 이웃돕기
 ③ 불자 중에서 어려운 이웃돕기 ④ 불자들의 신행생활 돕기
 ⑤ 관심 없다

VI. 경제관에 대한 질문입니다.

37. 가난한 사람이 가난한 이유를 다음 중에서 선택해 주세요(복수 선택 가
능).
 ① 지능 부족 ② 자기관리 능력 부족 ③ 도덕성이 낮아서
 ④ 책임감이 없어서 ⑤ 부족한 기술 및 경력 ⑥ 유전적 요인
 ⑦ 정부의 경제정책 ⑧ 신자유주의 ⑨ 불평등한 경제 구조
 ⑩ 해외 투기자본의 횡포 ⑪ 정부의 복지정책 실패 ⑫ 불합리한 세금
 ⑬ 정부의 일자리 창출 노력 부재 ⑭ 정부와 재벌의 부패
 ⑮ 부모가 가난해서 ⑯ 운이 나빠서

38. 가난극복 방법이라고 생각하시는 것을 선택해주세요(복수 선택 가능).
 ① 자기 계발 ② 근면하고 성실한 노력 ③ 도덕성 개선
 ④ 부패한 정부와 재벌의 개혁 ⑤ 정부의 적절한 시장 개입 ⑥ 조세 개혁
 ⑦ 복지정책 확대 ⑧ 기본소득 제도 도입 ⑨ 고학력과 전문적 기술 획득

⑩ 비정규직 문제 해결을 위한 정책적 노력 ⑪ 책임감 개선

⑫ 가난극복은 현재로서는 불가능하다

39-1. 정부는 시장의 자유를 지키기 위해 시장에 간섭하지 말아야 하는지
요?

① 매우 그렇다 ② 그렇다 ③ 보통이다 ④ 그렇지 않다 ⑤ 매우 그렇지 않다

39-2. 개인의 능력에 따른 임금 차등은 바람직한지요?

① 매우 그렇다 ② 그렇다 ③ 보통이다 ④ 그렇지 않다 ⑤ 매우 그렇지 않다

39-3. 경제발전이 복지정책보다 더 중요한가요?

① 매우 그렇다 ② 그렇다 ③ 보통이다 ④ 그렇지 않다 ⑤ 매우 그렇지 않다

40. 사찰과 불자는 가난한 사람들을 구제하는 일에 적극적이어야 하는지요?

① 매우 그렇다 ② 그렇다 ③ 그렇지 않다 ④ 매우 그렇지 않다 ⑤ 관심 없다

'돈'과 신앙의 관계 인식에 대한 설문지
— 원불교 신자대상 설문 —

안녕하십니까? 한국연구재단 지원 〈돈과 종교〉 연구와 관련하여, 원불교 신자들을 대상으로 설문조사를 실시 하고자 합니다.

본 설문조사는 오늘날 원불교 교도들이 '돈'과 신앙의 관계를 어떻게 인식하고 있는지를 살펴보기 위한 자료로, 연구목적 이외에는 사용되지 않을 것입니다. **특별히 정답이 있는 것이 아니며, 선악이 구별되는 것이 아니므로 평소 생각하시는 대로 응답해주시면 됩니다.** 설문지와 관련한 문의사항이 있으신 분은 아래의 담당자에게 연락주시기 바랍니다.

I. 기본사항

나이	
성별	① 남자 ② 여자
결혼 여부	① 미혼 ② 기혼(동거 포함) ③ 기타(이혼, 사별 등)
학력	① 중졸이하 ② 고졸(중퇴포함) ③ 전문대졸(중퇴 포함) ④ 대졸(중퇴 포함) ⑤ 대학원졸 이상
거주지	① 서울시 _______구 ② 경기도 _______시(군) ③_______시 ④ 기타________

1. 현재 직업은 무엇인가요?

 ① 전문 · 경영관리직 ② 사무직 ③ 생산 · 기술직 ④ 판매 · 서비스직

 ⑤ 자영업 ⑥ 농 · 임 · 어업 ⑦ 학생 ⑧ 주부 ⑨ 무직 ⑩ 기타( )

1-1. 현재 함께 살고 계신 가족의 평균 월 소득은 어느 정도인가요?

 ① 150만원 이하 ② 300만원 이하 ③ 500만원 이하

 ④ 700만원 이하 ⑤ 1,000만 원 이하 ⑥ 1,000만 원 이상

1-2. 현재 함께 살고 계신 가족의 자산은 어느 정도인가요? (동산, 부동산
포함)

 ① 5천만원 이하 ② 1억원 이하 ③ 3억원 이하 ④ 5억원 이하

 ⑤ 10억원 이상

2. 현재 함께 살고 계신 가족(부양가족)의 인원은 몇 명이신가요?   명

3. 신앙생활을 하신 지 얼마나 되셨습니까?

 ① 1년 이하 ② 1~5년 ③ 5~10년 ④ 10~20년 ⑤ 20년 이상

4. 공식적인 법회에 얼마나 자주 참석하십니까?

 ① 일주일에 7회 이상 ② 일주일에 3~7회 ③ 일주일에 1~2회

 ④ 한 달에 1~2회 ⑤ 1년에 1~2회

5. 교당 내에서 어떤 직분을 맡고 계십니까? (복수선택 가능)

 ① 교역자 ② 교도회 임원( ) ③ 출가 교도 ④ 재가 교도

 ⑤ 없음 ⑥ 기타 ( )

6. 현재 출석하고 계신 교당은? _______________________________

7. 현재 출석하고 계신 교당의 교도 수는 대략 몇 명이나 되나요? 명

II. 신앙관에 대한 질문입니다.

8. 다른 종교나 가르침에도 진리가 있다고 생각하십니까?

 ① 매우 그렇다 ② 그렇다 ③ 보통이다 ④ 그렇지 않다 ⑤ 매우 그렇지 않다

9. 다른 종교나 가르침에도 구원이 있다고 생각하십니까?

 ① 매우 그렇다 ② 그렇다 ③ 보통이다 ④ 그렇지 않다 ⑤ 매우 그렇지 않다

10. 다른 종교나 가르침은 악하다고 생각하십니까?

 ① 매우 그렇다 ② 그렇다 ③ 보통이다 ④ 그렇지 않다 ⑤ 매우 그렇지 않다

11. 원불교 경전의 내용은 전혀 잘못된 것이 없다고 생각하십니까?

 ① 매우 그렇다 ② 그렇다 ③ 보통이다 ④ 그렇지 않다 ⑤ 매우 그렇지 않다

12. 개인의 신앙에 따라 각자의 구원이 결정된다고 생각하십니까?

 ① 매우 그렇다 ② 그렇다 ③ 보통이다 ④ 그렇지 않다 ⑤ 매우 그렇지 않다

13. 원불교(교당)와 교도인은 사회문제에 적극적으로 참여해야 한다고 생각
하십니까?

 ① 매우 그렇다 ② 그렇다 ③ 보통이다 ④ 그렇지 않다 ⑤ 매우 그렇지 않다

14. 자신의 신앙심이 깊다고 생각하십니까?

 ① 매우 그렇다 ② 그렇다 ③ 보통이다 ④ 그렇지 않다 ⑤ 매우 그렇지 않다

III. 신앙과 '돈'의 관계에 대한 질문입니다.

15. 교당 내에서 '돈'이 언급되는 횟수는 얼마나 되나요?

 ① 거의 매 주마다 ② 한 달에 1, 2회 ③ 1년에 1, 2회

 ④ 교당 건축 등 큰돈이 드는 일이 있을 때마다 ⑤ 전혀 없음

15-1. 교당 내에서 주로 어떤 경로로 '돈'에 대한 말이 나오나요?

 ① 설법 ② 모임 ③ 교리공부시간 ④ 원불교서적 ⑤ 각종회의 ⑥ 기타 (   )

15-2. 교당 내에서 '돈'은 긍정적으로 언급되는 편입니까?

 ① 매우 그렇다 ② 그렇다 ③ 보통이다 ④ 그렇지 않다 ⑤ 매우 그렇지 않다

15-3. 교당은 돈을 어떻게 써야 한다고 생각하십니까?

 ① 가난한 이웃을 종교에 구애받지 않고 도와줌으로써 사회에 환원해야 한
   다고 생각한다.

 ② 가난한 교도들을 도와줌으로써 교당 내에서 소진해야 한다고 생각한다.

 ③ 교당 운영에만 써야 한다고 생각한다.

 ④ 기타______________________________

15-4. 소태산 대종사님의 '물질개벽'에 관하여 법회 때 들은 적이 있습니까?

① 자주 듣는다. ② 가끔 듣는다. ③ 전혀 듣지 못했다.

15-5. 소태산 대종사님의 '물질개벽'이 개인의 물질적 축복과 연관된다고 들었습니까?

① 그렇다 ② 아니다 ③ 잘 모르겠다

15-6 '15-5'에서 '아니다'라고 한다면, 무엇과 연관해 들었습니까?

____

16. '돈'에 대해 교당(법회)에서 배운 것이 있으면 생각나는 대로 적어 주십시
오.

____

____

____

17. 교당에서 '돈'에 관한 가르침이 꼭 필요하다고 생각하시나요?
 ① 매우 그렇다 ② 그렇다 ③ 보통이다 ④ 그렇지 않다 ⑤ 매우 그렇지 않다
17-1. 왜 그렇게 생각하시나요?

____

18. 신앙생활을 성실히 하면 물질적 축복도 따른다고 생각하십니까?
 ① 매우 그렇다 ② 그렇다 ③ 보통이다 ④ 그렇지 않다 ⑤ 매우 그렇지 않다

19. '돈'에 대한 기도를 얼마나 자주 하시는지요?
 ① 매일 ② 일주일에 1, 2회 ③ 한 달에 1, 2회 ④ 1년에 1, 2회
 ⑤ 전혀 안 한다

20. 소태산 대종사님께서 직업을 '소명'으로 말한 것에 대해 어떻게 생각하십
니까?

① 매우 동의한다 ② 동의한다 ③ 보통이다 ④ 동의하지 않는다

⑤ 매우 동의하지 않는다 ⑥ 잘 모르겠다

20-1. 귀하께서 직업을 선택하는 데 있어서 신앙이 중요한 영향을 끼친다고 생각하십니까?

① 매우 그렇다 ② 그렇다 ③ 보통이다 ④ 그렇지 않다 ⑤ 매우 그렇지 않다

21. 내가 일을 해서 거두는 소득은 법신불 일원상의 선물이라고 생각하십니까?

① 매우 그렇다 ② 그렇다 ③ 보통이다 ④ 그렇지 않다 ⑤ 매우 그렇지 않다

IV. 신앙(교당)생활과 '돈'의 관계에 대한 질문입니다.

22. '돈'이 부족하거나 없어서 교당에서 차별을 받아본 경험이 있으십니까?
① 매우 그렇다 ② 그렇다 ③ 보통이다 ④ 그렇지 않다 ⑤ 매우 그렇지 않다

23. '돈'의 많고 적음이 교당 활동에 영향을 미친다고 생각하십니까?
① 매우 그렇다 ② 그렇다 ③ 보통이다 ④ 그렇지 않다 ⑤ 매우 그렇지 않다

24. 신앙생활과 '돈'의 많고 적음은 서로 아무 상관이 없다고 생각하십니까?
① 매우 그렇다 ② 그렇다 ③ 보통이다 ④ 그렇지 않다 ⑤ 매우 그렇지 않다

24-1. 가난할수록 교당생활이 힘들고 불편하다고 생각하십니까?
① 매우 그렇다 ② 그렇다 ③ 보통이다 ④ 그렇지 않다 ⑤ 매우 그렇지 않다

24-2. 부유할수록 교당생활이 힘들지 않고 편하다고 생각하시나요?
① 매우 그렇다 ② 그렇다 ③ 보통이다 ④ 그렇지 않다 ⑤ 매우 그렇지 않다

25. 헌금/보시를 하는데 있어 주변의 눈치나 압박을 느끼십니까?

 ① 매우 그렇다 ② 그렇다 ③ 보통이다 ④ 그렇지 않다 ⑤ 매우 그렇지 않다

26. 헌금/보시를 반드시 해야 한다고 생각하십니까?

 ① 매우 그렇다 ② 그렇다 ③ 보통이다 ④ 그렇지 않다 ⑤ 매우 그렇지 않다

27. 헌금/보시를 잘 해야 축복을 받을 수 있다고 생각하십니까?

 ① 매우 그렇다 ② 그렇다 ③ 보통이다 ④ 그렇지 않다 ⑤ 매우 그렇지 않다

27-1. 헌금/보시를 잘 해야 복을 받는다는 가르침을 교당에서 받은 적이 있

으신가요?

 ① 자주 배운다 ② 가끔 배운다 ③ 보통이다 ④ 별로 안 배운다

 ⑤ 전혀 안 배운다

27-2. 헌금/보시를 잘 하지 않으면 벌을 받는다는 가르침을 교당에서 받은

적이 있으신가요?

 ① 자주 배운다 ② 가끔 배운다 ③ 보통이다 ④ 별로 안 배운다

 ⑤ 전혀 안 배운다

28. 헌금/보시의 액수가 교당의 직분에 영향을 준다고 생각하시는지요?

 ① 매우 그렇다 ② 그렇다 ③ 보통이다 ④ 그렇지 않다 ⑤ 매우 그렇지 않다

V. 교당의 '돈'을 사용하는 문제에 대한 질문입니다.

29. 헌금이 가장 많이 사용되고 있는 분야는 어디라고 생각하시는지요?

 가장 많은 순서대로 3개만 번호를 선택해 써주십시오. (/ /)

① 교당운영(인건비 포함) ② 포교 ③ 교육 ④ 사회봉사 ⑤ 교당행사
⑥ 교당건축 ⑦ 교당 유지비 ⑧ 기도비 ⑨ 육영장학비 ⑩ 봉공회비
⑪ 기타 (   )

30. 헌금이 가장 많이 사용되어야 하는 분야는 어디라고 생각하시는지요?
가장 많은 순서대로 3개만 번호를 선택해 써주십시오. (/ /)
① 교당운영(인건비 포함) ② 포교 ③ 교육 ④ 사회봉사 ⑤ 교당행사
⑥ 교당건축 ⑦ 교당 유지비 ⑧ 기도비 ⑨ 육영장학비 ⑩ 봉공회비
⑪ 기타 (   )

31. 헌금이 구제와 봉사에 사용된다면 어떤 식으로 사용되는 것이 가장 좋을
까요?
① 종교에 상관없이 어려운 이웃이 인간답게 살도록 돕기 위해 사용해야 한다.
② 포교를 위해 종교에 상관없이 어려운 이웃을 돕는데 사용해야 한다.
③ 원불교의 어려운 교도가 인간답게 살 수 있도록 돕는데 사용해야 한다.
④ 원불교의 어려운 교도의 신앙생활을 돕기 위해 사용해야 한다.
⑤ 관심 없다.

32. 교당의 예산 및 집행에 관한 의사 결정은 주로 누가 하고 있다고 생각하
십니까?
① 교역자 ② 교당임원 ③ 출가교도/비교역자 ④ 일반재가교도
⑤ 기타 (   )
32-1 교당의 예산 및 집행에 관한 의사 결정에 어떤 방식으로든 교도들이
참여해야 한다고 생각하십니까?

① 예 ② 아니오 ③ 상관없다

33. 귀하의 교당은 예산(수입/지출) 및 집행 내용을 공개합니까?

 ① 교당 전체 교도에게 공개한다 ② 교무 및 교당 임원들에게만 공개한다

 ③ 전혀 공개하지 않는다 ④ 잘 모르겠다

34. 헌금과 보시의 사용 출처에 대해 어떻게 생각하십니까?

 ① 교당 내 인건비로 너무 많이 지급되는 것 같다.

 ② 대부분 포교활동으로 지출되고 있는 것 같다.

 ③ 불우이웃돕기 및 구제비 등으로 사회에 환원되고 있는 것 같다.

 ④ 교당 건축비로 쓰이는 것이 불편하다.

 ⑤ 기타_______________________________

VI. 원불교의 가르침이 사회에 어떤 영향을 미치고 있는지에 대한 질문입니다.

35. 신앙이 당신의 직업 선택에 영향을 미쳤습니까?

① 매우 영향을 미쳤다 ② 영향을 미쳤다 ③ 모르겠다. ④ 영향을 안 미쳤다

⑤ 전혀 영향을 안 미쳤다

36. 당신은 직업에 귀천이 있다고 생각하십니까? ① 예 ② 아니오

36-1. '① 예'라고 답한 경우, 직업에 귀천이 있다면, 그 기준은 어디에 있다

고 생각하십니까?

 ① 보수의 많고 적음 ② 사회적 지위(명예) ③ 직업의 안정성

 ④ 신앙적 판단 ⑤ 기타( )

37. 신앙인으로서 가지면 안 될 직업이 있다고 생각하십니까?
 ① 예 ② 아니오

37-1. '예'라고 답하신 경우, 어떤 종류인지 말씀해주세요.

____

38. 당신은 직업을 통해서 신앙을 실천하고 있다고 생각하십니까?
 ① 매우 그렇다 ② 그렇다 ③ 모르겠다 ④ 아니다 ⑤ 전혀 아니다

39. 당신은 소득을 원불교의 가르침에 따라 사용하고 있다고 생각하십니까?
 ① 매우 그렇다 ② 그렇다 ③ 모르겠다 ④ 아니다 ⑤ 전혀 아니다

40. 아래는 정치권에서 말하는 경제관련 몇 가지 사회적 이슈에 대한 당신의
생각을 묻는 질문입니다. 원불교의 가르침에 비추어 상자 안의 번호를 골라
괄호 안에 넣어주십시오.

① 매우 그렇다 ② 그렇다 ③ 모르겠다 ④ 아니다 ⑤ 전혀 아니다

① 청년배당은 해야 한다. ( )
② 노인수당은 해야 한다. ( )
③ 복지예산이 증가되어야 한다. ( )
④ 소득격차를 줄이기 위해서 모든 노력을 해야 한다. ( )
⑤ 기본소득과 관련하여, 정부의 노력은 미비하다. ( )
⑥ 무상급식은 실시해야 한다. ( )
⑦ 남여의 임금 격차가 심각하다. ( )

⑧ 복지 포퓰리즘에 빠지기 않도록 해야 한다. ( )

VII. 원불교의 가르침이 소비자본주의(물질만능주의)의 치유책이 될 수 있는지에 대한 질문입니다.

41. 당신은 원불교의 가르침이 사회의 경제위기에 도움을 줄 수 있다고 생각하십니까?

① 매우 그렇다 ② 그렇다 ③ 모르겠다 ④ 아니다 ⑤ 전혀 아니다

41-1. 위의 질문에 이어서, 가령 아래의 항목에 어느 정도 도움을 줄 수 있다고 생각하십니까?

① 매우 많이 ② 많이 ③ 모르겠다 ④ 조금 ⑤ 아주 조금

① 빈부격차 ( )

② 청년실업 ( )

③ 노인복지 ( )

④ 경제로 인한 가정문제 ( )

⑤ 비정규직 해소 ( )

42. 원불교가 사회의 경제문제를 해결하기 위해서는 어떤 방법이 가장 좋을까요?

① 개개인의 노력이 필요하다.

② (병원, 학교, 복지단체 등) 기관으로서 원불교/교당이 사회에 일자리를 제공해 주어야한다.

③ 정치인들에게 영향력을 행사하여 일자리 정책에 반영하도록 한다.

④ 사회교리를 통해 모든 교도 공동체가 의식적으로 행동해야 한다.

⑤ 책이나 교육과 같은 매체들을 이용하여 인식시킨다.

⑥ 기타 ____

43. 물질(돈)과 관련하여 원불교/교당에 바라는 점이 있다면 말씀해 주십시오.

____

저자 소개

최현종

서울신학대학교 교양학부 조교수, 종교사회학 전공.

저서 및 논문

『한국 종교인구변동에 관한 연구』(2011),『한국 정치와 기독교 공공정책』(공저, 2012),『종교와 사회진보』(공저, 2015)와 "제도화된 영성과 한국종교지형의 변화"(논문, 2012), "생활세계의 식민화와 종교시장 체계"(논문, 2013), "신 없는 사회와 하나님 나라"(논문, 2016) 외 다수가 있다.

이숙진

이화여자대학교 외래교수, 여성신학 및 기독교윤리학 전공.

대표 저서

『가장 많이 알고 있음에도 가장 숙고되지 못한 '십계'에 대한 인문학적 고찰』(공저, 2018),『종교는 돈을 어떻게 가르치는가』(공저, 2016),『종교와 정의』(공저, 2015),『한국여성종교인의 현실과 젠더문제』(공저, 2014),『박근혜 정부의 탄생과 신학적 성찰』(공저, 2013), 『미디어와 여성신학』(공저, 2012), 『21세기 자본주의와 대안적 세계화』(공저, 2007),『한국기독교와 여성정체성』(2006) 등이 있다.

신익상

성공회대학교 신학연구원. 종교철학을 전공했으며, 주 관심 분야는 종교와 과학, 종교간 대화, 민중신학, 문화신학이다.

저 · 역서 및 논문

주요 저서로는 『변선환 신학연구』(2012), 『이제 누가 용기를 낼 것인가』(2015)가 있고, 역서에 『과학으로 신학하기』(2015)가 있다. 논문으로는 "공감의 영성: 바울의 영성과 신경윤리와의 만남"(2016), "근본주의와 가난의 문제: 민중신학의 '민중'과 아감벤의 '잔여'를 연결하여"(2016) 외 다수가 있다.

류제동

성균관대학교 한국철학과 초빙교수. 불교학 전공. 특히 불교가 그리스도교와 유교를 만나서 전개되는 변화에 관심이 있다.

저 · 역서 및 논문

주요 저서로는 『하느님과 일심: 윌프레드 캔트웰 스미스의 종교학과 대승기신론의 만남』(2007)이 있고, 역서에 『텅빈 충만: 공의 하느님』(2009), 『보리수 가지치기: 비판불교를 둘러싼 폭풍』(2015)이 있다. "유교와 불교의 상호이해 가능성의 기반에 관한 시론: 로저 에임스의 '인간으로 되어감'(Human Becoming) 개념을 중심으로"(2016)와 "An Encounter between Critical Buddhism and Asian Naturalism: Can Asian Naturalism be a Tool in Overcoming Social Discrimination?" (*Biocosmology – Neo-aristotelism*, Vol. 6, No. 2, Spring 2016) 등 다수의 논문이 있다. www.kocw.net에 〈삶과 죽음의 철학〉 강의가 탑재되어 있다(2014).

김혜경

한국그리스도사상연구소 연구위원, 선교신학전공.

저 · 역서 및 논문

"Sciamanesimo e Chiesa in Corea"(『샤머니즘과 한국교회』, 국제학술저서, 2005),『세상을 향한 선교』(2010),『일곱 언덕으로 떠나는 로마 이야기』(2010),『인류의 꽃이 된 도시, 피렌체』(2016),『예수회의 적응주의 선교: 역사와 의미』(2012),『한류로 신학하기』(공저, 2013),『세월호 이후 신학: 우는 자들과 함께 울라』(공저, 2015),『종교와 정의』(공저, 2015) 등이 있고, 20여 편의 역서와 수편의 논문이 있다.

김명희

성공회대학교 연구교수. 종교학 전공. 주요 관심 분야는 종교 간의 대화와 종교영성이다.

저 · 역서 및 논문

『영원한 보석. 그리스도교의 세계로 읽는 법화경』(역서, 2010),『한류로 신학하기』(공저, 2013),『종교와 정의』(공저, 2015),『세월호 이후의 신학』(공저, 2015), "대산 김대거 종사의 종교간 대화-원효의 체상용(體相用) 대화원리를 중심으로-"(논문, 2014), "종교 간의 대화를 위한 원효의 화쟁영성-마태오 리치의 적응주의 및 에노미야 라쌀의 신비주의와의 비교분석을 통하여-"(논문, 2016) 외 다수가 있다.

권진관

전 성공회대학교 신학과 교수. 조직신학과 민중신학 전공. 현재 아시아의 이야기 해방신학을 정립하는 데 주력하고 있다.

대표 저서

『성령과 민중』(1993),『우리 구원을 이야기하자』(1998),『성령, 민중의 생명』(2000),『예수, 민중의 상징 / 민중, 예수의 상징』(2011), *Theology of Subjects: Towards a New Minjung Theology* (Taiwan: PTCA, 2011) 등이 있다.